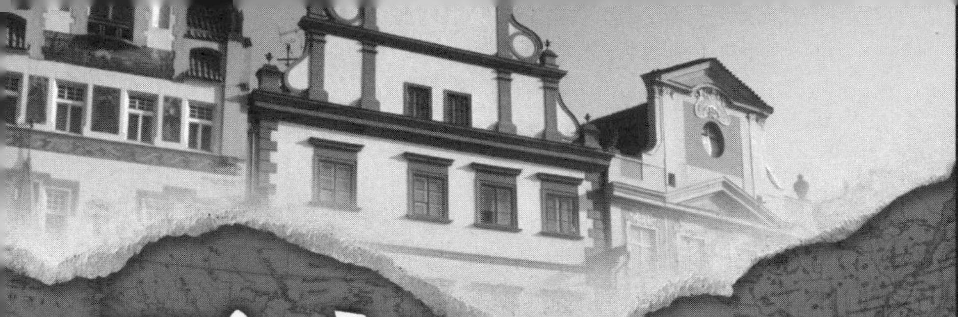

西方文化地圖（上）

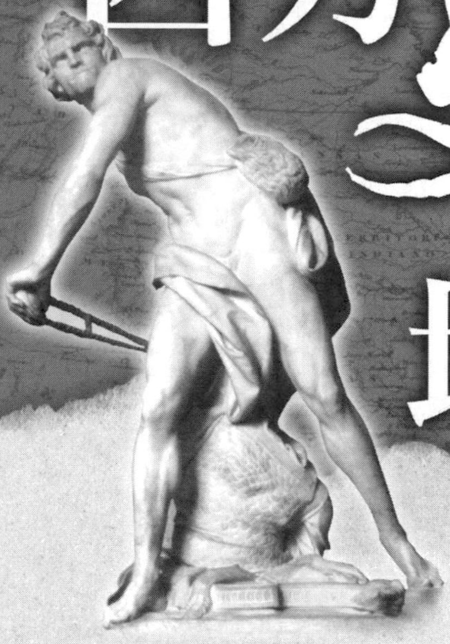

西方文化知識600問

文學・政治・藝術篇

黃小燕編著

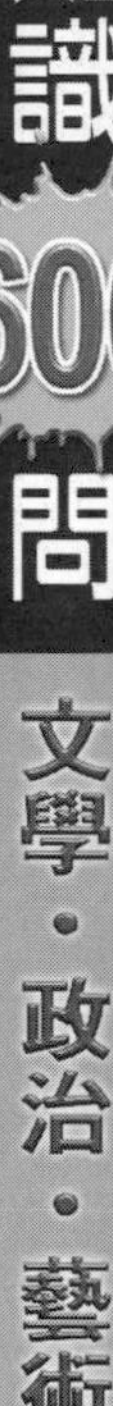

簡明清晰的西方文化地圖，輕鬆愉快的文化之旅。
用問答方式介紹西方文化，
讓您輕鬆愉快閱讀西方文化與歷史，
用最少的時間，掌握最多的西方文化知識。

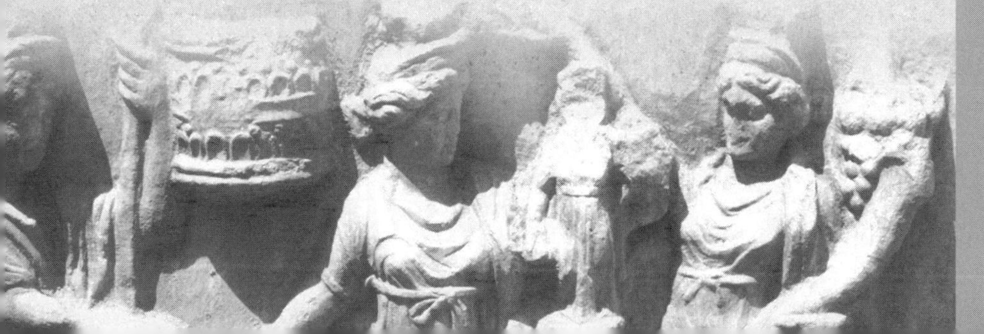

目錄

文學篇 ……021

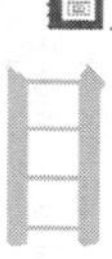

目錄

目錄

政治篇 ……………………179

目錄

目錄

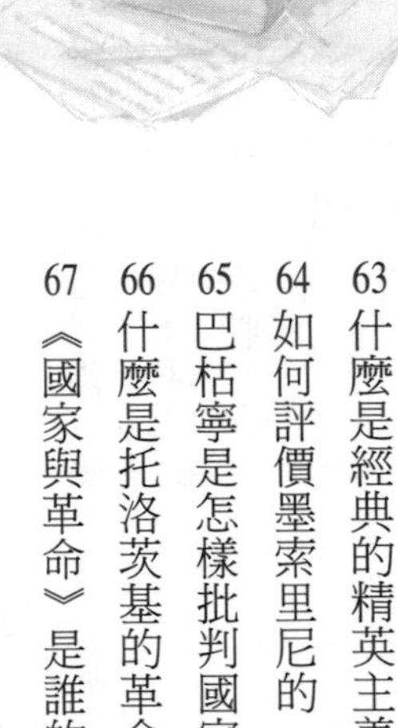

文學篇

文學篇

1古希臘神話的內容是什麼？

古希臘神話主要由神的故事和英雄傳說組成。神的故事包括天地的開闢、神的產生、神的宗譜、神的活動、人類的起源等。古希臘的神有新老之分。宇宙中最先生出了卡奧斯（混沌）、蓋亞（大地）、塔爾塔羅斯（地獄）和埃羅斯（愛）。卡奧斯生了尼克思（黑夜）和埃瑞波斯（黑暗），二者又生出了太空和白晝。蓋亞生了烏拉諾斯（天空）、高山和大海。烏拉諾斯又與蓋亞生了六男六女、三個獨眼巨怪和三個百手巨怪。六男六女中，許佩里翁和忒亞生了赫利奧斯（太陽）、塞勒涅（月亮）和埃奧斯（曙光）。烏拉諾斯被兒子克羅諾斯閹割，從他血液中生出了巨神吉伽斯和復仇女神埃里尼斯。這兩代就是老神。克羅諾斯和姐姐瑞亞也生了六男六女，小兒子宙斯推翻了克羅諾斯的統治，成為世界主宰。宙斯與其兄姐墨忒爾、希拉、哈得斯、波塞冬等和其子女雅典娜、阿波羅、阿爾忒彌斯等就是新神，也稱「奧林匹司眾神」。

希臘神話中的帕爾納索斯神山

古希臘神話的另一個內容就是英雄傳說。傳說中的英雄多是神和人所生的後代，如赫拉克勒斯、忒修斯、阿奇里斯、奧德修斯等。不同的英雄和事件又形成了幾個傳說的系列。此外，除了神的故事和英雄傳說外，古希臘神話中還包括了不少解釋某些自然現象的成因、某些習俗的形成和名稱的起源的故事。

古希臘神話產生於希臘的遠古時代，是古希臘人在長期口頭流傳的基礎上集體創作而成的，是古希臘文學藝術的寶庫和土壤。

2荷馬的《伊里亞德》講述了一個什麼故事?

《伊里亞德》是盲詩人荷馬在特洛伊戰爭的基礎上創作的一部長達十五萬餘行的巨型史詩。它以絢麗多彩的生活畫面、單純質樸的藝術風格生動地描述了特洛伊戰爭，一直備受讚賞。它主

阿波羅與眾女神

要講述了戰爭第十年的一段故事：

由於特洛伊王子帕里斯拐走了斯巴達王后海倫，希臘各族組成聯軍攻打特洛伊。戰爭已經進入第十年了，聯軍首領阿伽曼儂由於拒還俘獲的阿波羅祭司的女兒而遭到太陽神的懲罰。後又要求以阿奇里斯的女俘為補償才釋放祭司女兒，激怒了阿奇里斯，後者退出戰鬥。宙斯託夢阿伽曼儂重新開戰。愛神阿佛洛狄忒和戰神阿瑞斯站在特洛伊人一邊，卻都被海倫前夫墨涅拉奧廝殺得流出了天神的血液。由於阿奇里斯的好友帕特克羅斯裝扮成他的模樣出戰而被赫克托爾殺死，阿奇里斯萬分悔恨，毅然參戰。他在女神雅典娜的幫助下殺死了赫克托爾，後又在赫克托爾父親的哀求下送還了屍體，特洛伊人為赫克托爾舉行了葬禮。

《伊里亞德》是將古希臘神話與特洛伊戰爭史料融合而成的詩篇，那麼關於這段歷史古希臘神話又是如何描述的呢？

由於阿奇里斯的父母在婚宴上沒有邀請不和之神厄里斯，厄里斯留下了一個刻有「贈給最美麗的女神」字樣的金蘋果。特洛伊王子將蘋果判給了愛神阿佛洛狄

《伊利亞德》

式，引起了希拉和雅典娜的不滿。作為回報，阿佛洛狄忒幫王子帕里斯拐走了斯巴達王后海倫。這引起了希臘各族的憤怒，他們組成聯軍，以阿伽曼儂為首，攻打特洛伊。天神也各幫一方，這便是特洛伊戰爭。後來俄底修斯巧設木馬計，聯軍攻下了特洛伊城，希臘人衣錦還鄉，功臣俄底修斯卻在海上漂流了十年才得以返家。這也就引出了另一部荷馬史詩《奧德賽》。

荷馬在吟唱史詩

3 荷馬的《奧德賽》講述了一個什麼樣的故事？

俄底修斯攻陷了特洛伊城後，帶著夥伴乘船向故鄉進發。他們不幸被大風吹到了賽克羅普斯島，被獨眼巨人困住。他們燒瞎了巨人的眼睛，又把自己捆在了羊肚下面，這才逃了出來。接著，他們又漂流到風神伊奧魯斯的島上，風神送給了俄底修斯一隻風袋。俄底修斯的夥伴們不慎打開了風袋，於是狂風大作，他們被吹到了魔女薩西的島上。俄底修斯借助赫爾密斯神的靈草才得以脫身。隨後，他們在瀛海邊緣遇到了能唱歌的迷惑人的女妖塞王。大家用蠟把耳朵封住，又把俄底修斯捆在船上，終於脫離了險境。但不久，他們的船破了，大夥也失散了，俄底修斯漂流到了女神犬呂普索的島上。犬呂普索愛上了他，但俄底修斯愛戀家人，最後謝絕了女神，來到了菲埃克斯。在雅典娜的幫助下，俄底修斯出門找他的兒子忒勒馬科斯會合，得知妻子被眾多求婚者逼婚。於是父子商定了報仇計劃。第二天，俄底修斯的妻子珀涅羅珀拿出她的弓箭，提出比賽。結果唯有俄底修斯拉開了弓箭並將求婚者一一射死。最終夫妻相認，全家團聚。

4《伊索寓言》有哪些內容？

《伊索寓言》並非伊索個人所寫，現行的常見版本是後人根據拜占庭僧侶拉努得斯收集的寓言和陸續被發現的古希臘寓言傳抄本編訂的。它反映了社會下層人民的生活和思想感情。

《伊索寓言》中的許多寓言直接反映了窮人的處境，表現了當時的對立關係。如《狼和小羊》說明統治者要壓迫人民是不愁找不到藉口的；《燕子

《伊索寓言》：狼和小羊

和蟒蛇》告訴人們即使在法庭上弱者仍免不了要遭難；而《農夫和蛇》則說明惡人的本性是永遠不會改變的，不該在他們困難時憐惜他們。

《伊索寓言》中大量的作品是人們長期生活經驗的總結。《農夫和兒子們》說明人類的財寶就是勤勞；《烏龜和兔子》告誡我們不要驕傲；《狐狸和葡萄》諷刺無能者的自我安慰。

一些寓言歌頌了弱者對強者的反抗精神，如《鷹和屎殼螂》；還有一些寓言也反映了被壓迫者安於現狀的消極意識，如《公雞和松雞》。此外，有些作品體現了無神論的唯物思想，如《賣卜者》等。

所以說，《伊索寓言》的內容是相當豐富的，它多方面描寫了古希臘人民的生活，使我們看到了當時社會的思想水平和道德標準。它在群眾中廣為流傳，常被人引用，並且對歐洲文學，尤其是寓言的創作影響很大。

5 為什麼說古希臘悲劇真正的創始人是埃斯庫羅斯？

埃斯庫羅斯是古希臘三大悲劇家之一，被恩格斯稱為「悲劇之父」。埃斯庫羅斯是一位多產的作家，一生創作了九十部悲劇。他的代表作《被縛的普羅米修斯》與現已失傳的《帶火的普羅米修斯》和《被釋放的普羅米修斯》組成了一部三聯劇，講述了普羅米修斯因從天上盜火種給人類而觸怒宙斯，被束縛在高加索山崖上受苦而不屈服的故事。其悲劇意義即在於，通過普羅米修斯與宙斯鬥爭的神話故事，揭示了這場鬥爭的實質是專制統治和反專制統治的鬥爭，反映了當時雅典工商民主派與土地貴族間的尖銳鬥爭。

通過《被縛的普羅米修斯》這一代表作，可以看出埃斯庫羅斯的創作特點：首先他使悲劇具有深刻的思想內容和完備的藝術形式。他的悲劇風格崇高，體現出時代精神和英雄人物的雄偉氣魄。其次，他是採用三部曲形式的第一人。另外，他還首先採用布景、劇中人物的高底靴、色彩鮮豔的服裝和莊嚴的舞蹈。尤為重要的是，他一改以往悲劇只有一個演員的模式，加上了第二個演員，真正表現了戲劇衝突。所有的這些貢獻都表明了埃斯庫羅斯是古希臘悲劇真正的創始人。

埃斯庫羅斯

6 為什麼說《俄狄浦斯王》是一部完美的悲劇？

拉辛認為《俄狄浦斯王》是一部完美的悲劇。亞里士多德也將其稱為是戲劇中的典範。這足以說明該劇在文學史上的成就。

《俄狄浦斯王》是古希臘三大悲劇家之一索福克勒斯的最著名的作品。劇中，忒拜王拉伊奧斯預知自己的兒子會殺父娶母，便拋棄了兒子俄狄浦斯。俄狄浦斯被科林斯王收養，但不知自己的身分。當他得知那可怕的預言後便逃往了忒拜，並在那裡娶了前王的妻子作了新王。一場瘟疫逼使俄狄浦斯找尋殺害前王的凶手。經過層層追查，俄狄浦斯發現自己當年在一個岔路口殺死的那個無禮的老人就是前王。後又在一個僕人的坦白中發現自己竟然就是前王的兒子，自己的妻子竟是自己的母親。於是王后自縊，俄狄浦斯自瞎雙眼，自我逐放。

索福克勒斯

這部悲劇情節複雜，條理清楚，矛盾衝突極為集中，結構也更為複雜、嚴密、完整。劇中的悲劇衝突、悲劇性格和悲劇效果代表了希臘悲劇的特點。俄狄浦斯所處的不自知狀態，增強了他的悲劇性。在殘酷可怖的命運面前，他的英雄行為非常壯烈，激起了觀眾的憐憫和恐懼。個人意志和命運的矛盾衝突，在劇中被作者刻畫得淋漓盡致。故而《俄狄浦斯王》被一致公認為希臘悲劇的典範，索福克勒斯也被稱作是「戲劇藝術的荷馬」。

7《美狄亞》在文學史上有何重要地位？

《美狄亞》是古希臘三大悲劇家之一歐里庇得斯最感人的悲劇作品之一。劇中的美狄亞是個異國女子，她曾背叛自己的家庭，幫助伊阿宋取得金羊毛，後又為他報了殺父之仇，帶著兩個兒子與伊阿宋流亡到科林斯。在科林斯，伊阿宋看上了國王的女兒和國王的財富，要娶公主而逐走美狄亞。美狄亞與之爭吵未果便又假意同他和解。在伊阿宋與公主舉行婚禮前，美狄亞在她送給公主的袍子上下了毒藥，毒死了公主和國王，後又殺死了自己的兒子，化作復仇之鬼，駕著龍羊飛向了雅典。

這部劇既是一部關於家庭生活的悲劇，亦是一部關於婦女命運的悲劇。它批判了不合理的婚姻制度和男女地位的不平等，痛斥了男子的不道德和自私自利。美狄亞的遭遇是當時婦女的悲慘命運的寫照，其最突出的價值也就在於它熱情謳歌了美狄亞的反抗精神。

古希臘悲劇由埃斯庫羅斯的「英雄悲劇」經索福克勒斯的「命運悲劇」過渡到了歐里庇得斯的「家庭

歐里庇得斯

悲劇」。歐里庇得斯的悲劇的形式和內容，都達到了相當完善的地步。三大悲劇家的寫作理念和技巧也為後人留下了珍貴的財富。

8阿里斯托芬為什麼被稱作是「喜劇之父」？

阿里斯托芬是古希臘的有強烈政治傾向性的喜劇詩人，是古希臘的極其尖銳、極富現實性的政治諷刺喜劇的創始人。他一生寫過四十四部喜劇，被恩格斯稱為「喜劇之父」。

阿里斯托芬喜劇的鮮明特點是：針對當時有影響的政治和社會問題，反映雅典奴隸主民主制危機時期的思想意識。他的《阿哈奈人》、《和平》和《呂西斯忒拉忒》反對頻繁的內戰，《騎士》、《馬蜂》猛烈抨擊政治煽動家，揭露了政治的腐敗。《財神》則體現了貧民與富豪的對抗。在《地母節婦女》和《蛙》中，他又流露出對農民的同情。他的《雲》更是提倡維護傳統倫理。

阿里斯托芬

阿里斯托芬喜劇的另一個鮮明特點是：他的人物缺少個性和內心特徵，具有類型性，且慣用誇張；他的故事情節多為虛構，較為荒誕，但主題卻是現實的；他的喜劇結構簡單鬆散，風格多樣且樸素。正因為此，當他的前輩和同時代的喜劇家都無人問津的時候，阿里斯托芬和他的喜劇卻赫然保存於西方古典文學的寶庫之中。

9《聖經．舊約》有哪些內容？

《聖經．舊約》是古希伯萊人對人類文化的重大貢獻。它包括不同時期、不同人物所寫的作品，共三十九卷，可分為四個部分。

一是法典、經書，即「摩西五經」：《創世紀》、《出埃及記》、《利未記》、《民數記》、《申命記》。這五卷書據傳是摩西受命於天而寫成的，因此被稱為「摩西五經」。這部分作品成書最早，西元前四四四年已確定其「聖經」的地位。

二是歷史書，又稱早期先知書。包括《約書亞記》、《士師記》、《撒母耳記》上下、《歷代志》上下、《以斯拉記》、《尼希米記》等共十卷。這是

諾亞方舟

一部以色列——猶太王國的興衰史。

三是先知書，又稱晚期先知書。有《以賽亞書》、《耶利米書》等十四卷，以熱情洋溢取勝。

四是雜著。包括抒情詩《詩篇》、《雅歌》、《耶利米愛歌》，哲理詩《箴言》、《傳道書》、哲理詩劇《約伯記》、小說《路得記》、《約拿記》、《以斯貼記》、《但以理書》等共十部。雜著是《舊約》中文學價值最高的部分。

《舊約》保留著民間創作清新質樸的風格，語言簡潔、生動、通俗，善用比喻和形容詞來表現思想感情。創作手法上常常有早期浪漫主義和現實主義結合的趨向，達到了神話和現實的結合。它與古希臘羅馬的神話史詩同樣具有一種「永久的魅力」，成為歐洲文學兩大源頭之一。

10 迦梨陀娑是誰？

迦梨陀娑是印度古代詩人、戲劇家。他著有劇本《優哩婆濕》、《摩羅維迦與火友王》以及抒情詩集《時令之環》，敘事詩《羅怙世系》和《鳩摩羅出世》均取材於神話，文辭優美，反映了敘事詩的最高成就。而迦梨陀娑成就最高的劇本要數《沙恭達羅》。在印度流傳這樣幾句話：「在所有的藝術形式中，戲劇最美。在所有的戲劇中，《沙恭達羅》最美。」充分說明了迦梨陀娑在印度文學史上的地位。

迦梨陀娑同樣被公認為印度梵文文學中最偉大的詩人。他的名作《雲使》詩句如行雲流水，從容不迫，自然美和心靈美兩相交融，已經成為流傳於世的最著名的情歌之一。迦梨陀娑的作品在亞洲、歐洲都得到極大的好評，歌德和席勒也曾對他大為稱讚。

《沙恭達羅》插圖

《沙恭達羅》是迦梨陀娑最傑出的一部劇本，主要寫了沙恭達羅和豆扇陀追求婚姻和愛情自由的故事。作品以浪漫主義和現實主義相結合的手法寫成，結構上層層推進，故事發展自然，各幕間銜接天衣無縫。尤其是詩劇所帶的抒情色彩，使不少場景充滿詩情畫意，構成一部優美的抒情詩劇。這部劇作被認為是印度文學中最精采的作品。

《沙恭達羅》是最負盛名的古典戲劇名著，在各國受到熱烈歡迎，人們紛紛用最美麗的詞句來稱讚它。歌德說：「若要說出春天的花朵和秋天的果實，若要說出人心中所有的愛慕和喜悅，若要說出高天和大地，只有一個詞，沙恭達羅啊，只要提你的名字，便說盡了一切。」

《沙恭達羅》劇照

11裴歐沃夫是哪個民族的英雄？

《裴歐沃夫》一詩長達千餘行，是英國八世紀的一部英雄史詩。該詩用古典英語寫成，但最古的現存稿本是於英國十世紀完成的。

史詩由兩個故事組成。第一個故事敘述了丹麥王希洛時宮中出現妖怪，屢屢傷人。格特族王的外甥裴歐沃夫，英勇非常，聞聽此事，主動來為丹麥王除害。巨怪夜間來襲，裴歐沃夫和它打鬥，斬了它一支手臂，巨怪逃走。後來母怪前來報仇，裴歐沃夫將其打傷，並追擊到一荒地。經過一番水下搏鬥，兩怪均被殺死。第二個故事則講，裴歐沃夫成為格特族王，五十年後，有一火龍在大墳裡看守藏金，常常出來傷人。裴歐沃夫得少年威格拉夫幫助，將龍殺死，但自己也因負重傷而死。格特人將他在海邊火化，他的陵墓成了航海家的燈塔。

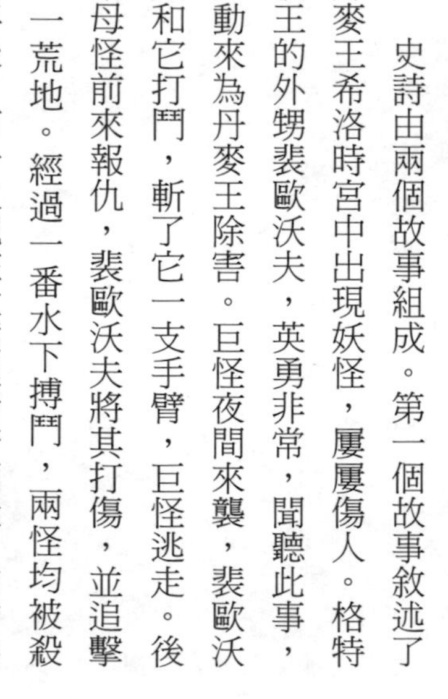

根據五世紀日爾曼人入侵大不列顛的史實和盎格魯、薩克森以及朱將等部落的傳說，裴歐沃

夫是日爾曼諸民族的英雄，確切地說，他是格特族的英雄。這一點在史詩中也多次提及。

12法蘭西的《羅蘭之歌》有何特點？

《羅蘭之歌》是歐洲中世紀英雄史詩中最著名和成就最高的一部作品。史詩用當時的民族語言諾曼語寫成，共二百三十一節，四千零二行，每行十音綴，尾音是諧音，不押韻腳。

《羅蘭之歌》的內容大致可以分為三個部分。第一部分主要寫查理大帝遣使受降和甘尼崙叛變投敵。第二部分主要寫查理伏擊法軍以及羅蘭奮戰身亡。第三部分則寫了查理大帝班師回朝，甘尼崙被四馬分屍。在為亡將舉哀的時候，羅蘭的未婚妻一慟而絕，史詩也就在這裡結束了。

《羅蘭之歌》插圖

這一史詩的特點在於它表現了法蘭西人民對於祖國的熱愛，反映出十一世紀法國的社會風俗，有一定的時代精神。主人翁羅蘭個性顯著，他勇武、忠誠，但恃勇而驕使得全軍覆沒。但他也不是一味剛愎自用，不知悔改。他對宗教虔誠，對封建主忠誠，對朋友信義，為民族光榮而以死拒敵。尤其是他死時，將寶劍和角號放在背下，面朝西班牙，表示是抗敵而死，右手伸向上天，表示為護教而亡。這一形象的描繪，極大地激起了當時人民的愛國熱情。正因為此，幾百年來他一直得到法國人民的崇敬。

整部史詩在藝術上很完美。它情節波瀾起伏，場面宏偉開闊，敘述從容自如，氣氛浪漫熱烈，兼之語言樸素自然，比較典型地反映了中世紀英雄史詩的藝術特點。

13《尼伯龍根之歌》是哪個民族的史詩？

《尼伯龍根之歌》，又稱《尼伯龍根族的慘史》，是德國十三世紀用中古高地德語寫成的一部傑出的英雄史詩，共有三十九歌，二千三百七十九節，九千五百一十六行。全詩分為上下兩部，上部稱《齊格弗里德之死》，下部稱《克里姆希爾特的復仇》。

主要內容是：尼德蘭王子齊格弗里德佔有尼伯龍根族的寶物。勃艮第國王巩特爾在他的幫助下娶了冰島女王布倫希爾特為妻，並同意將妹妹克里姆希爾特嫁給齊格弗里德。但布倫希爾特得知巩特爾是靠齊格弗里德才娶到了自己，感到十分羞辱，便唆使巩特爾的侍臣哈根殺死了齊格弗里德。十三年後，克里姆希爾特為了復仇，嫁給了匈奴國王。又過了十三年，她設計邀來了巩特爾，並殺死了他和哈根。但最後，她也死於其部下之手。

《尼伯龍根之歌》是中世紀德語文學中流傳最廣、影響最大的一部作曲。它最大的特點在於其韻體別具一格，亦稱為尼伯龍根詩體。它每十長行為一節，第一長行中間用一停頓分為兩短行，每節前三行中每行有七個揚音，第四行有八個揚音。為了便於朗讀，採用腳韻，每兩行一韻。但經過多年的加工，有些段落也用了頭韻，因此也可稱為混合詩體。

《尼伯龍根之歌》帶有濃厚的封建社會思想意識的色彩，重視騎士的榮譽，稱頌勇敢高尚、光明磊落。史詩詞句樸實，語言精練，節奏強烈，對後世的文學創作影響深遠。據統計，僅十九世紀就至少有二十種文學作品取材於這一史詩。

14俄羅斯的《伊戈爾遠征記》的結構是怎樣的?

《伊戈爾遠征記》是古代俄羅斯的一部出色的英雄史詩，是根據俄羅斯王公伊戈爾一一八五年的一次失敗的遠征史實寫成的。全詩可以分為八個部分：

①序詩，作者對以往的文學手段的運用以及為達到他自己的目的而將進行的嘗試作了評論。②描述俄羅斯王公伊戈爾和他的弟弟準備遠征的決心。③伊戈爾帶領他的人馬跨越西伯利亞地區的平曠草原並取得初步勝利。④伊戈爾失敗及其被俘。⑤以抒情和演說的方式插入了大量的題外

話。⑥詩人呼籲其他九位王子結束爭執，聯合起來拯救伊戈爾和俄羅斯。⑦伊戈爾的妻子雅羅斯拉夫娜在城頭進行抒情的哀悼。⑧伊戈爾逃回祖國及詩人的結語。

史詩將敘事與抒情有機結合起來，其中既有驚心動魄的沙場廝殺，也不乏情摯意切的場景，尤其是始終如一的深刻的愛國主義思想與全詩濃郁的抒情韻味融合在一起，產生了強烈的藝術感染力。

《伊戈爾遠征記》插圖

15 什麼是老《埃達》和小《埃達》？

史詩《埃達》又稱老《埃達》，是古代冰島文學中最著名的詩歌集。它的最大特點在於它並不像其他史詩那樣敘述一些連貫的故事。它有三十多首短歌，各短歌之間在情節上並不連貫。《埃達》中的短歌分為兩部分：神之歌和英雄之歌。神之歌共十首，都是講述神創造世界和人類的業績，以及神、人、侏儒、巨人之間的鬥爭。英雄之歌有二十多首，其中大部分來自大陸日爾曼人的敘事詩，歌頌了為民族榮譽而犧牲一切的英勇行為。《埃達》史詩完全是民間口頭創作的，其古抄本約在十三世紀寫成。

中世紀冰島著名的歷史學家和詩人斯諾里．斯朵爾盧遜以散文形式寫過一部論詩藝的著作，命名為《埃達》。這部書的一部分敘述了多神教時期的神話和古代英雄故事。為了與史詩《埃達》相區分，人們便稱斯諾里的《埃達》為小《埃達》或《散文埃達》。

16什麼是教會文學？

教會文學主要包括祈禱文、讚美詩、基督故事、聖徒行傳、宗教禮儀劇、宗教傳奇劇等，它們都是根據《聖經》故事和教會所杜撰的「原罪」說寫成的。宣傳人的罪惡與生俱來，告誡人們要以苦行來取得上帝的原宥；或以冥界的苦刑來恫嚇人們不作反抗，安於被奴役的地位。

《聖經》是一部古代巴勒斯坦文學的總匯，有著極高的文學價值。它分為《舊約》和《新約》。前者是猶太人被巴比倫俘虜期間產生的一種救世主思想的反映，用以鼓舞人們重返家園的信心；後者則是西元初年的產物，反映了猶太人在羅馬帝國高壓政策下產生的消極悲觀思想。《聖經》傳入歐洲後，被教會竄改成麻痹人民的思想工具。但同時，它對歐洲文學

《聖經》

也產生了極為深遠的影響。

總而言之，教會文學內容枯燥，思想消極，藝術成就不高。且多帶公式化、概念化和神秘化的特點。教會文學還多採用夢幻故事的體裁和象徵寓意的手法，這對當時和後世文學都有影響，連但丁的《神曲》在這一方面也不例外，深受其影響。

17 什麼是騎士文學？

從十二世紀後半葉開始，在世俗的騎士階層出現了文學創作活動，史稱騎士文學。騎士文學在十二、十三世紀最為繁榮，在法國尤為發達。騎士文學的主要體裁是騎士抒情詩和騎士傳奇。

騎士抒情詩發源於法國南部的普羅旺斯，中心主題是騎士對貴婦人的愛慕和崇拜。《破曉歌》是其中的精華。《破曉歌》寫騎士和貴婦人在黎明前依依惜別的情景，讚美了愛情生活和現世的歡樂，是對禁欲主義的一種反叛。騎士抒情詩還包括短歌、感興詩、牧歌、小夜曲、輓歌和辯論詩等。它在描寫內心感受以及詩律技巧方面，對歐洲詩歌的發展有一些影響。

騎士傳奇發源於法國北方，主要是寫騎士冒險的故事。騎士傳奇的題材來源有三：一是古代系統，一般是模仿古希臘羅馬文學的作品，如《亞歷山大傳奇》、《伊尼亞斯傳奇》、《特洛伊傳奇》等；二是不列顛系統，是以亞瑟王和他的圓桌騎士為中心發展起來的傳奇故事，如《愛列克

和愛尼德》、《朗斯洛》、《獅騎士》、《聖杯傳奇》等；三是拜占庭系統，根據東方故事和古希臘晚期的故事寫成，更接近於生活，如《奧卡森和尼柯尼柯萊特》等。騎士傳奇在情節安排、肖像描繪、細節描寫等方面，為後來的長篇小說創作提供了有益的經驗。

18 什麼是城市文學？

歐洲在十至十一世紀是英雄史詩的時代，十二到十三世紀前半期是騎士文學的時代，十三到十四世紀中葉則是城市文學盛行的時代。城市文學以產生在法蘭西的文學作品為代表，主要有以下幾種形式：

①小寓言，是民間歌謠發展而成的一些滑稽的韻文小故事，以嬉笑的態度諷刺社會的腐朽。代表作有《驢文遺言》和《農民醫生》等。

②世俗喜劇，是以亞當的「葉棚戲」為代表的完全與宗教無關的喜劇，以城市中慳吝的資產階級為諷刺對象。後來又發展成為傻子劇，如《傻王戲》；還有笑劇，如《巴特蘭》。

③諷刺詩，主要是寫一些禽獸故事，如著名的《列那狐傳奇》。

④隱喻詩，以《玫瑰傳奇》為代表。這種詩通常以夢遊的故事情節來隱喻作者不便明言或不敢明言的內容。

中世紀的城市文學是和中世紀的新興城市的市民生活緊密結合的。它從現實出發，反映並評論現實。城市文學的人民性和民主性都十分強烈，這為法國十七世紀古典主義打下了基礎，特別是對「文藝復興」初期的短篇故事，產生了很大的影響。

19《列那狐傳奇》講述了一個什麼故事？

城市諷刺詩中最著名的作品是法國的《列那狐傳奇》。它是一部「禽獸史詩」，實際上是描繪十二至十三世紀法國社會生活的巨幅畫卷。它以列那狐為中心，主要情節是：依桑格蘭狼因屢次遭到列那狐的暗算，便向諾布勒獅王告發，獅王想敷衍了事，但在同樣遭受到列那狐欺負的公雞和母雞的苦訴下，不得不傳列那狐到庭受審。列那狐見四面楚歌，便發揮它的才智與狡黠，籠絡獅王，終於使自己逃脫了受懲罰的厄運。

作品採用了擬人手法，以獸喻人。獅王代表昏庸專橫的國王，狼和熊代表殘暴愚蠢的封建主和騎士，笨驢和駱駝代表主教和教皇，雞、鴨等小動物代表普通百姓，而列

《列那狐傳奇》插圖

那狐則是機智善辯的市民和富裕商人的象徵。列那狐與各種禽獸之間的鬥爭，反映了市民與貴族、僧侶之間的矛盾以及市民內部的衝突。它以生動的情節和富有個性的形象，博得了廣大讀者的歡迎，很快傳遍歐洲，並被歌德改寫成《列那狐》。

20 但丁的《神曲》是如何描述「宇宙三界」的？

義大利詩人但丁被恩格斯稱為「中世紀的最後一位詩人，同時又是新時代的最初一位詩人」。他的傳世巨著《神曲》具有劃時代意義。

《神曲》由《地獄》、《煉獄》、《天堂》三篇組成，全詩共一萬四千二百三十三行，一百首歌。但丁採用中古夢幻文學的形式，描寫了他夢游「宇宙三界」的故事。先是由維吉爾引導他遊歷了地獄和煉獄，後又由貝雅特麗齊引導他遊歷了天堂。

地獄成一個漏斗形，共分九層，越往下罪越重，處罰也越殘酷。第一層是「麻善獄」，沒有苦刑，出生於基督之前的古代賢哲如荷馬等，在此等待上帝的裁判。第二層

但丁

但丁《神曲》天國第三十一歌插圖

住著生前縱情的人，如海倫等，長年在冰雹和旋風中受折磨。第三層住著饕餮者，在泥坑裡被風吹雨打。第四層住著吝嗇者和浪費者，他們彼此打罵撕咬，扭作一團。第五層住著易怒者，他們互相咬嚙，直到皮破肉爛。第六層住著散布邪說的邪教異端，他們在墳墓裡受著烈火的薰烤。第七層住著施暴力者、自殺者和蔑視上帝者，他們或泡在血河裡，或變成多癤多瘤的樹木在哀鳴，或在火雨熱沙中受刑。第八層住著人民所痛恨的各種惡人，他們在十條惡溝裡接受不同的刑罰，買賣聖職的教皇也倒栽在燃燒著的硫磺洞裡。第九層是一片冰湖，各類叛徒和出賣者被凍在湖裡永不超脫。湖中心是惡魔撒旦，他有三個面孔，各咬著出賣耶穌的猶大和謀殺凱薩的布魯圖與卡西奧。

走出地獄，淨界山便浮現在海面上，這就是煉獄。淨界山好似金字塔，共分七層，犯有驕、妒、怒、惰、貪、食、色這人生七大罪過的靈魂分別在此磨煉受懲。這七層加上淨界山山腳和淨界山山頂的「人間樂園」共九層。住在這裡的人都罪孽較輕，如能斷除孽根便可升入天堂。

與維吉爾遊完煉獄後，貝雅特麗齊又帶但丁去遊天堂。天堂也分九重：月輪天、水星天、金

星天、日輪天、火星天、木星天、土星天、恒星天和水晶天。基督和天使，以及虔誠的教士、賢君和行善者等都住在這裡。最後，但丁來到九重天外，來到上帝的天府，見到了上帝。但只是閃光般的一瞥，全詩至此戛然而止。

長詩對「宇宙三界」的描寫，體現了詩人的意圖：人類應該從迷惘和錯誤中經過苦難的考驗，脫離黑暗走向光明，到達真理的境界。因此，是一部現實性很強的作品。

但丁《神曲》煉獄第十二歌插圖

21 中世紀波斯文學有哪些代表作家?

波斯文學史上第一個著名的詩人是魯達基。他是宮廷大詩人，詩集多達一百卷，一百三十多萬行。他為波斯詩歌形式如頌詩、抒情詩、敘事詩、四行詩的發展奠定了基礎，被後世稱作為「波斯詩歌之父」，但流傳下來的作品非常少。

魯達基之後出現的著名詩人是菲木杜西。他所創作的《列王記》在發揚伊朗古代文學傳說和創造波斯文學語言方面發揮了重大作用。全詩共分三大部分：神話故事、英雄傳說和歷史故事。它是波斯文學史上第一部長篇史詩，帶有明顯的民間藝術的誇張色彩，且多用比喻。

波斯另一位大詩人是莪默．伽亞默，他創造了「魯拜」這一詩歌形式，其詩收進《魯拜集》。「魯拜」體是每首四行，第一、二、四行押韻，第三行大抵不押韻，和我國的絕句相似。

哈菲茲，被譽為加宰里（一種詩體）大師。他的抒情詩明快活潑，充滿激情，比興新奇，感情充沛，不但繼承了波斯古典詩歌的優良傳統，並且使波斯的文學語言達到了成熟地步。

在哈菲茲前面，還有一位著名詩人薩迪。但他最為傑出的作品不是詩歌，而是一部散文和詩相結合的作品《薔薇園》。《薔薇園》共分八章，一百八十多個故事，近一百餘首格言。它獲得了廣泛的世界聲譽，歷來是學習波斯語言的教科書。

22《一千零一夜》因何得名？

阿拉伯民間故事集《一千零一夜》，又稱《天方夜譚》，其名稱是出自這部故事集的引子：

薩桑國國王因痛恨王后與人有私，將其殺死，此後每日召一少女，翌晨即殺掉。宰相女兒為救眾女，自願嫁與國王，用每日講故事的方法引起國王興致，且每次天亮時正值故事關鍵之處，從而免遭國王殺戮。她一共講了一千零一夜，終於感化了國王，二人白頭偕老。當然，這不過是後人結構作品的一種方式。

這部作品是無數民間藝人、學者文人在近八百年間，經口傳手抄而至印刷發行的漫長階段而形成的。它有三個階段：一是波斯故事集《赫佐爾・等夫薩乃》；二是形成於伊拉克；三是在埃及編成的。所以其背景非常廣泛，包括各類故事、各式人物，是研究阿拉伯和東方歷史、文化、宗教、語言、藝術、民俗的珍貴資料。

這部故事集有著它獨特的藝術魅力。首先，它採用浪漫主義和現實主義相結合的創作手法將神話世界同現實世界巧妙結合。其次，常以大故事套小故事的方法形成一個個故事群。其三，作品還成功運用了鮮明的對比和類型誇張的手法將真善美和假醜惡兩相對照。從而一直流傳至今，深受各國人民喜愛。

23《源氏物語》有何藝術成就？

《源氏物語》是十一世紀初的日本古典文學名著，是

《一千零一夜》

世界上最早的長篇小說之一。其作者紫式部，本姓藤原，名不詳，因其作品之女主人翁紫姬為世人傳頌，且其父官位式部函，故被稱為紫式部。紫式部是一位女作家。

《源氏物語》的背景是日本中古平安時代。作品通過一個才貌雙全、風流倜儻的貴族公子光源氏在愛情上的糾葛、政治上的沉浮，反映了貴族社會的重重矛盾和沒落。全書共五十四回，近一百萬字。前半部共四十四回，主要以光源的一生為中心；後半部共十回，著重刻畫其子薰君對江舟等女子的追逐和失意。

《源氏物語》被譽為日本古典文學的高峰，規模宏大，場面眾多，結構嚴謹，情節富於變化。其結構特點是，各回的獨立性與全書的整體性相結合，短篇與長篇相結合。此小說的語言典雅，筆意纏綿，富有日本古雅的民族風格。書中還大量引用了中國古籍，反映了當時中日文化的廣泛交流。

在藝術上，作品的最大成就表現在人物性格刻畫的精細與宏博。全書出場

《源氏物語》插圖

人物共四百四十餘人，其中幾十人都寫得個性鮮明、形象突出。如光源氏、薰君、藤壺……讀來舉止音容栩栩如生，甚至一個人的心理變化都微妙可辨。

作者紫式部另有《紫式部日記》、《紫式部家集》等多部著作。鑒於其創作成就，聯合國教科文組織於一九六五年把她與但丁、歌德等並列為世界文化偉人。

24 什麼是「文藝復興」？

「文藝復興」是歐洲文學史上一個重要的轉捩點，它結束了漫長的中世紀文學發展緩慢、落後的狀況，迎來了繼古代希臘羅馬文學之後的又一個文學發展的新時期，並開拓了近代資產階級文學的歷史。從此，歐洲文學又步入了世界文學的先進行列。

「文藝復興」是一場偉大的思想解放運動。一四五三年，土耳其人佔領了羅馬首都君士坦丁堡，大批希臘學者逃到了義大利，掀起了搜集、研究古籍抄本和古代藝術品的熱潮。他們打著「回到希臘去」的旗號，聲稱要把久被淹沒的古典文化「復興」起來，「文藝復興」因此而得名。古代希臘羅馬文化學術被列入人文學科，研究這些學科的學者被稱為人文主義者。他們利用古代遺產來批判教會，進行反封建反教會的鬥爭，同時也繼承了中古的遺產。他們在這個基礎上創造了新文化，創作出大批優秀作品，開創了文學史的新時期。

25文藝復興時期的義大利有哪些文學成就？

義大利是歐洲文藝復興運動的發源地。在但丁的著作中就已經露出了新文化的曙光。

義大利的第一個人文主義者是佩脫拉克。他的主要成就是詩歌，代表作是抒情詩集《歌集》。他是歐洲新詩的開拓者。

義大利的另一個重要的人文主義作家是薄伽丘。他的文學創作極為豐富，寫過長篇小說、史詩、敘事詩、十四行詩、論文等各種體裁的作品。他的最優秀的具有世界影響的作品是短篇小說集《十日談》，這部作品奠定了他在文學史上的重要地位。

到了十六世紀，義大利文藝復興運動趨於低潮。如果說阿里奧斯托的長篇敘事詩《瘋狂的羅蘭》尚能表現出人文主義思想的力量，那麼到了十六世紀下半期的塔索的敘事詩《被解放了的耶路撒冷》，則預示了人文主義的危機。到了十六世紀末，義大利文藝復興宣告結束。

薄伽丘

26文藝復興時期的德國有哪些文學成就？

德國的人文主義運動從十五世紀中葉即已開始。一些大學中出現了人文主義團體和研究古代文化的運動。荷蘭人文主義者埃拉斯穆斯在德國的活動和他的名著《愚人頌》都有很大影響。羅依希林和胡滕撰寫的《蒙昧者書簡》，是早期人文主義的重要文獻。

這一時期德國文學的主要成就在民間文學，既有對古代故事的搜集整理，也有當代新作。其中著名的是《梯爾·厄崙史皮格爾》和《浮士德博士的生平》等。同時，市民文學也有所發展，出現了漢斯·薩克斯這樣有成就的作家。他的戲劇、笑話、詩歌都繼承和發展了民間文學的傳說，受到人民的歡迎。

遺憾的是，由於處於分裂，這一時期的德國未能形成自己的民族文學，未能有偉大的作家出現。

27文藝復興時期的法國有哪些文學成就？

法國的文藝復興運動從十六世紀開始。

拉伯雷是當時法國最重要的人文主義者，他經歷豐富，知識淵博，成為文藝復興時期多才多藝的「巨人」。他只寫過一部文學作品，就是長篇小說《巨人傳》。這部小說對後來法國與歐洲其他國家的作家都有影響。

以龍沙為首的「七星詩社」，是由七個貴族出身的詩人組成的。一五九四年，杜·倍雷發表的《保衛與發揚法蘭西語言》是他們的宣言。他們在改革語言、詩歌方面進行了有益的探索。

蒙田是十六世紀後半期的一個頗有影響的散文

蒙田

作家。他的三卷《隨感集》內容包羅萬象，集中表現了他的人文主義思想和懷疑論。《隨感集》中的文章長短不一，沒有嚴密的結構，語言平易流暢，形象生動，敘述親切。他在歐洲文學史上首創隨筆這種文體。他的文筆和風格影響了後來的歐洲散文作家。

28 文藝復興時期的西班牙有哪些文學成就？

十六世紀，西班牙文藝復興運動興起，人文主義文學也已產生。但直到十六世紀末十七世紀初，西班牙文學才進入「黃金時代」。

十六世紀中葉，西班牙出現了一種新的文學形式——流浪漢小說。它雖非人文主義小說，但在現實主義精神上卻與之相通。它對西班牙和歐洲小說的發展產生了深遠影響。西班牙最早的也是最優秀的一部流浪漢小說是《托梅斯河上的小拉撒路》，又譯《小癩子》（作者不可考）。

從十六世紀開始，西班牙戲劇逐漸向民間戲劇方向發展。維加的創作標誌著這一發展的成熟。代表作有《羊泉村》，屬於歷史劇；還有袍劍劇《塞維爾的明星》等。嘉爾德隆也寫了一千餘種劇，最好的是世俗劇，有一百二十種，代表作是《人生一夢》。此外，哈布里爾的《塞維爾的誘惑者》是第一部有關唐璜傳說的作品。吉連·卡斯楚的《熙德的少年時代》和《熙德的業績》是法國古典主義悲劇家高乃依的《熙德》取材的來源。

塞萬提斯則是西班牙文藝復興時期著名的小說家兼詩人和戲劇家。一五八四年出版了《加拉提亞》，一六〇五年出版了《唐·吉訶德》，轟動一時。一六一三年出版模範小說十二篇，大都是當時流行的惡漢小說。一六一五年又出版了他的《唐·吉訶德》第二部。

塞萬提斯

29文藝復興時期的英國有哪些文學成就？

英國的人文主義思想發生較早，十四世紀的喬叟即已經在作品中表現出了人文主義的思想傾向，他的代表作是《坎特伯雷故事集》。喬叟開創了英國文學的現實主義傳統。

十五世紀後半期，著名的牛津大學成了人文主義的中心。托馬斯．莫爾是當時人文主義最重要的代表。他用拉丁文寫下的《烏托邦》，是近代歐洲空想社會主義的開端。

十六世紀後半期，即所謂「伊麗莎白時代」，英國文學發展到了一個空前繁榮時期，詩歌和戲劇方面的成就尤為突出。

錫德尼的理論著作《為詩一辯》成為人文主義詩歌的宣言，標誌著人文主義詩歌繁榮時期的到來。文藝復興時期英國最重要的詩人是斯賓塞，他著有著名長詩《仙后》。斯賓塞所運用的一種適合於長詩的格體形式被稱為「斯賓塞詩節」，它對後來的拜倫、雪萊等都有影響。

文藝復興時期英國有許多劇作家，重要的有李利、格林、基德和馬洛等。他們被稱為「大學才子派」，是莎士比亞的先驅。馬洛是這批作家中最重要的一個，代表作有《帖水兒》、《浮士德博士的悲劇》、《馬耳他島的猶太人》等。

斯賓塞

莎士比亞是文藝復興時期英國最偉大的詩人和戲劇家。他的創作是英國乃至歐洲人文主義文學的最高成就。

30佩脫拉克為何被尊為西方「詩聖」？

佩脫拉克是義大利文藝復興運動的先驅、人文主義詩人，他被尊稱為西方詩壇的「詩聖」。他的主要作品是用拉丁文寫的詩歌、散文和書信，如長篇史詩《阿非利加》、散文《名人傳》等。但他最優秀的作品是抒情詩集《歌集》。

相傳，佩脫拉克二十三歲時遇見一名騎士的妻子蘿拉，一見傾心，寫了許多抒情詩抒發愛慕之情。不久蘿拉染病去世，詩人又寫了不少詩篇表達哀思。後來，佩脫拉克將這些詩整理彙編，以蘿拉去世為界分為兩冊，取名《歌集》。《歌集》共收詩三百餘首，大多是十四行詩和抒情短詩，也有少量政治抒情詩。

《歌集》是人文主義的代表作。詩人通過對蘿拉的讚美大膽歌頌塵世的愛情，表達對幸福的渴望，反映出了人文主義者蔑視中世紀禁欲主義、熱愛生活的新世界觀，主張「幸福在人間」，因此這部詩集被比做詩歌領域裡的《十日談》。而那些政治抒情詩，更是將矛頭直指教會，表現出人文主義者對國家和信仰的新見解。

《歌集》在詩歌技巧方面有獨創性。佩脫拉克首創十四行詩體，調子輕快，宜於抒發情感，為後世詩人相繼襲用。因此，佩脫拉克被後人尊為西方詩壇的「詩聖」。

31 薄伽丘的《十日談》如何表現人文主義思想？

薄伽丘與但丁、佩脫拉克並稱為文藝復興初期的「三傑」。他的代表作是《十日談》。

這部作品起筆於一三四八年發生在義大利的一場可怕的瘟疫，城市裡屍體橫陳、十室九空。有七個少女、三個青年紳士僥倖未染病。他們相約外逃到鄉間一個別墅避難，住了十天，每人每天講一個故事，共講了一百個故事，故名《十日談》。

《十日談》全書貫穿著反封建反教會的思想。

《十日談》

它以大膽潑辣的精神、嬉笑怒罵的手法，諷刺揭露了教會的罪行。第一個故事寫惡棍騙子當了聖人。第二個故事寫一個異教徒發現羅馬教廷的罪惡才皈依天主。它們可以說是全書的總綱。

反對禁欲主義、肯定現實生活、歌頌愛情自由，是《十日談》的另一個重要內容。第五天的第一個故事講述一個愚昧的人因愛情的力量變成才藝出眾的青年。第四天的第一個故事又說明，鍾情的人可以衝破門第等級，如此等等。薄伽丘盡情地描寫了青年男女為爭取愛情而奮鬥。

此外，《十日談》還肯定了下層人民的智慧，歌頌了商人以機智與冒險取得財富的事蹟，塑造了新型資產階級理想人物。這些都是人文主義思想的典型表現。

《十日談》作為歐洲第一部現實主義的文學作品，對現實主義文學的發展影響巨大。

32《唐．吉訶德》是怎樣塑造人物形象的？

塞萬提斯的長篇小說《唐．吉訶德》全名為《奇情異想的紳士唐．吉訶德．台．拉．曼卻》，共兩部。一六〇五年出版了第一部，後為還擊他人的偽造行為，塞萬提斯加緊寫作，於一六一五年出版了第二部。小說模擬騎士小說的寫法，描寫唐．吉訶德主僕三次遊俠的故事。

小說主人翁唐．吉訶德形象的創造是這部作品的最大成就。這個人物現已為世界人民所熟知，是世界文學史上不朽的藝術典型之一。

唐・吉訶德的最顯著的特徵是他脫離現實，耽於幻想。他滿腦子都是騎士小說中所寫的古怪東西，他單槍匹馬去降魔除妖，結果鬧出無數的笑話。但他出外遊俠的動機之一是打抱不平、救世濟人，這就與騎士小說不同了。他為實現理想而奮不顧身，但他採取了錯誤的方法。他的理想與現實脫節，他的高尚的動機與錯誤的方法、無益的行為之間也存在著矛盾。所以在唐・吉訶德可笑的喜劇性形象的背後，其實還存在著悲劇性的因素。

小說中的另一重要人物僕人桑丘，與唐・吉訶德相輔相成。主人耽於幻想，僕人處處求實；主人急公好義，僕人膽小怕事。然而他本性卻是善良的，富於同情心，因逐漸與唐・吉訶德接近，受其影響，他也漸漸正直、無私起來。

《唐・吉訶德》插圖

作者在塑造人物時，注意刻畫典型，使唐・吉訶德與桑丘主僕二人的性格特徵富有層次感和發展變化，顯得十分真實、深刻。他將刻畫主人翁的性格放在了小說的中心位置上，而且安排了兩個人物，讓他們互相連繫又互相對比，更突出了人物的性格，這也是作家的獨創。

作家在描寫一個人物性格時，顯示出他的優點，同時也不掩飾他的缺點，並且把他的一般性格體現於其個性裡，全面、發展地來寫人物，這就是作家的現實主義藝術方法的成功之處。

法國作家雨果這樣寫道：「塞萬提斯的創作是如此的巧妙，可謂天衣無縫；主角與桑丘，騎著各自的牲口，渾然一體，可笑又可悲，感人至極……」由此可見，塞萬提斯刻畫的人物著實深入人心，為各家所推崇。

33拉伯雷的《巨人傳》是一部怎樣的作品？

《巨人傳》是法國文藝復興時期最重要的小說家和人文主義學者拉伯雷花了二十多年時間寫成的長篇諷刺小說。

小說共五部，在一五三二年至一五六四年期間陸續發表。小說中巨人父子的形象取材於民間文學。第一部寫卡岡都亞的奇異的出生和成長經歷。他因接受經院式的教育而變得愚鈍，後來接受人文主義教育才使身心得以全面發展。他在讓修士的幫助下打敗了侵略者，並建立了德兼美修

《巨人傳》插圖

道院來報答讓修士。第二部寫卡岡都亞的兒子龐大固埃的出生和教育，他在巴黎求學時遇到巴汝奇，後在巴汝奇幫助下，戰勝了迪普索德國。第三部寫龐大固埃和巴汝奇為解決巴汝奇的婚姻疑問而到處漫遊的故事。第四、五部繼續寫他們為尋訪神瓶到處漫遊，最後找到了神瓶，得到的啟示是一個「飲」字，就是要暢飲知識，暢飲真理，暢飲愛情。這也是拉伯雷人文思想的總結。

《巨人傳》全面反映了十六世紀上半期法國的社會生活，表現了新興資產階級的思想意識，具有強烈的反封建意義。

在藝術上，《巨人傳》與民間文學密切相聯。小說語言生動、詼諧，富有表現力。離奇的構思、誇張的手法、獨特的諷刺藝術，使《巨人傳》在文藝復興運動中佔有特殊的地位，給後世很大的影響。

34《哈姆雷特》是怎樣的一部作品？

《哈姆雷特》是莎士比亞一六〇一年寫成的一部悲劇，比較集中地體現了他的思想特點與藝術成就，無論在內容上還是形式上，都堪稱是莎士比亞藝術的最高成就。

《哈姆雷特》寫的是一個丹麥王子為父復仇的故事。結果他的情人、母親都相繼死去，他也身中毒劍，但臨死前手刃了仇敵。

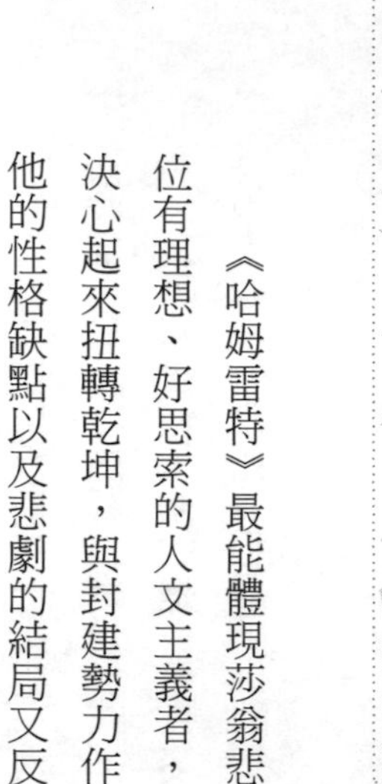

《哈姆雷特》最能體現莎翁悲劇的基本主題，即人文主義思想與現實的矛盾。哈姆雷特是一位有理想、好思索的人文主義者，他崇尚人性自由，追求美好的愛情。當他看到社會的黑暗後，決心起來扭轉乾坤，與封建勢力作殊死搏鬥。這些都反映了人文主義者積極進取的精神。同時，他的性格缺點以及悲劇的結局又反映了人文主義的思想危機和致命弱點。哈姆雷特想扭轉乾坤，但缺乏力量。因此他顯得猶豫，有時優柔寡斷。他只重視個人作用，始終是孤軍奮戰。從以上兩方面可以看出，《哈姆雷特》充分體現了人文主義積極與消極兩個方面的思想，是莎士比亞人文思想的總結。

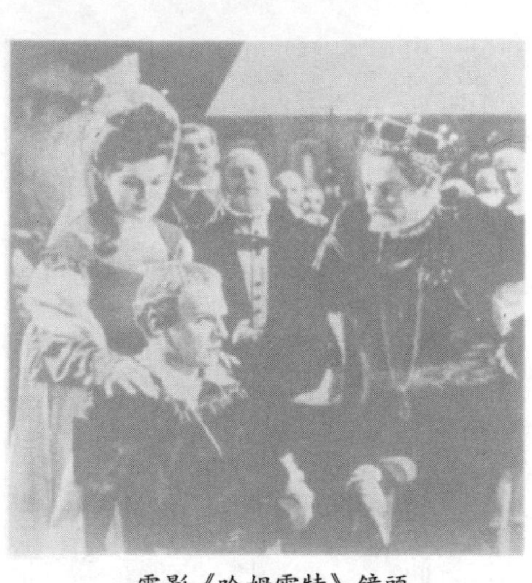

電影《哈姆雷特》鏡頭

《哈姆雷特》在藝術形式上也充分體現了莎士比亞的藝術創作特點。

第一，它以豐富、生動的情節來反映現實生活。首先，作品並不孤立的寫宮廷復仇，而是從各個社會場面去展開情節。其次，作者醞釀了緊張曲折的戲劇衝突，引人入勝。再次，作品糅合了悲劇與喜劇的因素，使全劇波瀾起伏。

第二，作品在人物塑造上深有功底。莎翁筆下的人物性格複雜多面，像生活一樣豐富多彩。莎翁，善於在人物對比中突出主人翁性格，如用雷歐提斯的魯莽來突出哈姆雷特的謹慎。莎翁還善於利用獨白成功揭露人物心理，全劇中哈姆雷特的大段獨白有六處之多，反映了其思想轉變、內心矛盾和性格的變化。

此外，作品的語言也相當豐富有力。莎翁採用了韻散雜糅的文體和歌謠、俚語等，多種多樣，十分生動。可以說，《哈姆雷特》就是一篇悲劇形式的詩章。

35《威尼斯商人》是怎樣塑造夏洛克這一複雜人物形象的？

《威尼斯商人》是莎士比亞早期最富有諷刺性的喜劇，說的是威尼斯商人安東尼奧為支持巴薩尼奧的婚事，向高利貸者夏洛克借錢，並與之訂了到期不還即割一磅肉的契約。由於安東尼奧的船遇險，他無法還債，夏洛克便控告安東尼奧。安東尼奧的未婚妻女扮男裝，以法官身分開庭，並靠機智使夏洛克敗訴，從而救了安東尼奧。

夏洛克是劇中一個比較複雜的形象，是莎士比亞筆下最有爭論性的人物之一。

夏洛克是個貪婪、奸詐、吝嗇、狠毒等惡行集於一身的高利貸者。他以聚斂財富為生活的唯一目的，在這一點上他與莫里哀筆下的慳吝人頗為相似，然而他的性格遠較後者複雜。他深謀遠慮，口蜜腹劍，誘騙安東尼奧簽下「一磅肉」的契約，卻聲稱不過是開個玩笑；他審時度勢，能屈能伸，在安東尼奧有錢有勢時忍氣吞聲，在安東尼奧破產時又凶相畢露；他能言善辯，巧舌如簧，在法庭上勢單力孤卻使得眾人啞口無言；他還慷慨激昂地控訴基督徒對猶太人的歧視侮辱，儼然是猶太民族的英雄；他不卑不亢，硬骨錚錚，操勝券時威嚇怒罵毫不在乎，敗訴時也不乞討對手寬恕。因此，夏洛克和哈姆雷特、福斯諾夫被譽為莎士比亞戲劇人物中最複雜的三大典型。

36《羅密歐與茱麗葉》講述了一段怎樣的淒美愛情故事？

《羅密歐與茱麗葉》的愛情故事廣為流傳，為各國人民所熟知。這是一部反映了人文主義者愛情理想與封建壓迫之間衝突的悲劇。

羅密歐與茱麗葉一見鍾情，成為戀人，但因家族不和而受百般阻撓。後經神父幫助，兩人秘

莎士比亞時代的劇場

密舉行了婚禮。一次，羅密歐為友復仇，刺死了泰保爾，被親王下令放逐。神父為了幫助他們，讓茱麗葉吃安眠藥裝死，並派人通知羅密歐趕回。但送信人誤了行程，羅密歐以為茱麗葉已死，就趕到她身邊自殺了。茱麗葉醒來見愛人已死，也結束了自己的生命。

這部悲劇否定了封建家庭間的紛爭與仇殺，批判了不合理的婚姻制度，歌頌了自由的愛情。劇中的男女主人翁已成了世界文學人物中的著名典型，是爭取愛情和婚姻自由的典範。

《羅密歐與茱麗葉》插圖

37莎士比亞的「四大悲劇」有何特點？

一六〇一年至一六〇七年，在莎士比亞創作的第二時期，誕生了「四大悲劇」，它們對現實的矛盾揭露得更為徹底、深刻。

《哈姆雷特》一劇通過丹麥王子復仇的故事，生動描繪出當時朝廷爭權奪利的圖畫。一個有

人文主義思想的王子，對當時社會的懷疑，找不著出路，提出了「生存還是毀滅」的問題，發人深省。《奧賽羅》刻畫了一個陰毒險狠的資產階級野心家，為了金錢名位，用種種殺人不見血的手段，使一個正直而輕信的摩爾人親手殺死了自己忠實的妻子，然後自殺。深刻揭露了資產階級的醜惡本質。《李爾王》徹底暴露了當時金錢高於一切的現象。為了金錢權勢，女兒拋棄了父親，兒子謀殺老父，兄弟姐妹互相殘害。《馬克白》則講述了兩個陰謀的野心家謀奪王位，犯下了殘酷的謀殺罪行，最終受到了報復，被國王的兒子殺死的故事。

莎士比亞的悲劇的特點，首先在於它以巨大的藝術力量深刻反映了當時人文主義者與封建文化傳統之間的鬥爭。其次，雖然這些悲劇都以代表人文主義思想的主人翁的毀滅而收場，但在結局時，真相總是大白，真理總是獲勝。再次，莎翁的悲劇深入細緻地描繪了主人翁內心思想感情的自我矛盾和鬥爭，深刻地、多方面地揭示人物性格的複雜錯綜和變化發展，這也就是為什麼莎翁的悲劇人物有巨大的概括意義和真實性，成為世界文學中知名的典型人物的緣故。

莎士比亞

38 斯賓塞的《仙后》講述了什麼故事？

《仙后》是斯賓塞最重要的作品。詩人原計劃寫十二章，但僅完成了前六章和第七章的一部分。它主要是取材於亞瑟王傳奇。

仙后格麗羅麗亞娜開辦宴會，亞瑟王追求仙后。仙后決定舉行十二天宴會，每天派一名騎士去解除靈難，而亞瑟王要參加每個騎士的冒險。長詩的第一章名為《紅十字騎士傳奇》，寫紅十字騎士陷於絕境時仍堅信上帝的仁慈，不為厄運所困。第二章名為《該恩爵士傳奇》，寫該恩爵士不為各種誘惑所動，不為一時所屈而怒。第三章名為《布麗托瑪傳奇》，寫貞女布麗托瑪高尚的品德，她忠於愛情，寧死也不背棄自己的感情。第四章名為《坎貝爾和特里阿蒙的傳奇》，寫坎貝爾和特里阿蒙在各種情況下都以誠相見，互不欺瞞，同心協力戰勝各種困難。第五章名為《阿提戈爾傳奇》，寫阿提戈爾仗義行事，面對邪惡凜然不畏。第六章題為《卡利多傳奇》，寫卡利多以高雅的修養贏得人們的尊敬。

這六章詩每章都有一個寓意，每章的主人翁都象徵一種品質：紅十字騎士象徵虔誠；該恩爵士象徵克制；布麗托瑪象徵貞潔；坎貝爾和特里阿蒙象徵友誼；阿提戈爾象徵正義；卡利多象徵禮貌。亞瑟王由於參加了這種種歷險，所以他具有了種種美德，是詩人理想中的人物。

不幸的是，斯賓塞於一五九九年病逝，《仙后》也就沒能完成。但已完成的部分，不論是其內容，還是其藝術形式，在英國文學上都佔有十分重要的地位，尤其是其所創的「斯賓塞詩節」影響了後來的眾多詩人。斯賓塞也因此被稱為「詩人中的詩人」。

39彌爾頓的《失樂園》是怎樣的一部史詩？

彌爾頓的《失樂園》是一部長篇史詩，取材於《聖經．舊約》的《創世紀》，一共十二卷。史詩講述的故事大致如下：魔鬼撒旦與上帝抗爭，被上帝打入混沌界。為另尋出路與上帝抗爭到底，他去打探上帝所創造的新世界，即人類的居住地。他來到伊甸園，引誘亞當和夏娃偷吃了禁果。結果，亞當和夏娃被上帝逐出了伊甸園，人類受到了懲罰。

《失樂園》是以撒旦的復仇反抗為線索，通過撒旦引誘亞當、夏娃犯罪，對上

《失樂園》插圖

帝無上權威予以蔑視和反抗的故事，生動反映了英國資產階級革命失敗後革命者的生活、情緒和鬥爭精神。作品引人注目地刻畫了魔王撒旦的形象，他的驕矜蠻橫體現了對上帝權威的抗衡，實際上是注入了彌爾頓的革命思想，象徵了不屈服、不投降的英國資產階級革命者。

在《失樂園》中，彌爾頓表現了他高超的藝術水平：規模宏偉，氣勢雄大，人物形象雄偉，環境氣氛廣闊無垠。詩中大量引用典故，而且加上了詩人豐富的想像。在結構上，《失樂園》有意模仿古希臘羅馬的史詩，再加上它鏗鏘的語音語調，充滿了革命的激情，因而在英國文學史上佔有相當高的地位。

40 十七世紀的法國古典主義文學有何成就？

十七世紀三四十年代是法國古典主義文學思潮的形成時期。在路易十三的首相黎希留和他所設立的法蘭西學士院的倡導和推行下，文藝創作開始規範化，古典主義開始發展起來。高乃依是法國古典主義悲劇的奠基人，他的代表作《熙德》，充滿了愛國主義思想和英雄主義熱情。

七十年代是古典主義的全盛期。主要代表是拉辛、莫里哀和布瓦洛。

拉辛是重要的古典主義悲劇作家，他的代表作《安德洛瑪刻》是按照三一律寫的，被視為第一部標準的古典主義悲劇。《費德爾》是拉辛的另一部著作，同樣取材於歐里庇得斯的悲劇，突出表現了拉辛悲劇高度的心理描寫技巧。拉辛的創作，標誌著古典主義悲劇藝術的成熟。

莫里哀是古典主義喜劇的創始人，是繼索福克勒斯、莎士比亞之後最傑出的戲劇家。他的喜劇結構嚴謹，衝突集中，人物形象的性格特徵單一、鮮明，有高度概括性。莫里哀的喜劇對歐洲戲劇的影響是巨大的，不少重要的戲劇家都向他學習。他的最重要的代表作是《慳吝人》和《偽君子》、《唐璜》。

布瓦洛是古典主義理論家。他所制定的古典主義清規戒律，影響歐洲文學達一百多年，直到浪漫主義文學運動興起後才被打破。他的代表作是詩體理論著作《詩的藝術》。

法國古典主義文學思潮後來影響到歐洲各國，成為十七世紀主要的文學思潮，並延續到十九世紀初，為歐洲文學的發展提供了藝術經驗。

莫里哀

41《偽君子》是如何遵守了「三一律」的？

《偽君子》是一部五幕詩體劇，是莫里哀的代表作。它講述了宗教騙子達都夫混進奧爾恭家當良心導師，騙得了他的女兒的感情和他的財產繼承權，後將奧爾恭一家趕走，最後被國王查清，被捕入獄的故事。該劇痛揭宗教騙子的偽善，切中時弊，為反動統治者所不容，多次被禁演。

《偽君子》基本上遵守了「三一律」這一古典主義法規。首先是人物的行動是一致的，一切的情節都用以表現主要人物的偽裝的行動，自始至終是虛偽和欺騙，末了當奧爾恭用良心來責備達都夫時，他還極其虛偽地說他是為了王爺的利益犧牲一切。全劇人物的行動都緊緊圍繞主人翁的行動，沒有像《熙德》中的副主題來破壞情節的統一。其次，劇情發生的時間是一致的，不出二十四小時之外。奧爾恭決定要在「今晚」就讓他女兒和達都夫結婚，並說他要帶十個人來過夜，可是從柏標爾夫人出去直到侍衛官來時都還沒到夜晚，這是謹守時間一致的法規的。再次是地點的一致。事情發生在奧爾恭家裡，而且只有客廳一個布景。人物不斷的上場下場，幕換而景未換。作者很巧妙的安排他的情節發生在同一地點，並不顯得勉強。所以說，《偽君子》是古典主義的典範作品。

42《慳吝人》情節結構的喜劇性何在？

《慳吝人》是一部五幕散文體喜劇，是莫里哀諷刺喜劇中最傑出的一部。《慳吝人》之所以受眾人歡迎，主要在於其劇本的情節結構的巧妙處理，增強了喜劇性。

克雷昂特談戀愛要用錢，吝嗇的父親阿巴公一個子也不給。他只有向高利貸借債，卻不知西蒙介紹的匿名債主竟是阿巴公。父子相見的一面著實耐人尋味：

西：這位先生就是我對你說過要借你那一萬五千法郎的人。

阿：怎麼，你這個該死的東西，甘心走這條萬惡的絕路的就是你。

克：怎麼，我的父親！幹這種丟臉的事的就是你。

阿：借這種違法的債來敗家的就是你？

克：想用這種罪惡滔天的高利貸來發財的就是你？

阿：幹了這種事之後你還敢站在我面前？

克：幹了這種事之後你還有臉見人？

媒婆同時給瑪麗亞娜介紹了兩個對象，卻又恰好是阿巴公父子，情敵之間展開了惡戰：

阿：怎麼，你這個殺胚？你竟敢來搶奪我嘴裡的肉？

克：是你搶了我嘴裡的肉，按日子算我還在你前。

阿：我不是你父親嗎？你不應該尊敬我嗎？

克：……愛情是六親不認的。

阿：我會拿大棍子揍著叫你認識我是誰。

克：你怎麼恫嚇我也沒用。

事情發展下去，父子關係完全破裂：

阿：我不准你見我的面。

克：那更好。

阿：我不要你了。

克：不要就不要吧。

阿：我不承認你是我的兒子了。

克：好！就這麼辦了。

阿：我取消你的繼承權。

克：完全隨你的便。

阿：我詛咒你。

克：您就是給我降福，我也不需要。

由此可見，莫里哀巧妙地把金錢的矛盾和愛情兩條線索的喜劇性的矛盾紐結在阿巴公和他兒子克雷昂特之間，而且互為因果，錯綜複雜，這就增強了《慳吝人》的喜劇性。

《慳吝人》劇照

43 什麼是啟蒙運動？

啟蒙運動是十八世紀西方資產階級繼文藝復興之後所進行的第二次反對教會神權和封建專制的文化運動。它追求政治和學術思想上的自由，提倡科學技術，把理性推崇為思想和行為的基礎。「啟蒙」一詞，意為啟迪，在啟蒙運動中引申為用近代哲學和文藝文化知識的光輝照亮被教會和貴族專制的迷信與欺騙所造成的愚昧落後的社會，恢復理性的權威。啟蒙運動不僅在文化領域展開，同時也涉及經濟、政治、法律、科學、哲學乃至社會制度和社會風尚等各個方面。

啟蒙運動對文學的影響主要在於：第一，衝破了古典主義的束縛，探索文化發展新方向，為近代現實主義文學開闢了道路；第二，啟蒙文學具有明顯的傾向性、教誨性和民主性；第三，啟蒙作家們創造了許多文學形式，如哲理小說、正劇、抒情小說等，面向廣大群眾，滿足平民的需要。因此，啟蒙運動作為一個廣泛的思想運動、文化運動，對文學的影響是至深至遠的。

44 何謂感傷主義文學流派？

感傷主義文學流派產生於十八世紀後期，是與古典主義流派針鋒相對的。他們推崇感情，強調個人生活，著重寫事物的特殊性，喜採取小說、書簡、日記體裁，反對華麗的詞藻，使用日常用語。這一流派創始於英國的理查生、斯特恩，在法國有盧梭，德國歌德的某些作品也屬於這一派。這一派基本上採取了現實主義的藝術方法，但其中某些作家如英國感傷詩人哥爾法史密斯、楊格、湯姆生和葛雷等表現出病態的多愁善感，傾向於宗教。尤其是小說家斯特恩，走入了極端主觀感覺世界。他們的作品和以後的消極浪漫主義有密切的聯繫。

45 笛福的《魯濱遜漂流記》如何表現出啟蒙主義思想？

《魯濱遜漂流記》是根據一個真實的事件加工寫成的。小說主人翁魯濱遜性喜冒險，富有開拓精神，他決心航海經商。在一次販賣黑奴的途中，船在海上遇險，只有魯濱遜一人倖存，並漂流到一個荒島上。魯濱遜在荒島上搭帳篷，挖地窖，養羊群，種麥子，造工具，做木舟，用獸皮做衣服等等，與大自然抗爭。在第二十五年，他救了一個土著，收為僕人，取名為「星期五」。後來，一艘英國船經過荒島，魯濱遜幫船長平服了鬧事水手，坐船回到了英國。至此，他在荒島共生活了二十八年。

《魯濱遜漂流記》是一部啟蒙主義代表作，笛福通過主

笛福

人翁魯濱遜的形象反映他的啟蒙主義思想。魯濱遜生於資產階級家庭，本可過平穩的小康生活，但他幾番出海冒險，幻想賺大錢，這就突出了勇於開拓的新興資本家的性格特徵。同時，魯濱遜又是一個有實幹精神的資產者。荒島遇難後，他面對現實，不屈不撓，不斷戰勝困難，取得了生存的權利，並開拓了自己的前程。魯濱遜的行動集中體現了新興資產階級的進取精神。此外，魯濱遜還有強烈的佔有欲。出海冒險是為了賺錢，漂流到荒島上反而燃起了「這一切現在都是屬於我的」的欲望。他將「星期五」收為僕人，讓他皈依基督教，教他學的第一個詞不是別的，而是「主人」。所有這些，都是新興資產階級殖民主義思想的體現。

《魯濱遜漂流記》插圖

46如何看《格列佛遊記》的諷刺藝術？

《格列佛遊記》是威斯夫特創作的寓言小說。小說共四部，由主人翁格列佛自述他漫遊海外各種奇異國家的經歷。

第一部寫格列佛海上遇險而到了小人國利立浦特。那裡的人只有六英寸高，但貪婪、殘忍、勾心鬥角。格列佛在這裡受到大臣的忌妒，最後逃出了利立浦特。第二部寫他到了大人國布羅卜丁內格，他向國王宣揚英國政體之完善，軍威之無敵，武器之高超，但受到國王的批評。國王認為，造福百姓的人才是有真正貢獻的人。第三部主要寫他在飛島國的見聞，那裡的統治者住在飛島上，對人民實行高壓政策。哪兒的人民稍有不馴，飛島就降落其上。第四部寫慧駰國。這裡的馬是有理性的居民和統治者，一種形似人類的動物「耶胡」則凶殘貪婪，為慧駰所豢養。

《格列佛遊記》插圖

小說用幻想遊記的形式對現實進行深刻的批判和諷刺。利立浦特和飛島國，影射英國及至歐洲的資本主義社會；大人國國王與慧駰們則對英國的現實進行了直接的批判。小說的諷刺鋒芒直指英國的政治、軍事、文化等各方面。小說的諷刺手法也極其高超，有影射，有象徵，有譴責，有對比，使得《格列佛遊記》成為世界最著名的諷刺作品之一。

47 菲爾丁的《湯姆．瓊斯》有何藝術成就？

《湯姆．瓊斯》是英國啟蒙現實主義作家菲爾丁的代表作，被視為是十八世紀英國現實主義小說的最高成就。

《湯姆．瓊斯》共十八卷，書中，棄兒湯姆．瓊斯為甄可敬紳士收養。他從小與莊園主人的女兒蘇菲亞玩耍，長大後兩人彼此相愛，但湯姆因受甄可敬侄子布力非詆毀而被逐出家門。湯姆在外流浪，經歷了各式各樣的生活。父親強迫蘇菲亞嫁給布力非，她逃到倫敦去找湯姆。最後，湯姆的真實身分被揭露了，他原是甄可敬妹妹的私生子。布力非的詭計全部暴露了，被趕出了家門。莊園主也同意了湯姆與蘇菲亞的婚事。

從內容上看，小說包羅了十八世紀英國生活的一切方面，從而因史詩般反映社會生活而著稱。在塑造人物方面，四十九個人物都刻畫得極為深刻，每個人都有血有肉，活靈活現。在結構上，全書安排極為合理，情節十分緊湊。故事主要情節與附帶故事構成了一個有機整體。此外，小說在寫作手法上善於運用懸念、伏筆等技巧，儼然像一部偵探小說。

從以上各方面看，《湯姆．瓊斯》確實是一部藝術成就極高的作品。車爾尼雪夫斯基把它與果戈理的《死魂靈》相比擬，司湯達讚譽它是小說中的《伊里亞德》，而文學史家常把它與《俄狄浦斯》、《煉丹術者》列為結構最完美的三大世界名著。

48《老實人》是一部怎樣的作品？

《老實人》，又稱《樂觀主義》，是伏爾泰最優秀的哲理小說，它是伏爾泰對柏林科學院一七五五年關於萊布尼茨的樂觀主義的懸賞徵文作的形象解答，也是對當時一種盲目樂觀主義哲學的嘲笑。

老實人是一個男爵家的養子，從小受家庭教師、「哲學家」邦葛羅斯的關於「一切皆善」的教育。後來因為邦葛羅斯及周圍人的不幸遭遇，以及自己經受的磨難，老實人拋棄了樂觀主義，對邦葛羅斯叫道：「得啦，得啦，我不再相信你的樂觀主義了。」小說以「種咱們的園地要緊」結束全書，得出最後結論：唯有工作日子才好過。這最後一句話成了含義深刻的名言。

小說就是這樣把哲學爭論帶進了文藝領域，用離奇荒誕的情節、具有突出思想特徵的人物形象、誇張和諷刺相結合的藝術手法來反映客觀現實，表達生活哲理，以達到教誨的目的。全書具有獨特的藝術效果。

49盧梭的《新愛洛伊絲》有何藝術成就？

《新愛洛伊絲》是使盧梭在文學史上奠定地位的第一部重要作品。它借用十二世紀青年女子愛洛伊絲與他的老師阿卜略卜的愛情故事，描寫了貴族小姐尤麗和她的家庭教師聖・普樂之間類似的愛情悲劇。普樂是個平民知識份子，在貴族家庭擔任家庭教師，天長日久，與學生尤麗小姐發生了愛情。可僅僅因為他的出身，尤麗的父親不同意這門婚事，普樂不得不離去，尤麗也被迫嫁給一個門當戶對的貴族。多年後，普樂又被請來任尤麗子女的家庭教師。兩人再度相逢，感情和義務使雙方處於痛苦的矛盾之中，最後尤麗在這種痛苦中死去。

小說人物集中，情節簡單而曲折有致。所採用的書信體裁便於抒寫人物的內心世界，讓人物盡情傾吐自己的內心情感、矛盾和心靈上的創傷。整個作品飽含反封建的激情，又充滿感傷情調，猶如一首優美的抒情詩。而且在描寫人物內心世界時，盧梭還加入了許多美妙的自然景物的描寫，起到了情景交融的藝術效果。為此，盧梭成了第一個使有關大自然的描寫成為文學作品重要的有機組成部分的作家，開創了歐洲浪漫主義文學的先河。

50《費加羅的婚禮》有何價值？

《費加羅的婚禮》是博馬舍的「費加羅三部曲」中的第二部，是第一部《塞維勒的理髮師》的續篇。

劇本的衝突在費加羅和伯爵之間展開。伯爵婚後厭倦了新夫人，企圖引誘費加羅的未婚妻蘇姍娜，破壞費加羅的婚姻。費加羅和蘇姍娜為了維護自己的權利和尊嚴，與伯爵進行鬥爭。費加羅通過巧妙的辦法，不但使伯爵的詭計連連失敗，而且讓他當眾出醜。劇本以費加羅婚禮的狂歡而結束。

這是一部有鮮明政治傾向的諷刺喜劇。費加羅與伯爵之間圍繞著初夜權問題而展開鬥爭，在當時的法國人民看來這就是一場要不要徹底消滅封建特權的鬥爭。博馬舍在劇本中歌頌了第三等級，表達了大革命前夕法國階級鬥爭的現狀和人民的思想情緒。臺詞中更有許多直接揭露封建社會、嘲笑專制政治的言詞。因此，國王路易十六認為該劇上演的後果將同破壞巴士底獄一樣嚴重，下令禁止公演。法國人民則把該劇的首演日看成是第三等級的盛大節日。拿破崙把這一天說成是法國大革命的開始，說它的演出是「已經進入行動的革命」。

51歌德的主要作品有哪些？

歌德是十八世紀下半葉至十九世紀上半葉德國最偉大的詩人，是德國古典文學和民族文學的主要代表。歌德的藝術創作可以分為三個時期：

一七七一年至一七七五年是歌德的早期創作階段，其創作與「狂飆突進運動」的前期聯繫在一起。一七七三年，歌德寫了一個哲學劇本《普羅米修斯》，很富於啟蒙時期的特徵。同年，他發表了著名的革命悲劇《鐵騎士》，從而馳名全國。一七七四年，他發表了一本感傷主義的小說《少年維特的煩惱》，這部小說給他帶來了世界聲譽。

此後的十五年，是歌德創作的第二個時期，也稱「威瑪古典主義時期」。歌德先後創作了《伊菲格尼亞在陀立斯島上》、《愛格門特》、《塔索》、敘事長詩《列那狐》等。

十八世紀九十年代，歌德進入了他的晚期創作階段。他的創作風格來自於理想中的寧靜與妥協。主要著有《西方與東方合集》、《學習時代》、《漫遊時代》，以及不朽的巨著《浮士德》。

歌德

52 歌德的《少年維特的煩惱》在創作手法上有什麼特點？

《少年維特的煩惱》是一本感傷主義的小說。描寫了一個感情脆弱、不能與生活中的苦惱做鬥爭，在守舊的環境裡找不到出路的「反叛的受難者」（普希金語）的形象。主人翁維特愛上了一個已經訂了婚的少女夏綠蒂，以致絕望、病狂，最後自殺而死。

維特的煩惱是什麼？上流社會的污濁庸俗、沆瀣一氣，人和人之間的相互傾軋、敵意和蔑視；門當戶對的婚姻，不可跨越的等級制度，以及求自由而不得、求擺脫而不成的痛苦。這些煩惱表現了德國進步青年的覺醒和軟弱，也是對當時德國封建制度的揭露和控訴。

《少年維特的煩惱》插圖

通過小說中近百封長短不一的書信，我們似乎看到了主人翁的悲歡離合。這近百封信的每一封都是一篇精緻而優美的散文詩。書信體和第一人稱的寫作手法，使作者得以淋漓盡致地表現主人翁複雜和深刻的思想變化。細緻而又深刻的內心刻畫是《少年維特的煩惱》的一大特色。該作品被譽為「抒情的散文式小說」。

53《浮士德》是怎樣一部作品？

詩劇《浮士德》是歌德最主要的代表作。他從二十五歲著手創作，到八十二歲完成，斷斷續續用了近六十年的時間。全劇共一萬餘行，分為兩部：其中第一部不分幕，由二十五場構成。第二部分為五幕，採取了莎士比亞式的情節結構。

第一部的開首部分《獻詩》，是詩人述懷，與全劇內容無關。接下來的《舞臺上的序劇》闡述了詩人的文學藝術觀點。《天上序幕》則說明了寫劇的目的，是劇情的開端，確立了全劇主題。全劇以天帝同魔鬼靡非斯特以浮士德為對象的一場賭賽開始，天帝認為人終究會步入正道，而靡非斯特則抱否定態度。

第一部主要寫了浮士德的知識悲劇和愛情悲劇。浮士德沉湎於書齋近五十年，得到的只是各種繁瑣僵死的知識，因此陷入苦悶的深淵，甚至準備自殺。這時靡非斯特來了，他與浮士德打了一個賭：靡非斯特甘願做僕人，可滿足浮士德各種需要。一旦浮士德感到滿足，靡非斯特就贏了，可以擁有浮士德的靈魂。浮士德在魔鬼的帶領下喝了魔湯，恢復了青春，並與姑娘瑪甘淚相愛。但瑪甘淚無意中毒死了母親，她哥哥死於浮士德劍下，她又溺死了私生子，最終變成了狂人，被囚禁起來。這就是浮士德的愛情悲劇。在這一部中，知識悲劇顯示出中世紀僵死的學術與生動的現實生活的矛盾，而愛情悲劇則對德國市民階層的軟弱做了批判。

《浮士德》插圖：浮士德和魔鬼

第二部分五幕。第一幕寫浮士德來到一個皇帝的朝廷，幫皇帝解決了財政問題，又靠靡非斯特幫助再現了海倫與帕里斯的形象。但他被海倫的美貌所迷，不小心引起了爆炸，自己暈倒在地。這就是浮士德的政治悲劇，說明為封建王朝服務，是不會做出有任何意義的事的。

第二幕和第三幕寫浮士德來到古希臘，與海倫結合。但他們的兒子的早逝使海倫傷心逝去。這就是浮士德的美的悲劇。美的幻滅表明，古典主義美的王國不是人生的最終目標。

第四幕和第五幕寫了浮士德的事業悲劇。浮士德幫皇帝鎮壓革命，得到一片沿海土地。他發動人民填海，創造一片自由國土。浮士德對魔鬼的所作所為越來越不滿意，從而為「憂愁」所襲，雙目失明。在他快要倒下長逝時，領悟到了「智慧的最後結論」是：「要每天每日去開拓生活和自由，然後才能有自由與生活的享受。」在這一瞬間，浮士德心滿意足，情不自禁喊出了：「你真美啊，請停留一下。」魔鬼如約要帶走他的靈魂，而天帝卻命天使將他救走。在天堂，瑪甘淚在等著他。

這就是《浮士德》，以兩場賭賽和五個悲劇為主體，濃縮了從文藝復興到十九世紀初歐洲資產階級上升時期約三百年間精神文化的發展。它是德國文學史上最偉大的作品，與荷馬的史詩、但丁的《神曲》和莎士比亞的《哈姆雷特》並列為歐洲文學的四大名著。

54德國浪漫主義作家有哪些？

歐洲浪漫主義思潮最早誕生於十八世末十九世紀初的德國。而德國浪漫主義文學運動則始於施萊格爾兄弟。他們創辦了《雅曲那謨》雜誌，集合了一些美學見解相同的理論家和詩人，提倡浪漫主義。文學史上稱之為初期浪漫主義派，其主要人物有施萊格爾兄弟、狄克、諾瓦里斯和霍爾德倫等。後來又出現了後期浪漫主義派，其中有神秘小說家霍夫曼、民族主義戲劇作家克萊斯特、偽造民間文學故事的阿爾尼謨和卜倫丹諾，還有童話作家格林兄弟和抒情詩人兼小說家沙米索。

德國的浪漫主義作家中，除格林兄弟和沙米索的作品可以劃入積極的浪漫主義派之外，其餘幾乎都是屬於反動或消極的浪漫主義派。

55英國浪漫主義有哪些代表作家和代表作？

英國浪漫主義文學思潮興起於十八世紀末，興盛於十九世紀初期，歷時達半個世紀，是歐洲浪漫主義文學的最高成就。

第一代浪漫主義作家的代表主要是華茲華斯、柯勒律治和騷塞，他們被稱為「湖畔詩人」。華茲華斯和柯勒律治於一七八九年出版了《抒情歌謠集》，其中較著名的詩作有《我們是七個》、《孤寂的刈麥女》、《致杜鵑》、《早春》、《昆布蘭的老丐》等。而華茲華斯的《丁登寺》和柯勒律治的《古舟子詠》更堪稱傑作。

雪萊

繼湖畔詩人之後，以拜倫、雪萊、濟慈為代表的第二代浪漫主義詩人登上英國文壇。拜倫是十九世紀英國浪漫主義文學的最傑出代表，他的《唐璜》和《恰爾德·哈羅德遊記》影響巨大。雪萊是英國詩歌領域中表現理想主義的抒情詩人，被稱為「天才的預言家」。他的代表作是四幕詩劇《解放了的普羅米修斯》。濟慈的一生相當短暫，他只活了二十六歲，但卻留下了不少瑰麗、深刻的詩篇，如《夜鶯》、《希臘古甕》、《秋頌》、《心靈》、《許佩里翁》、《聖愛格尼斯節前夕》等等。

司格特是這一時期較為特殊的作家。他初期屬於消極浪漫主義詩人，代表作有《湖上夫人》等，但後期卻成為了現實主義歷史小說家，開創了近代歐洲歷史小說的先河。

約翰·濟慈

56 法國浪漫主義文學有何成就？

法國浪漫主義文學是以大規模的文學運動形式出現的，尤以小說的成就最為突出。

法國浪漫主義的倡導者是夏多布里昂，他的中篇小說《阿達拉》是浪漫主義運動開始的標誌。他的另一中篇小說《勒內》則塑造了法國浪漫主義文學長廊中使當代人著迷的第一個藝術形象——勒內。

早期浪漫主義的另一代表人物是史達爾夫人，她著有《論文學》、《論德意志》等文學論文，還有小說《苔爾芬》、《柯麗娜》等。她是豪門貴族的叛逆者。另外，拉馬丁和維尼也是這一時期重要的作家。

二十年代中期，以雨果的劇本《克倫威爾》及其《序言》為代表，法國浪漫主義與古典主義展開了鬥爭。一八三〇年一月二十五日，雨果的《艾爾那尼》上演成功，標誌著浪漫主義對古典主義鬥爭的勝利，浪漫主義運動發展到了頂點。雨果也當然地成為法國浪漫派的領袖。

喬治·桑是法國浪漫主義文學史上地位僅次於雨果的小說家。她從發表第一篇小說《安蒂亞娜》開始，進行「個人小說」的寫作。從《木工小史》開始，又創作了一系列「社會小說」，其中重要的有《康素愛蘿》、《安吉堡的磨工》等。從《魔沼》開始，她又進行了《田園小說》的創作，發表了《棄兒弗朗沙》、《小法岱特》等。她一生寫了一百四十多部小說。

繆塞的抒情詩《夜歌》是法國抒情詩中最動人的作品之一。此外他還創作有劇本《喜劇與格言》、小說《一個世紀兒的懺悔》等。

民主主義詩人貝朗瑞將法國的歌謠創作提到了前所未有的高度，對十九世紀上半葉法國進步詩人和詩歌都有較大影響。其代表作品有《白帽徽》、《貴族狗告狀》、《主教和詩人》、《洪水》等。

57俄國浪漫主義代表作家與代表作品有哪些？

茹科夫斯基被公認為俄國浪漫主義詩歌的奠基人。他的詩「使俄羅斯詩歌獲得了心靈」。

十二月黨人雷列耶夫、奧陀耶夫斯基、丘赫爾別克等，是俄國這一時期重要的浪漫主義詩人。雷列耶夫的代表作有《致寵臣》、《公民》，拉耶夫斯基著有《獄中的詩人》，丘赫爾別克著有《雷列耶夫的魂影》。馬爾林斯基是另一位重要的十二月黨人小說家，著有中篇小說《別洛佐爾中尉》、《航海家尼基金》等。他是「第一個小說大家，是俄國中篇小說的倡導者」。

普希金是俄國浪漫主義文學的旗幟，他不僅是這一時期浪漫主義文學最傑出的代表，而且與萊蒙托夫一起，完成了俄國文學從浪漫主義向現實主義的過渡。

58《格林童話》收錄了哪些故事？

《格林童話》是格林兄弟深入民間，走訪童話講述者，親筆記錄、整理而成的故事集。共收有童話故事二百一十六篇，其中不少故事家喻戶曉。

《灰姑娘》這篇童話流傳甚廣。勤勞樸實的灰姑娘深受繼母母女三人的虐待，但最終獲得了女神的幫助，嫁給了王子，而那兩個狠心又懶惰的姐姐也受到了懲罰。從中可以看到作者對弱者的同情，和對自私自利行為的鄙視。

《小紅帽》中的大灰狼幾乎人人都知道。這篇童話帶給小朋友的記憶恐怕是一定要聽母親的話。它反映了美與醜、善與惡的較量。

《不萊梅的音樂家》寫了一匹驢子、一隻狗、一隻貓和一隻公雞的故事。它告訴大家，年老未必無用，依靠集體的力量照樣可以勝利。

《藍燈》描寫了一個士兵遭到國王的虐待，後來借助藍燈的力量報仇的故事。

此外，《格林童話》中收了許多至今膾炙人口的童話：《白雪公主》、《勇敢的小裁縫》、《惡商人在荊棘叢中》、《生命水》、《青蛙王子》、《漁夫和他的妻子》、《年輕的巨人》等等。而這些童話故事至今能夠廣泛流傳，不僅在於其豐富的想像，還在於其充滿了對勞動者的同情、對貪婪者的鄙視。

59 雪萊的《解放了的普羅米修斯》有何現實意義？

《解放了的普羅米修斯》取材於希臘神話和埃斯庫羅斯的悲劇。但雪萊作了與眾不同的藝術處理：普羅米修斯被縛在高加索岩石上，受著痛苦的折磨。但他堅毅不屈，沒有告訴宙斯命運的秘密。結果宙斯與海神女兒結了婚，並生了魔王德謨戈根。等到「時辰」的車子一到，魔王便乘車到天上把宙斯打下了黑暗的深淵，永劫不復。於是一切受壓迫者得到解放，特拉克勒斯把普羅米修斯從岩石上解放了下來，大地為愛統治著，充滿了自由、平等、真理與美德。

詩劇中普羅米修斯和宙斯的鬥爭，表現了法國大革命後英國和歐洲資產階級革命家對封建反動勢力的不滿和反抗情緒。儘管在雪萊的那個時代，反動勢力猖獗，但他對鬥爭的前途充滿必勝的信心。魔王將宙斯打入深淵，就象徵了歷史必然要將騎在人民頭上的專制君主趕下寶座。而宙斯被打倒後宇宙大地上的幸福美麗的景象，則預言了一個充滿「愛」的世界即將來臨。因此，整個詩劇象徵了未來的社會變革，表達了詩人反抗專制統治鬥爭必勝的信念和空想社會主義的思想。

60為什麼說《唐璜》「真是個奇蹟」？

《唐璜》是拜倫六年苦心經營的結晶。因為參加希臘革命，拜倫在軍中病逝，長詩只寫完了十六章。但就這十六章已足以使評論家驚呼了。歌德稱它為「絕頂天才之作」。普希金僅僅讀了五章就驚嘆說：「《唐璜》真是個奇蹟！」

長詩描寫了主人翁唐璜因與有夫之婦發生關係，被母親送往歐洲旅行的故事。通過唐璜離開西班牙東遊遇險、與希臘姑娘海黛戀愛、加入俄軍作戰、出使英國等故事情節，作者不僅向讀者展現了各國風光，而且也讓大家看到了各國的種種弊端。蘇丹宮廷的荒淫，俄國軍隊的殘忍，英國上流社

《唐璜》書影

會的虛偽和勢利等等，作者均在詩中一一加以諷刺和抨擊。

長詩的一大特色是作者以機智的詩句縱橫議論哲學、宗教、藝術和科學方面的問題，嘲笑湖畔詩人的奴隸哲學，駁斥貝克萊的唯心主義。全詩以整個歐洲為廣闊畫面，詩人的筆鋒馳騁其中，得心應手，可以說嬉笑怒罵皆成文章。因此，《唐璜》被認為是拜倫創作的頂峰。他的摯友雪萊認為它：「字字珠璣，永垂不朽」。

61 雨果的《巴黎聖母院》是一部怎樣的偉大作品？

《巴黎聖母院》是雨果第一部大型的浪漫主義長篇小說。作品通過巴黎聖母院所發生的慘絕人寰的故事，無情揭露了天主教和封建統治的罪惡，具有鮮明的反封建、反教會精神。

僧正克勞德弗若洛引誘吉卜賽女郎愛斯美娜達不遂，便誣衊她謀殺她的情人菲巴斯，判她絞刑。一個外貌極醜而心靈仁厚的鐘樓司鐘

電影《巴黎聖母院》鏡頭

將愛斯美娜達救出。後來吉卜賽人攻鐘樓，在混亂中，僧正克勞德弗若洛又復得愛斯美娜達，正準備親自監絞時，被司鐘推下鐘樓跌死。

小說的反封建主題有著巨大的現實意義。它以生動的藝術形象控訴了封建統治的罪惡，預示了人民覺醒和走向鬥爭的必然性。小說中對封建統治的揭發和對乞丐們攻打聖母院的場面的描寫，都可以看做是人民革命的迴響。

《巴黎聖母院》劇照

《巴黎聖母院》是一部典型的浪漫主義小說。它以強烈的中世紀的神秘氣氛，緊張曲折、巧合離奇的情節，奇特非凡、高度藝術化的形象，愛憎分明、色彩濃烈的抒情，和奇妙豐富、大膽誇張的手法，展示了浪漫主義最突出的特點，表達了雨果對理想和美的追求。

62《悲慘世界》有何思想價值？

《悲慘世界》是傑出的世界名著，描寫了修樹枝工人冉阿讓一生的故事，是最能體現雨果人道主義思想的作品。

冉阿讓是個窮工人，因偷一塊麵包而入獄。幾次越獄不成，被加刑到十九年。出獄後，他廣為善舉，成為名人。但為了解救一個被誤認是自己的無辜者，他前去自首，又被逮捕。他再次逃出後，收養了一個女工的女兒珂賽特，繼續行善。長期追捕他的沙威為他的崇高精神所感動，投水自殺了。他的德行也最終得到了珂賽特和她的丈夫的敬佩。

小說以大量的筆墨描寫了下層人民的窮困生活，對他們的遭遇傾注了無限的同情，

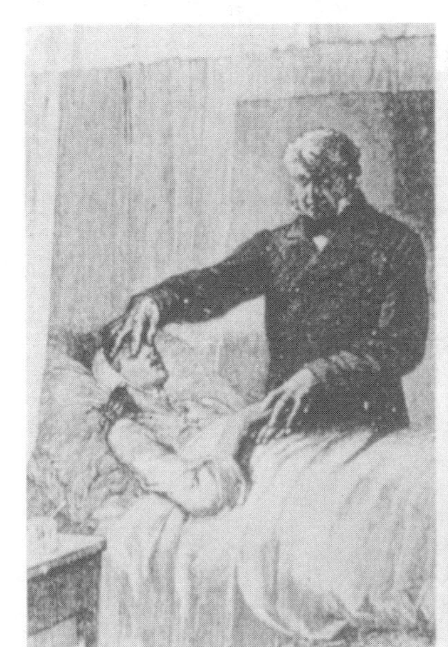

《悲慘世界》插圖

同時也對社會的黑暗進行了控訴。整部作品充滿了人道主義思想，作者把各種社會矛盾鬥爭歸結為人類道德的善與惡的鬥爭。因此，只要人間充滿仁愛，社會罪惡就會自然消失。同時，在雨果的眼中，人民的起義仍是值得歌頌的，因為這是「為了未來所必須交納的通行稅」。

《悲慘世界》在故事情節和寫作技法上都帶有浪漫主義因素，但基本上應算是現實主義小說，它是雨果自浪漫主義向現實主義轉變的代表作。

63 奧涅金這一人物形象有何意義？

《葉甫蓋尼·奧涅金》是普希金的代表作，是俄國現實主義文學的第一部典範作品。它描述了十九世紀二十年代前半期的俄國社會生活。

小說主人翁奧涅金是俄國文學史上第一個「多餘人」的典型。他讀過亞當·斯密的《國富論》、盧梭的《社會契約論》，喜歡拜倫頌揚自由和個性解放的詩歌，希望在俄國出現資本主義性質的變革。但在貴族環境中長大的奧涅金雖然看到俄國社會的落後，卻遠離人民，看不到俄國

普希金

社會的力量和道路。結果熱情消失，而舞會、美女、酗酒又不足以填補其心靈的空虛。他蔑視上流社會，卻又無力與這社會決裂。正如赫爾岑所說：「奧涅金是一個游手好閒的人，因為他從來不做什麼事，他在他所處的範圍內是一個多餘的人。」

普希金通過對奧涅金形象的塑造，譴責了奧涅金這類人物性格上的缺陷，更譴責了造成這種性格的沙俄制度。

普希金《葉甫蓋尼·奧涅金》插圖

64什麼是現實主義？

現實主義是文學的基本創作方法之一，側重如實地反映現實生活，客觀性較強。它提倡客觀地、冷靜地觀察現實生活，按照生活的本來樣式精確細膩地加以描寫，力求真實地再現典型環境中的典型人物。作為一種文學思潮和運動，現實主義自十九世紀三十年代以後就取代了浪漫主義，在歐洲文學上佔據了主導地位。

歐洲現實主義文學的發展，大致可分為兩個階段。前期從十九世紀三十年代到六〇年代，是現實主義文學產生、發展的時期。這一時期，以巴爾札克、狄更斯、果戈理為代表，創作出了一批優秀作品。在理論上，形成了以別林斯基、車爾尼雪夫斯基為代表的現實主義美學和文藝評論。後期從六〇、七〇年代到二十世紀初，是現實主義逐漸轉向衰弱的時期，但以俄國優秀作家為主導的現實主義文學創作仍在繼續。

65 什麼是憲章運動文學？

在憲章運動中，英國產生了世界上最早的無產階級文學，即憲章運動文學。工人們創辦自己的刊物，刊登工人自己創作的詩歌等文藝作品。其中比較著名的詩人有林頓、瓊斯、惠勒、麥西等人。他們的詩短小精悍，帶有明顯的政治鼓動性。比較有影響的有瓊斯的《我們的號召》、《人民之歌》、《自由進行曲》、《未來之歌》，還有林頓的組詩《獻給尚未解放的人們的讚歌》、《各民族的輓歌》等。憲章運動文學表現出無產階級國際主義的精神，體現了憲章運動的政治目標。

66《紅與黑》是怎樣塑造于連形象的？

《紅與黑》是一部富於政治意義且穿插著愛情故事的小說。書名象徵著兩種力量：「紅」指革命，「黑」指宗教。

主人翁于連是個鋸木廠主的兒子，非常崇拜拿破崙，想走「紅」的道路。但他成年後，拿破崙垮臺了，他當上了市長家的家庭教師。他和市長夫人戀愛，事發後去修道院當了學生，想走「黑」的道路。後因才華出眾，當了侯爵的秘書兼心腹。侯爵女兒要嫁給于連，此時一封揭發于連卑鄙行為的信由市長夫人寄了過來。于連怒極，在教堂開槍打傷了市長夫人，被判死刑。他這才悟到中了貴族們的詭計，但卻毫不妥協，從容就義。

《紅與黑》封面

于連是世界文學史上最成功、最富有魅力的藝術形象之一，通常被視為小資產階級青年個人奮鬥的典型，在他身上凝聚了鮮明的時代色彩和豐富的個性特徵。他性格高傲、聰明、熱情，不肯忍受任何屈辱；但他同時又生性自私、多疑。他討厭虛偽，但為了達到目的適應環境，他學會了虛偽。他認識到，在狼的社會裡，必須先把自己變成狼。于連雙重性格的形成和悲慘的結局是當時社會的「傑作」。

司湯達在一個廣闊的社會背景中，通過政治鬥爭與愛情生活的交織，著力刻畫了于連作為「一株美好的植物」同時又具有某些致命弱點的鮮明個性。細緻的心理描寫使這個形象顯得格外生動逼真，入微的愛情描寫則給于連的個人悲劇增添了更加迷人的色彩。

67 巴爾札克的《人間喜劇》有哪些比較重要的作品？

《人間喜劇》是巴爾札克從一八二九年到一八四八年所寫的九十一部作品的總稱。它共分為三個部分：《風俗研究》、《哲理研究》和《分析研究》。其中《風俗研究》分為六個場景：《私

電影《紅與黑》鏡頭

人生活場景》、《外省生活場景》、《巴黎生活場景》、《政治生活場景》、《軍事生活場景》和《鄉村生活場景》。

《風俗研究》的小說數量佔了總數的大部分，《私人生活場景》完成二十八部小說，比較重要的有《高老頭》、《夏倍上校》、《三十歲的女人》等。《外省生活場景》完成十一部小說，比較重要的有《歐也妮．葛朗台》、《幽谷百合》、《幻滅》等。《巴黎生活場景》完成了十四部，比較重要的有《金目少女》、《細沁根銀行》等。《政治生活場景》完成了四部，比較重要的是《阿木西的議員》。《軍隊生活場景》只發表了兩部，其中的《舒昂黨人》是巴爾札克的第一部嚴肅的文學作品，也是《人間喜劇》的第一部小說。《鄉村生活場景》只有三部問世，即《農民》、《鄉村醫生》和《村裡的神甫》。

《哲理研究》包括二十七部小說，在已發表的二十二部中，較為重要的有《驢皮記》、《對於絕對的探索》、《無人知道的傑作》等。

《分析研究》只出版了一部，也就是《婚姻心理學》。

另外，從一八四五年到一八四八年，巴爾札克寫了六部原來未列入《總目》的小說。其中比較著名的是《邦斯舅舅》和《貝姨》。

《人間喜劇》這部巨著規模宏偉、內容多彩，包括了二千多個栩栩如生的人物，再現了法國十九世紀上半葉的歷史，是人類文化的寶貴財富。

68《高老頭》是一部怎樣的作品？

《高老頭》是《人間喜劇》的中心作品，通常把它稱為《人間喜劇》的「序幕」。這一部長篇小說描寫了麵條商高里奧被他的兩個女兒榨乾金錢、悲慘而孤獨地死去的故事，這是一條線索。另一條線索是外省來巴黎的青年拉斯蒂涅，在他表姐的幫助下鑽入巴黎上流社會的故事。兩條線索均以金錢為軸心而轉動，演出了一幕幕慘劇和醜劇。

通過「高老頭隱秘的痛苦」，作者從家庭生活方面揭露和批判了資本主義的利害關係和金錢的腐蝕作用。高老頭自喪妻後就把所有的愛傾注到兩個女兒身上。而女兒接近他只是為了要錢，當他錢囊乾了之後，她們就再也不登門了。高老頭臨死前絕望的哀鳴和憤怒的咒罵，是對金錢關係的入木三分的揭露，也是對金錢罪惡的悲憤至極的控訴。

而拉斯蒂涅的悲劇，則進一步深化了控訴金錢罪惡的主題。當他用那欲火炎炎的眼睛在高老頭的墓前遠眺巴黎時，發出了氣慨非凡的挑戰：「現在咱們倆來拼一拼吧！」一個新的資產階級野心家終於出世了，一個宗法式家庭的子弟則隨之消失。

《高老頭》

巴爾札克就是這樣揭示了貴族階級的衰亡、資產階級的得勢和金錢的罪惡。小說對時代的反映和對社會的揭露都是深刻有力的，具有很大的認識價值和思想意義。

巴爾札克

69福樓拜的《包法利夫人》是怎樣一部作品？

《包法利夫人》是法國作家福樓拜於一八五七年發表的一部長篇小說。不安於資產階級醫生家庭平凡生活的婦女愛瑪渴望傳奇式的浪漫主義的美麗生活。但這種生活在資產階級統治一切的社會裡已經找不著了，結果她所幻想的情人都是俗不可耐的資產階級功利主義者。後來她自己也落入了享樂腐化的資產階級生活方式之中，受盡高利貸者的逼迫而服毒自殺。

福樓拜

《包法利夫人》通過愛瑪一步步墮落的過程，一方面強調了社會因素對人物性格形成所起的重要作用，對主人翁愛瑪的悲劇傾注了無限的同情；另一方面，以簡練而細膩的筆觸，再現了十九世紀中葉法國的外省生活，對形形色色的資產階級人物及其行為作了淋漓盡致的揭露，對法國資產階級的所謂「經濟繁榮」作了辛辣的嘲諷。

《包法利夫人》在藝術上也別開生面。作品詳盡的心理描寫和外省美不勝收的環境描寫贏得了眾多的讀者，小說「勻稱得體的細節讓人感到巴爾札克的復活」。

70 薩克雷的《名利場》是一部怎樣的小說？

《名利場》是英國現實主義小說家薩克雷的長篇小說，其副標題為「沒有英雄的小說」。小說通過主人翁利蓓加和愛米麗亞的不同遭遇，揭發了英國社會裡金錢統治一切和講究門第、屈從於權勢等醜惡現實。利蓓加是個窮畫家的女兒，對自己備受歧視的社會地位憤懣不平，決心靠自己的美貌和機智擠進上流社會。於是她不擇手段地獵取金錢，周旋於風月場中，極盡趨炎附勢之能事。與她相反，愛米麗亞是個心地厚道的富家之女，她處處與人為善，雖身遭不幸仍安之若素，終於苦盡甘來，得到了美滿的結局。

小說通過兩個主人翁所經歷的世態炎涼，揭露和諷刺了英國資本主義社會冷酷自私、弱肉強

《包法利夫人》插圖

食、爾虞我詐的惡劣風氣。作者著重剖析主要人物的心理活動，用冷嘲熱諷的筆調夾敘夾議，充分體現了薩克雷作為「諷刺的道德家」的創作意圖和「自然與真實」的藝術原則，常為評論家們所稱讚。

71《簡・愛》塑造了一個什麼樣的新女性？

《簡・愛》是英國女作家夏洛蒂・勃朗特的代表作。它一問世，就立即震動了英國文學界。因為夏洛蒂在這篇小說中塑造了一位新型的女主人翁，她不再是傳統小說中無病呻吟的貴族資產階級小姐，而是一位出身貧苦的孤兒和家庭女教師。

勃朗特

簡・愛心地純正，感情深摯，善於思考，個性倔強。她敢於反對壓迫、屈辱和任何卑鄙邪惡的行為，敢於表達自己強烈的愛憎，敢於捍衛自己獨立的人格和尊嚴。作者通過她少年時代寄人籬下的生活與寄宿慈善學校的不幸經歷，創造了一個非貴族化的新型的平民階級的反抗形象。簡・愛對貴族羅契斯特的愛，不是建築在金錢、名譽、地位之上，而是有著真摯熱切的感情和思想上的共鳴。她衝破階級鴻溝，蔑視社會習俗，勇敢大膽地愛上羅契斯特並與他結婚，與他平起平坐，儘管他此時已雙目失明。

《簡·愛》插圖

簡·愛的個人奮鬥是對當時英國婦女受歧視、無地位的不合理制度的抗議，在一定程度上反映了婦女社會地位問題。由於採用了一個新穎的題材，塑造了一個新型的女性形象，夏洛蒂·勃朗特和她的《簡·愛》在英國文學史上佔有一席之地。

72 艾米麗的《咆嘯山莊》何以著名？

艾米麗·勃朗特是夏洛蒂·勃朗特的妹妹、安妮·勃朗特的姐姐。《咆嘯山莊》是她的唯一一部小說，卻是她們三姐妹作品中最出色的，至今仍震憾人心。

《咆嘯山莊》描寫了一個受著畸形社會制度損害的棄兒希斯克里夫的奇特性格和他復仇的故事。小說充滿「夢魘和恐怖」以及悲劇性的奇特情節，非常吸引讀者。主人翁的反抗、復仇的離奇情節帶有浪漫主義的色彩。

《咆嘯山莊》剛發表時並不為人所注意，但自二十世紀以來，對這部小說的社會意義和藝術成就的評價日趨升高。三十年代英國進步評論家福克斯稱它是十九世紀中後期「維多利亞時代」所產生的「三大巨著」之一，因為它代表著受壓抑的下層人民對資本主義社會發出的強烈抗議。《咆嘯山莊》通過對愛情的描述向惡勢力發出反抗，希斯克里夫與凱瑟琳的愛情在作者筆下戰勝了死亡，達到最後的昇華，使得作品蘊含著更為深刻的社會意義。

《咆嘯山莊》插圖

《咆嘯山莊》是一部傑出的作品、「奇特的小說」。它為作者在英國乃至世界文學史上贏得了一席之地，是英國十九世紀文壇上一顆獨放異彩的燦星。

73《大衛．科波菲爾》是怎樣一部小說？

《大衛．科波菲爾》是狄更斯最重要的代表作，是一部自傳式的小說。

大衛．科波菲爾受後父虐待和私立學校的老師打罵，過著非常不幸的生活。後來他逃到老姑媽家被收養，靠自己努力奮鬥，成為作家。後又娶了一個娃娃夫人朵娜，年輕、漂亮、天真可愛，但不知理家，這使他婚後的家庭生活不如意。不久娃娃夫人病死了，大衛悲痛之中出國旅行。回家後，和他最敬愛的愛格尼絲結了婚，最終功成名就，實現了兒時的夢想。

小說以大衛的經歷為主線，廣泛、真實、批判地再現了一個時代。小說反映了慘無人道的童工生活，批判了摧殘兒童身心的學校教育和腐敗的司法制度，揭示了金錢對於戀愛婚姻的破壞性，指出小資產階級的破壞是由社會造成的，真誠地讚揚了勞動人民的善良和美德。

作品藝術上的最大特點是成功把握了兒童心理的描寫，改變了傳統的流浪漢小說結構。而幽默和諷刺的手法、物人合一的情景描寫以及對人物怪癖的漫畫式勾勒，在作品中都達到了相當高的水準。

英國作家狄更斯

74 海涅的《德國——一個冬天的童話》有何藝術特色？

政治長詩《德國——一個冬天的童話》是德國詩人海涅詩歌創作的最高成就。它是以一八四三年十月海涅從法國回到離別十三年的祖國途中的見聞與感觀為題材而寫成的。

長詩的內容主要包括：對反動的檢查制度的諷刺；對封建制度的憎惡和仇恨；對教會的尖銳批評；對革命的預見。總而言之，這首長詩不僅批判了封建德國的現實，同時又表現了詩人對未來的樂觀態度和對德國會得到新生的信念，表達了海涅重視革命實踐的思想。

長詩在藝術上很有特色：一是採取遊記的形式作為全書的結構形式，自由靈活，合則為一整體，分則為各首小詩。二是抒情和記敘相結合，有時甚至夾敘夾議，有助於作品暴露和批判現實。三是多處採用直接對話的形式，如《紅鬍子的馬匹》和《我們也能解放自己》等完全是由對話構成的，使詩句顯得特別生動活潑。最後，這首長詩的最大特色就是它的諷刺語言。在這首長詩中，我們幾乎處處能看到海涅的諷刺的鋒芒。他的語言辛辣，對反動統治的打擊處處中其要害，對偽善者的揭露淋漓盡致，毫不留情。海涅，不愧是一位傑出的諷刺家，同時亦是一位優秀的民主主義革命詩人。

海涅

75 果戈理的《死魂靈》有何藝術特點？

長篇小說《死魂靈》是俄國作家果戈理最主要的代表作品，是俄國文壇上劃時代的諷刺巨著。整個故事既簡單又奇特，說的是資產階級的投機家乞乞科夫在全俄旅行來收買「死魂靈」的故事。

小說的藝術特點首先在於它濃重的諷刺色彩。作品中關於官僚、地主、資產階級商人的言行的描述，關於他們進行「死魂靈」交易場面的描繪，以及夾雜在作家敘述和議論中的描述，都飽含諷刺的意味。其次是小說出色的細節描寫。小說中的人物形象個個都具有鮮明的個性特徵，而對於他們的描寫則是既真實又誇張，豐富的細節描寫使書中人物栩栩如生。第三是小說成功的典型化方法。小說中五個地主的形象都是從現實中抽象出來的，都是含義豐富的藝術典型。作家通過語言、行動、肖像、環境等一系列描述，竭力突出人物的典型特徵。例如波留希金吝嗇的形象早已深入人心。最後，小說中抒情和議論較多，這對於我們理解作家的思想和作品的內容都有一定的幫助。

果戈理

果戈理在俄國批判現實主義文學中的奠基作用主要表現在兩個方面：一、他把筆鋒集中對準了當時俄國的兩大病害：專制制度和農奴制度；二、他對這兩大病害採取了無情嘲諷的態度。在

《死魂靈》插圖

《死魂靈》中，作者塑造了乞乞科夫和一系列官僚、地主的形象，著重暴露了俄國農奴制的腐敗和黑暗，在客觀上展示了俄國農奴制即將崩潰的必然性。

76 屠格涅夫的《父與子》有何深意？

《父與子》是俄國作家屠格涅夫的最著名的長篇小說，反映了農奴制度改革前夕民主主義陣營同自由主義陣營之間尖銳的鬥爭。

小說中的「父」與「子」兩代人並不是以年齡，而是以思想觀點來分界的。「子」與「父」的矛盾，實際上是平民知識份子與貴族之間的矛盾。「子」輩的代表青年醫生巴札羅夫來自平民，又接

《父與子》插圖

受了進步思想和現代科學知識，因而具有鮮明的民主主義觀點。他自稱否定一切，對貴族地主的生活方式深惡痛絕，他否定日常生活中「公認的法則」，即農奴制度。他的對立面，「父」輩的代表是貴族保守派巴威爾，他是一個自視清高、貴族氣味很濃的自由主義者。他主張「對自己的權利一點也不放棄」、「也尊重別人的權利」的英國貴族方式，實質上仍是在維護貴族利益。

作家通過巴札羅夫和巴威爾之間的矛盾、衝突，反映了俄國貴族革命和民主革命這兩個革命階段交替時期的社會特徵，即貴族階級已經沒落，平民勢力已經升起。兩代人之間的矛盾實質上是貴族和平民的矛盾的反映。

從《父與子》的形象體系中我們既可以看到屠格涅夫那個時代的特徵，又可以看到屠格涅夫的現實主義創作態度，同時，也可以看到他進步的立場和貴族自由主義的偏見。所以，《父與子》在文學界引起了激烈的爭議。

屠格涅夫

77 斯托夫人的《湯姆叔叔的小屋》有何偉大意義？

《湯姆叔叔的小屋》是美國作家斯托夫人發表於五〇年代的一篇現實主義長篇小說。小說對廢奴運動具有積極的推動作用，被認為是美國南北戰爭的導火線之一。林肯評價斯托夫人是「寫了一部書，釀成一場大戰的小婦人」。

小說以十九世紀中葉的美國南北戰爭前夕的歷史為背景，圍繞黑奴湯姆的悲慘命運展開情節，塑造了黑奴湯姆這一突出形象。在湯姆這個複雜的人物身上，既有宗教的烙印，有不抵抗主義的影響；又有正直不阿、對邪惡寧死不屈的一面。這樣的人物在奴隸制度下，只有悲慘地死去一種結局。而斯托夫人真實再現了這一人物，使他具有了一種悲劇的感召力，對奴隸制發出控訴，感人至深，催人淚下。

作者同時還以現實主義手法，廣泛地描寫了美國南方奴隸主殘酷迫害黑奴的怵目驚心的畫面。一個六十歲的老婦要求與自己僅留的最小兒子賣到一處，但無論其如何哀求，還是被殘

《湯姆叔叔的小屋》插圖

忍地分開了；女奴卡茜拒不充當利格里的玩物，被利格里用馬車壓死。小說以一幅幅慘不忍睹的畫面，揭露了南方奴隸制度的罪惡。

《湯姆叔叔的小屋》以鮮明的形象揭開了南方奴隸制度的殘暴面目，激起了北方人民的極大義憤，從而使南北矛盾日益尖銳，最終在一八六四年爆發了南北戰爭。就像小說中喬治在湯姆墓前所發的誓：「讓上帝作證吧！從此刻起，我將竭盡全力從大地上鏟除這個可詛咒的奴隸制度！」這是一篇真正的戰鬥檄文。

78 惠特曼的《草葉集》是一部怎樣的作品？

惠特曼是美國民主詩人，《草葉集》是他的詩歌創作總集，是詩人一生智慧和民主精神的結晶，它給後人留下了一首首佳作。

詩人在《草葉集》中熱情謳歌民主和自由。在《為你，啊，民主喲！》中寫道：「為你，啊，民主喲！我顫聲唱著這些詩歌」。在《大路之歌》中召喚人們：「走呀！帶著力量，自由，大地，暴風雨，健康，勇敢，快樂，自尊，好奇；走呀！從一切的法規中走出來！」

詩人熱烈倡導人類平等。他在《自己之歌》中寫道：「平等！這神聖的平凡的名詞！……歡樂地把他們留傳下去。」「一切出生的人都是我的弟兄，一切女人都是我的姐妹和我愛的人」。

詩人盡情讚美大自然，頌揚創造世界的勞動者。他在《從巴門諾克開始》中寫道：「多麼新奇！多麼真實啊！足下是神聖的土地，頭上是太陽。」在《斧頭之歌》中他熱情洋溢地謳歌了普通勞動者開創美國土地的偉大業績。

詩人憤怒譴責一切違背民主理想的罪惡。他在《我坐而眺望》中寫道：「我坐而眺望著這一切——一切無窮無盡的卑劣行為和痛苦」。

美國作家惠特曼

詩人對於處在美國社會底層的黑人懷有深切的同情和敬意，同時他還支持世界上一切被壓迫人民的正義鬥爭。正如他在《給一個遭到挫敗的歐洲革命者》中莊嚴宣布：「因為我是誓為全世界無畏的叛逆者進行歌唱的詩人，和我一道前進的人，都將把安寧和日常瑣事丟在身後，並預備在任何時候將自己的生命拋擲。」

《草葉集》的問世，使一股清新豪放的詩風吹遍歐美大陸，西方詩壇也為之一振。

79什麼是自然主義文學？

自然主義作為一種文學流派，是十九世紀下半葉在法國產生的。到了七、八十年代，自然主義已成為一種思潮，流行於歐洲。

自然主義一方面排斥浪漫主義的想像、誇張、抒情等主觀因素，另一方面又輕視現實主義對現實生活的典型概括。它主張描摹自然絕對的客觀性，對現實生活的表象做記錄式的寫照，並企圖用自然規律，特別是生物學規律，解釋人和社會。

自然主義的哲學基礎是孔德的實證主義，它的理論基礎是法國的文藝批評家泰納的《歷史與批評文集》。此外，達爾文的遺傳學說對自然主義的形成也有一定作用。自然主義文學觀點則是由法國作家左拉系統、全面闡述的。他提倡文學創作的真實性、客觀性和科學性。強調在真實描寫現實的同時，應以生理學與遺傳學的觀點來解釋人的思想和行動。

就社會作用來說，自然主義促進了社會思想的進步，被後來的進步文學所繼承。

80什麼是頹廢主義文學？

頹廢主義文學是十九世紀末流行於西歐的資產階級頹廢沒落文學思潮的總稱。頹廢主義文學各派在當時被稱為「世紀末」文學。頹廢主義是十九世紀後半期，歐洲資產階級知識份子對資本主義社會表示不滿，而又無力反抗時產生的苦悶情緒在文藝領域中的反映。

頹廢主義並不等於現代派，任何一個文藝流派或單個藝術家都不能簡單用「頹廢主義」加以概括。在頹廢主義文學中，影響較大的流派有象徵主義和唯美主義。

81什麼是象徵主義？

象徵主義作為一種文學流派出現於法國。法國詩人波德萊爾的《惡之花》就是具有象徵主義藝術傾向的作品，他也因此被認為是象徵主義的先驅。一八八六年，莫雷亞斯發表了《象徵主義宣言》，標誌著象徵派的產生。此後，象徵主義陸續傳播到歐洲各國。

象徵主義作品以抒寫個人感情為重點，但它抒寫的不是日常生活中的喜怒哀樂，而是不可捉摸的內心隱秘。為此，象徵主義作家認為個人的經驗、感覺不能用明確的形象和概念來表示，需要用象徵性的暗示來表達個人的主觀感受，這樣才能顯示出藝術力量。他們極力讚美詩歌的暗示性、朦朧性和音樂性。魏爾倫、韓波、馬拉美、梅特拉克、霍普特曼等，都是象徵主義的代表作家。

象徵主義在二十世紀的二十年代到四〇年代曾盛極一時，我們把二十世紀的象徵主義稱為後

期象徵主義。後期象徵主義是西方現代派中重要的文學流派。

82 什麼是唯美主義？

唯美主義是十九世紀流行於歐洲的一種文藝思潮。它提倡「為藝術而藝術」，認為藝術與生活無關，而追求文藝的形式美和表現技巧，否定文藝的社會作用和功利目的。

唯美主義最早出現在法國。戈蒂耶在三〇年代就提出了「為藝術而藝術」的主張。他的理論與創作開創了文學上的唯美主義先河。六〇年代法國的巴那斯派，發展了戈蒂耶單純追求詩歌的造型性和客觀性的傾向。

英國的王爾德進一步發展了唯美主義理論。王爾德是十九世紀後期唯美主義的代表作家。他憎惡英國的市儈哲學和虛偽的道德，追求個人快感。他主張藝術具有「獨立的生命」，不受道德的約束。他認為不是藝術反映生活，而是生活反映藝術，現實生活是醜陋的，只有美才有永恆的價值。王爾德創作的基本主題是愛情和對享樂的追求。他的代表作《道林·格雷的畫像》體現了他頹廢的享樂主義和藝術至上的主張。

83《萌芽》有何社會意義？

《萌芽》是左拉的現實主義達到最高成就的一部傑作，第一次在法國文學史乃至世界文學史上比較成功地在長篇小說中塑造了革命無產者的形象。

小說以一個礦區為背景，描寫礦工們在一位青年工人艾帝安納的組織下進行罷工的事件。雖然罷工最後失敗了，但要解放、要復仇的種子已經在土壤裡萌芽了。

《萌芽》插圖

小說通過伏婁礦場一次罷工鬥爭，反映了法國第二帝國時代的經濟危機和蓬勃發展的工人運動，以及工人階級的覺醒、工人隊伍的壯大，預示著資本主義的必然崩潰。小說以生動的細節展示了工人的悲慘生活、大規模的罷工運動和軍警的血腥鎮壓。作者以飽滿的熱情塑造了一批英勇的工人群眾形象，以及馬安、艾帝安納等覺醒工人的形象，在法國文學史上第一次把礦場、工人、罷工帶進了文學領域，產生了深遠的影響。

從《萌芽》這篇小說也可看出，左拉雖然提倡自然主義創作原則，但在實際中他常常違背自己的理論，用現實主義寫法創作出許多不朽的作品。

84 哈代的《德伯家的苔絲》是一部怎樣的作品？

《德伯家的苔絲》是英國作家哈代的得力之作，作品通過描寫貧窮的農家女苔絲一生的遭遇，真實地反映了十九世紀末期英國農村急劇變化的情景。

苔絲為地主兒子亞雷誘姦後懷孕，為農村守舊的社會所非議。她到一個大農場工作，牧師的

《德伯家的苔絲》插圖

兒子克萊向她求婚。新婚之夜，她說出了自己的過去，希望可以得到原諒。殊不知克萊大怒出走。苔絲又遭到遺棄，以勞動為生。後又和亞雷相遇並與之同居。克萊後悔自己對苔絲的嚴酷，從外地回來，想與苔絲和好。當發現苔絲與亞雷同居時，克萊憤而復去。深愛著克萊的苔絲更恨亞雷入骨，手刃了亞雷，去找克萊。但因她殺人罪行被人發現，最終被絞死。

哈代懷著極大的同情刻畫出苔絲的純樸、善良的性格和頑強的鬥爭精神。哈代對苔絲的態度是鮮明的，他公然在副標題中稱這個喪失貞節的女人為純潔的女人，公開向維多利亞時代英國資產階級道德發出挑戰。他不但揭露了資本主義社會道德的虛偽，而且抨擊了法律的不公正。所以，《德伯家的苔絲》是一部具有強烈批判傾向的現實主義小說。

85莫泊桑主要有哪些作品？

莫泊桑

莫泊桑是法國著名的作家，其作品主要有：短篇小說約三百篇、長篇小說六部、遊記三部。而莫泊桑的文學成就以短篇小說最為突出，有「世界短篇小說巨匠」的美稱。

在莫泊桑的短篇小說中，反映普法戰爭的著名作品有《羊脂球》、《米隆老爹》、《菲菲小姐》、《兩個朋友》、

《決鬥》等。以農民、小市民的生活和風尚為題材，描寫小資產階級的自私、吝嗇、勢利、虛榮和墮落的小說有《項鍊》、《一家人》、《我的叔叔于勒》等。另外，以辛酸、同情的筆墨描寫下層社會人民的苦難的作品有《瞎子》、《窮鬼》、《流浪漢》等。

除了中短篇小說外，莫泊桑在長篇小說方面同樣取得了相當高的成就。他的六部長篇小說是《一生》、《俊友》、《溫泉》、《皮埃爾和若望》、《像死一般堅強》和《我們的心》。其中前兩部已列入世界長篇小說名著之林。

《羊脂球》是莫泊桑短篇小說的傑作。福樓拜在給莫泊桑的信中說：「這是真正的傑作，我堅持用『傑作』這個詞，無論就其結構、它所包含的諷刺，還是就其觀察的精細來說，都堪稱傑作。」

這篇小說，通過一輛馬車上的十名乘客在五天中的表現，具體而細微地表現了普法戰爭中法國各階層人物對待祖國命運的不同態度。作者通過妓女羊脂球被欺騙、被出賣、被拋棄的悲慘遭遇，深刻揭露了統治階級所奉行的賣國主義和他們醜惡、偽善的本質。

《羊脂球》插圖

《羊脂球》之所以被福樓拜稱做是「傑作」，最重要的是它的結構。它構思巧妙，結構嚴謹。

小說從寫大潰退的背景開頭，首先使讀者感受到故事產生的社會和時代氣氛，加強了故事的真切性和典型性。結尾在羊脂球的悲啼聲中戛然而止，收到了餘音繞樑的藝術效果。小說的主體部分，在情節發展、場面轉換、人物設計等方面，出色運用了多層次、多角度的映襯對比手法，人物之間、場面之間，相映生輝，相得益彰，使作品成為結構嚴謹的藝術整體。

正如福樓拜所說，《羊脂球》確實是「傑作」，其藝術性極高，是世界短篇小說中難得的珍品。

86 蕭伯納有哪些主要創作？

蕭伯納是英國傑出的現代主義戲劇家，卓越的喜劇大師。他在文學史上的作用在於他以大量有深刻社會內容的優秀劇本，扭轉了英國戲劇衰落的局面，使它出現了新的繁榮。

十九世紀九〇年代初，蕭伯納寫出《鰥夫的房產》、《蕩子》和《華倫夫人的職業》三部劇，後來以《不愉快的戲劇集》為名彙集出版。

《不愉快的戲劇集》在蕭伯納的創作中佔有重要地位。蕭伯納繼續堅持揭露社會的創作方向，開始創作異國題材的劇本和家庭問題劇。《武器與人》以一八八六年保加利亞戰爭為背景。《風雲人物》寫的則是虛構的拿破崙的故事。《康蒂姐》和《難以預料》都是以家庭關係為題材的劇作。以上四部劇本，後來收入了《愉快戲劇集》。

以後，蕭伯納的創作轉向揭露批判帝國主義侵略政策和殖民政策。先後完成了《魔鬼的門徒》、《凱撒與克莉奧佩屈拉》和《上尉勃拉斯龐的轉變》。這三部劇，收入了《為清教徒寫的戲劇集》中。

蕭伯納

二十世紀初，蕭伯納受了叔本華唯心思想的影響，創作了《人與超人》和《回到馬修斯拉時代》。但他並沒有深陷其中，很快又完成了《英國佬的另一個島》和《芭芭拉少校》，繼續對現實社會進行批判。

《傷心之家》是蕭伯納在第一次世界大戰期間創作的，是這一時期英國社會衰敗沒落的寫照，也反映了作家深刻的精神危機。

《蘋果車》發表於一九二九年，是蕭伯納的最後一部重要的作品，也是他創作中揭露性最強的一部作品。

《芭芭拉少校》發表於一九〇五年，是蕭伯納最優秀的作品之一。

劇中描寫了軍火商安德謝夫和他的女兒芭芭拉之間的衝突。安德謝夫是帝國主義時代的軍火商，只崇拜「金錢和炸藥」，不管百姓的疾苦，被女兒看成是「黑暗的王爺」、專門製造死亡的人。芭芭拉是慈善機關「救世軍」的少校，一心想當「靈魂救主」，與父親劃清界線。但她後來發現，「救世軍」原來是依靠資本家的資助而存在，並且其中最主要的一個資本家便是她的父親、軍火商安德謝夫。於是，她的幻想破滅了。

結局很有諷刺意味，芭芭拉向父親妥協，讓她的未婚夫到軍火工廠工作，去繼承她父親的事業，準備把軍火工廠拿到手裡，有了權利再去改造社會。這豈不是最大的諷刺嗎？救世的組織依靠毀滅世界的軍火而存在，而救世軍想從魔鬼那裡找救世的道路，把自己先變成魔鬼再去救人。「變成了魔鬼，還能救人嗎？」作者提出了這個意味深長的問題。

所以說，《芭芭拉少校》是一部思想內容相當豐富，反映了現實中許多問題的劇本。

87 易卜生的作品主要有哪些？

易卜生不僅是挪威民族文學的創建者，也是歐洲近代戲劇的創始人。在戲劇史上，他是繼莎士比亞、莫里哀之後出現的第三個高峰，被譽為「現代戲劇之父」。他一生創作了二十六個劇本，可以分為三個創作階段。

一八四八年至一八六四年是易卜生早期創作階段，具有浪漫主義的特點。強有力的人物性格、強烈的激情和尖銳的衝突構成了他的歷史劇的特點。早期的作品有《英格夫人》、《赫爾格蘭德的海盜》和《覬覦王位的人》等。

易卜生

一八六五年至一八九〇年是易卜生的中期創作階段。他的創作由浪漫主義走向了批判現實主義。他開始以日常生活為題材，對資本主義世界作真實的描繪和無情的揭露。《布朗德》和《彼爾．金特》是這一時期創作的兩部詩劇。另外，他還創作了大量的「社會問題劇」，主要有《社會支柱》、《玩偶之家》、《群鬼》和《人民公敵》等。

一八九一年至一九〇六年是易卜生的晚期創作階段。這一時期的作品顯得抽象難懂，神秘莫測。代表作品有《建築師》、《小艾友夫》、《博克曼》和《我們死人醒來的時候》等。

《玩偶之家》是易卜生最重要的一部作品，在這部作品裡他鮮明地提出了婦女問題。活潑熱情的娜拉相信她丈夫海爾茂的甜言蜜語，他說他願意為她犧牲一切。通過她假造簽字為丈夫借錢而被柯洛克斯泰揭發一事，她才發現海爾茂連他個人名譽都不願為她犧牲。她悟到在資本主義社會裡，男人對女人的愛情只不過是哄騙，把女人當做玩偶而已；她悟到女人得首先把自己教育成為一個真正的人，才不至於被男人當作玩偶。

娜拉的形象具有深刻的意義，她是有自由意志與獨立精神的「挪威的小資產階級婦女」的代表。娜拉要求個性解放、不做「賢妻良母」、不做丈夫的「玩偶」的堅決態度，以及她對資產階級的宗教、法律和倫理道德的懷疑，對當時充斥著虛偽的罪惡社會產生了極大的衝擊力量。

易卜生通過該劇表達了他的創作意圖，主張打破不平等的資產階級家庭關係，解放婦女，提高她們的社會地位，鼓勵婦女為爭取獨立人格而鬥爭。有人把《玩偶之家》比做「婦女獨立的宣言書」。

《玩偶之家》劇照

88 羅曼．羅蘭一生有何創作？

十九世紀末二十世紀初，羅曼．羅蘭創作了《信仰的悲劇》和《革命戲劇集》，這些劇本都是歷史題材。《信仰的悲劇》著重於表現堅定的信仰，《革命戲劇集》則著重於肯定人道主義精

羅曼·羅蘭

神。其中，《信仰的悲劇》包括《聖路易》、《登爾特》等劇本。

羅曼·羅蘭在二十世紀初還創作了幾部名人傳記：《貝多芬傳》、《米開朗基羅傳》、《托爾斯泰傳》等。

一九〇四至一九一二年，羅曼·羅蘭創作了他的主要作品長篇小說《約翰·克利斯朵夫》。一九一三年，創作了中篇小說《哥拉·布勒尼翁》。一九一三年，羅曼·羅蘭發表了《超越混戰之上》一文。其後又完成了獨幕喜劇《里呂里》和小說《克雷朗勃》。

一九二三年，羅曼·羅蘭寫了一本《甘地傳》，表現了他對甘地道路的幻想。後來在高爾基的鼓勵下，迅速完成了《母與子》，達到了他文學創作的新高峰。

第二次世界大戰爆發後不久，法國被德國佔領。在此期間，羅曼·羅蘭完成了幾篇回憶錄，並寫了《貝磯傳》。法國光復後不久，這位多病的老作家與世長辭。

《約翰·克利斯朵夫》是法國作家羅曼·羅蘭最重要的代表作，也是他的第一部長篇小說。通過約翰·克利斯朵夫個人奮鬥的一生，表達了作者對帝國主義時代德、法等主要資本主義國家的反動政治和腐朽文化的抗議。

《約翰．克利斯朵夫》在藝術上的特點是，它雖然基本上是一部現實主義小說，但也有不少浪漫主義因素。作者有時專注於描寫主人翁緊張的內心世界，這種描寫往往變成一種激動的長篇獨白，具有強烈的浪漫主義色彩。同時，在對大自然的描寫上，也反映出一種浪漫主義的傾向。而且常常帶有象徵性。小說中萊茵河的形象多次出現，象徵著主人翁剛毅不屈、熱情奔放和富有反抗性的性格。

小說的另一特點是作家把主人翁的一生寫成一曲有著各種音調的交響樂，人物性格的發展猶如一股旋律的洪流。這曲交響樂從主人翁的童年時代奏起，中間經過和社會的激烈衝突而達到高潮。到了晚年，一切悲歡苦樂和矛盾衝突似乎得到了解決，一切又歸於和諧。而這又彷彿是這首交響樂的最後一個樂章。

《約翰．克利斯朵夫》體現了羅曼．羅蘭早期的人道主義和個人英雄主義的思想，塑造了克利斯朵夫這樣一個「真正的英雄」。

《約翰．克利斯朵夫》插圖

89馬克・吐溫的作品主要有哪些?

馬克・吐溫是十九世紀後期美國批判現實主義文學的代表，是著名的小說家和政論家。他的創作為十九世紀末二十世紀初的美國社會描繪了一幅真實的畫面。

馬克・吐溫的第一部小說集《加利維拉縣有名的跳蛙及其他》於一八六七年問世。但真正使他一舉成名的是一八六九年出版的散文集《傻子國外旅行記》。馬克・吐溫早期創作的特點是筆調詼諧幽默，極度誇張，故事離奇，人物滑稽可笑，但對現實的批判缺乏深度。

七〇年代，馬克・吐溫的創作出現了諷刺成分，觸及到了社會問題。《競選州長》和《高爾史密斯的朋友再度出洋》標誌著馬克・吐溫走上了批判主義的創作道路。

馬克・吐溫

七〇到九〇年代，是馬克・吐溫創作的繁榮期。他的批判鋒芒更強了。《鍍金時代》是他與華納合著的長篇小說，《湯姆歷險記》和《頑童歷險記》是他較為出名的長篇小說。此外，他還著有隨筆集《密西西比河上》、長篇小說《傻瓜威爾遜》、《王子與乞丐》、《在亞瑟王朝廷裡的康乃狄克州美國人》等。

十九世紀九〇年代到二十世紀頭十年，是馬克．吐溫創作的第三個階段。重要的作品有歷史小說《冉．達克》、中篇小說《敗壞了赫德萊堡的人》和一些政論。

一九〇七年，馬克．吐溫開始撰寫自傳。一九一〇年病逝。

《頑童歷險記》是馬克．吐溫最成功的作品，也是美國文學史上一部劃時代的作品。海明威認為現代美國文學蓋源出於此。

這部小說是《湯姆歷險記》的續篇。說的是哈克貝利．費恩幫助黑奴吉姆乘木筏由密西西比河順流而下，逃往廢奴區的故事。小說中的吉姆是個勇敢堅強、嚮往自由的黑奴形象。哈克在與吉姆交朋友時經歷了一場內心鬥爭。但最終，哈克的不論種族、膚色、人人平等的民主思想戰勝了奴隸制反動宣傳對兒童的影響。這也是這部小說偉大的深意之所在。

《頑童歷險記》插圖

小說藝術風格獨特，技巧高超。作品對兒童心理隱秘的剖析、令人發笑的幽默、辛辣尖刻的諷刺和引人入勝的驚險情

節，使其具有強烈的藝術魅力。小說在廣闊的背景上和典型的環境中展開衝突，塑造人物形象，既真實生動，又加大了思想容量。現實主義的描寫與浪漫主義的抒情在小說中交相輝映，既冷峻、嚴肅，又充滿熱情和想像。

此外，小說的語言極富創造性。馬克·吐溫大量融合、提煉、吸收了方言口語，創造了一種簡明、生動的語言。詩人艾略特推崇這部小說，認為它在英美兩國開創了新文風，是「英語的新發現」。

90 艾略特的《荒原》是怎樣一部作品？

《荒原》是西方現代文學中一部劃時代的作品，是現代派詩歌的里程碑，也是英國詩人艾略特的成名作。

《荒原》全詩四百三十三行，共五章。第一章《死者葬儀》，詩人在此以荒原象徵戰後的歐洲文明，哀嘆往昔的一切猶如幻影般破滅。在第二章《弈模》裡，兩人邊下棋邊對話，詩人用了許多典故諷刺人類的墮落。第三章《火的布道》則借佛教徒戰勝情欲之火而達到涅槃淨地的教旨，嘲諷現代人在情欲的擺弄下暈頭轉向。第四章《水裡的死亡》總共十行，詩人在此發出絕望的哀嘆，暗示死亡的不可避免。最後一章《雷霆的話》又回到了荒原。詩人描繪了雷霆下荒原的可怕景象，但在一片混亂和鬱悶之中，透出了一絲光明。

《荒原》的基本情調是悲觀的、低沉的。詩人運用骯髒、灰暗、腐朽的意象，描繪了現代社會人的精神的貧乏、道德的淪落。

《荒原》的特點是：首先，作者把複雜多樣的生活片段和場景嵌入遠古神話和傳說的框架裡；其次，各章節之間沒有邏輯上的聯繫，作者還創造性地運用了「戲劇獨白」；再次，全詩用詞深邃、豐滿，蘊含著詩人的感情變化。使用大量的意象是這一作品的最大藝術特點，作者用變換的手法引用文學典故作比喻或暗喻以對比今昔的異同，從而構成了詩意發展的總範圍和全詩的總格調：恐懼、悲觀。

91 列夫・托爾斯泰主要有哪些創作？

列夫・托爾斯泰是俄國現實主義文學最偉大的代表，他的一生是在精神和藝術上不倦探索的一生。

一八五二年，托爾斯泰發表了他的第一部作

列夫・托爾斯泰

《戰爭與和平》插圖

品，中篇小說《童年》。之後又發表了《少年》和《青年》，構成了自傳體三部曲。這些作品已經顯示出了他批判的傾向和對勞動人民的善意。

五〇年代中期發表的《塞瓦斯托波爾故事》是托爾斯泰根據切身經歷寫的，它開創了俄國文學描寫戰爭的現實主義傳統。後來又先後完成了《一個地主的早晨》和《琉森》兩篇短篇小說。一八六三年的中篇小說《哥薩克》是托爾斯泰早期創作的總結。

從六〇年代初，托爾斯泰的創作活動進入中期階段。這一時期，他的主要作品是《戰爭與和平》和《安娜·卡列尼娜》。

七〇年代末八〇年代初，托爾斯泰的世界觀發生了根本變化。他終於從貴族階級的立場轉到宗法制農民的立場上。他的創作活動進入了晚期階段。托爾斯泰寫了一些如《天網恢恢，疏而不漏》的小故事，勸善懲惡。還完成了一些含有訓誡性質的較大作品，如《伊凡·伊里奇之死》、

《黑暗的勢力》、《克萊采爾奏鳴曲》、《文明的果實》等。而長篇小說《復活》和中篇小說《哈澤・穆拉特》是托爾斯泰晚期創作的精華。

《戰爭與和平》是列夫・托爾斯泰創作的第一部名著，被公認為是世界文學史上最光彩奪目的傑作之一。

《戰爭與和平》以一八一二年俄法戰爭為中心，反映了一八〇五年至一八二〇年整整十五年間俄國重大的歷史事件。全書以包爾康斯基、別祖霍夫、羅斯托夫和庫拉金四個豪族作主線，在戰爭與和平的交替中，展現了當時社會、政治、經濟、家庭生活的無數畫面，描繪了五百五十九個人物，上至皇帝、大臣、貴族，下至商人、農民、士兵，反映了各階級、各階層的思想情緒，提出了許多社會、哲學和道德問題。

《安娜・卡列尼娜》

小說揭露和譴責了宮廷官僚和上層貴族的腐敗，在國家危難時期，他們照樣尋歡作樂，爭名奪利。同時又竭力美化羅斯托夫一家的貴族品德和包爾康斯基一家忠貞為國的作風，塑造了安德烈和彼埃爾兩個青年貴族形象，宣揚了為上帝而活著、愛一切人的道德觀念。

作為一部題材重大、卷帙浩繁的長篇史詩，《戰爭與和平》的確表現出作者傑出的藝術才華。小說成功地把大規模的戰爭和多方面的和平生活有機結合在一起，以龐大複雜而有條不紊的結構，描繪了一幅縱橫俄國城鄉的廣闊畫面。主要人物性格鮮明生動，洋溢著作者所特有的心理分析的異彩，具有強烈的藝術感染力。

《安娜·卡列尼娜》是列夫·托爾斯泰繼《戰爭與和平》後的又一巨著。

小說的故事是由兩條平行的情節線索構成的。一條是安娜——卡列寧——渥倫斯基的愛情故事和婚姻、家庭生活，以及與之緊密聯繫的彼得堡上流社會和沙皇政府；另一條是基蒂——列文的愛情和生活道路，以及與之緊密聯繫的宗法制農村。兩條線索交織發展，對行將崩潰的上流社會及日益興起的資本主義金錢勢力的揭露和批判是相當激烈、深刻的。

小說深刻細膩地刻畫了人物內心世界。作者常常在情節發展的關鍵時刻引用人物心理獨白，揭示其豐富複雜的內心變化。同時還力求在真實生活的基礎上提煉動人心弦的情節和發人深省的細節來感染讀者。這些都是托爾斯泰獨特的創作手法。

整部小說結構嚴謹集中，敘述風格變化多樣，把平穩的描寫和濃烈的抒情、辛辣的諷刺和尖銳的對比有機結合起來。因此，無論就其內容的廣泛和深刻，還是就其藝術技巧的完美，《安娜·卡列尼娜》都不愧是批判現實主義文學的優秀名作。

《復活》是列夫·托爾斯泰最後一部長篇小說，是托爾斯泰世界觀和創作生涯的總結。

貴族青年聶赫留朵夫誘姦了她姑媽家的一個女僕卡秋莎，又拋棄了她。卡秋莎被趕出家門，淪為妓女。若干年後，卡秋莎被誣告謀殺，而聶赫留朵夫恰是陪審員之一。為了贖罪，聶赫留朵夫決心營救她，並與之結婚。上訴失敗後，他隨卡秋莎流放到西伯利亞。卡秋莎雖然最後原諒了他，卻嫁給了政治犯西蒙松。此時卡秋莎已從墮落的過去中走了出來，兩人在精神上都得到了「復活」。

托爾斯泰通過對卡秋莎等人命運的描寫，暴露了俄國的反動統治的反人民本質，暴露了沙皇俄國官辦教會的欺騙性，否定了整個俄國反動統治。在這種無情的暴露和否定中所體現的，正是千百萬宗法制農民強大的反抗力量。卡秋莎與聶赫留朵夫最後的「復活」即是此證。

小說因對沙皇俄國社會現實批判的全面性和徹底性而被譽為「最清醒的現實主義」作品。托爾斯泰主義在這部巨著中也得到了充分的體現。

92 契訶夫的作品主要有哪些？

契訶夫是俄國傑出的小說家和劇作家，對俄國文學和世界文學，特別是對於短篇小說創作的發展，做出了突出貢獻。

從一八八三年到一八八五年，契訶夫每年完成上百篇作品，題材多樣，涉及俄國社會生活各個方面。但從其主題看，契訶夫的早期作品可以分為兩大類：一類是嘲笑當時普遍存在的奴性心理，暴露造成這種奴性心理的制度。主要有《小公務員之死》、《變色龍》等。另一類是描寫下層人民的悲慘生活，如《哀傷》、《苦惱》和《萬卡》等。

從八〇年代末到九〇年代中期，是契訶夫創作的中期。契訶夫在這個時期主要是想表現知識份子的精神生活，並且作品的悲喜劇成分增加了。重要的作品有《草原》、《一個乏味的故事》、《第六號病房》、《跳來跳去的女人》、《文學教師》、《我的一生》等。

九〇年代中期開始，契訶夫進入了創作晚期，這也是他創作的繁榮時期。《農民》、《裝在套子裡的人》、《約內奇》、《萬尼亞舅舅》、《櫻桃園》等都是這一階段的作品。其作品的樂觀情緒有了增強，藝術上也更加成熟了。

契訶夫

《套中人》，又譯《裝在套子裡的人》，是契訶夫最優秀的短篇小說之一。

小說的主要情節是用兩個獵人伊凡尼奇和布林金閒談的方式敘述出來的。寫了別里科夫的衣食住行、待人接物、精神狀態、言語習慣、社會影響和他的婚事，全文的一個精采之處在於著重刻畫了別里科夫的形象：其所有的東西，其「人」，其「物」，以及其「思想」，都「極力藏在一個套子裡」。從而顯現出別里科夫的性格特點：膽小、多疑，屈從反動勢力，反對新興事物。他最著名的口頭禪就是：「千萬別鬧出什麼亂子來啊！」

在這篇短小精悍的作品中，契訶夫運用藝術誇張的手法，通過「套子」這個富有象徵意義的形象，從外表、生活習慣、思想方式和戀愛等幾方面突出刻畫了一個頑固反對一切新思想和新事物的保守反動分子的典型，譴責了產生這種「套中人」的社會制度，喊出了「再也不能這樣活下去了」的呼聲，並用別里科夫的死暗示了反動勢力的必然滅亡。

契訶夫《套中人》插圖

93 高爾基的作品主要有哪些？

高爾基是偉大的無產階級作家，是二十世紀最重要的作家之一。在世界文學史上，他的創作開創了無產階級文學的新紀元。

一八六八年到一八九九年，是高爾基早期創作時期。浪漫主義短篇小說《馬卡爾·楚德拉》的問世，標誌著他文學活動的開始。然後，他又完成了《伊則吉爾老婆子》、《鷹之歌》等浪漫主義短篇小說，以及《鐘》、《我的旅伴》、《切爾卡什》等現實主義短篇小說。一八九九年和一九〇〇年，高爾基完成了他最早的兩部長篇小說：《福馬·高爾傑耶夫》和《三人》。

一九〇〇年到一九〇七年，是高爾基創作的第二階段。一九〇一年的《海燕》迎接了二十世紀初的無產階級革命風暴。此後，高爾基創作了一系列劇本，如《小市民》、《在底層》、《避暑客》、《野蠻人》和《敵人》等，並完成了《母親》第一部。

一九〇八年到一九一七年，是高爾基創作的第三階段。在列寧的熱切期望下，《夏天》、《奧古洛夫鎮》、《馬特維·克日米雅金的一生》和《義大利童話》等革命作品相繼問世。並且創作了自傳體三部曲：《童年》、《在人間》和《我的大學》，這是高爾基最優秀的作品之一。

十月革命後，高爾基創作進入了晚期。他寫了一系列揭露資產階級和資產階級知識份子的作

高爾基

品。長篇小說《阿爾達莫諾夫家的事業》、長篇史詩《克里姆．薩姆金的一生》和劇本《耶戈爾．布雷喬夫和別的人》是其中比較重要的。此外，回憶錄《列寧》也是被廣為傳誦的佳作。

長篇小說《母親》是高爾基最優秀的作品之一。小說第一次塑造了具有社會主義覺悟的無產階級英雄的形象，是一部劃時代的巨著。

巴威爾出身於產業工人家庭，在一些革命知識份子的影響下成長起來，成為工人運動的領導者。在兒子的影響下，巴威爾的母親尼洛夫娜也從逆來順受中成長起來，並在兒子被捕後，繼續著兒子的革命事業。

《母親》巨大的思想成就，就是形象地顯示出無產階級新人在鬥爭中誕生和他們階級意識覺醒的過程。革命工人巴威爾的母親，從一個沒有文化、受壓迫、逆來順受的婦女，迅速成長為有覺悟的無產階級戰士，這一藝術形象鮮明地體現了上述主題。除革命的母親外，高爾基還塑造了一系列工人階級的先鋒戰士形象，如巴威爾、霍霍爾等。因

高爾基《母親》插圖

此，《母親》對俄國以及國際工人運動有著很大影響。

高爾基在《母親》中第一次運用了社會主義現實主義的創作方法，即從現實的革命發展中真實地、歷史地、具體地去描寫現實。《母親》是用這一創作方法進行寫作的新文學的典範作品。

94《罪與罰》是怎樣一部作品？

杜斯托耶夫斯基是十九世紀俄國著名作家，在國際上有著巨大的聲譽，幾乎和列夫·托爾斯泰並駕齊驅。《罪與罰》就是他的一部優秀作品。

小說描述了一個貧窮的醫科大學生拉斯柯爾尼科夫殺死了一個放高利貸的老太婆。開始他認為是為社會除了一個毒瘤，但很快，他就受到了良心的譴責，感到痛苦、孤獨，處於半瘋狂的自我折磨中。他的一個熟人的女兒索尼婭因為家貧不得不賣淫。拉斯柯爾尼科夫被她的自我犧牲精神深深感動，在其基督教思想的感召下前去自首，後來與索尼婭一同去服役，走向了「新生」。

小說以社會犯罪及由此而引起的道德後果為題，描繪了當時俄國可怕的社會貧困和社會生活的無出路狀態，顯示了金錢對於各類人物性格的毀滅性影響。並且通過拉斯柯爾尼科夫這一人物形象，揭露了資產階級所謂「強有力的個性」的反道德的本質，指明了那種蔑視群眾、宣揚為所欲為的個人主義理論的反動性和反民主主義的實質。

95《靜靜的頓河》有何藝術成就？

一九二八年，一個二十三歲的青年發表了一部長篇小說，叫《靜靜的頓河》（第一部），驟然間以大作家的姿態出現在文壇上。這個一鳴驚人的青年，就是後來在一九六五年獲諾貝爾文學獎的俄羅斯作家肖洛霍夫。

《靜靜的頓河》共四部八卷，自一九二八年問世，至一九四〇年出齊。小說描寫的是一九一二年至一九二二年間頓河哥薩克地區的重大歷史事件，表現了十分深廣的社會內容。

《靜靜的頓河》卷帙浩繁，結構龐雜，但繁而不贅，雜而不亂，完整嚴謹，層層深入，步步推進，彙成一幅歷史的畫卷，堪稱一首壯觀的史詩。《靜靜的頓河》在藝術上的成就，首先就在於作品的史詩性。

此外，真人真事與藝術虛構相結合，民歌民謠的巧妙運用，飽含抒情的風景描寫，都是小說顯著的藝術特色。

由於肖洛霍夫善於描寫歷史急劇轉折時刻的悲劇性衝突和悲劇形勢，所以他也被稱為「悲劇

肖洛霍夫《靜靜的頓河》插圖

作家」。他的作品開創了「悲劇史詩」的藝術風格。

96《虹》是怎樣一部奇特的作品？

勞倫斯無疑是二十世紀英國文學史中最有代表性的天才作家之一。《虹》是「勞倫斯開始自創一格的小說」。

《虹》講述的是有二百多年歷史的布蘭溫家的三代人，一直尋找植根於他們的血液和精氣之中的、象徵著美滿婚姻的彩虹的故事。直到第三代的厄秀拉，她在經歷了一次黑暗的意識的洗禮後，看見了「希望的彩虹」。

《虹》為我們展示了一個藝術大家所可能把握的各種藝術情調，其內涵是豐富而又深刻的，因此一個好的讀者必須以同樣廣泛的藝術鑒賞力來欣賞這部作品。整個作品猶如一部交響樂，氣勢恢宏、包羅萬象，尋找彩虹的主旋律貫穿始終，伴隨著深沉的和弦與變調，渾然一體，堪稱文學藝術的奇葩。

不論從創作思想上還是從藝術風格上說，《虹》都是一部反傳統的小說，也正是它為勞倫斯奠定了現代主義作家的聲譽。

97什麼是意識流小說？

意識流小說是二十世紀二〇至三〇年代流行歐美的現代主義小說流派。

意識流小說一反傳統寫法，不靠作者從旁描述，而靠人物直接表白自己的思想意識；不考慮故事情節的完整性，而是按照人物意識的流程來構造作品。發揮自由聯想的作用，借助於回憶和幻想，不受時空的限制，自由剪裁生活，從而擴展了時間的跨度和空間的幅度，加大了作品的容量。小說中時序顛倒交錯，情節結構鬆散多變。

意識流小說不是一個統一的文學流派，也沒有公認的統一的定義。小說的規格沒有劃一的標準，在實際運動中也各不相同。因此，意識流小說這種手法的表現形式紛雜，變幻無窮。公認的意識流的著名作品有喬伊斯的《尤利西斯》、普魯斯特的《追憶似水年華》。

98喬伊斯的《尤利西斯》為什麼被認為是意識流小說的代表作？

《尤利西斯》是愛爾蘭小說家喬伊斯的代表作品，是公認的意識流的著名作品。

小說的情節相當簡單，描繪了一九〇四年六月十六日早晨八點到次日凌晨兩點，十八個小時內三個人物在柏林的生活經歷。

小說第一個引人注目的特點就是在人物、情節和結構上與荷馬史詩《奧德賽》相對應。但喬伊斯並沒有簡單地因襲古代神話的結構形式，而是賦予這種結構嶄新的內容。

小說的第二個特點是現實主義與自然主義的奇妙結合。在展開人物的內心獨白和進行心理分析時，作家極力尋求逼真、自然、客觀的效果。

奇妙的文體是是喬伊斯苦心孤詣的創造，這是小說的第三個特點。他追求內容和形式的和諧統一，追求文字的最佳效果。因此，小說幾乎每一章都使用了迥然相異的文字，藉以烘托主題的變化。

奇特的結構和無窮的象徵暗示是小說的第四個特徵。正是由於以上的眾多特點，使得《尤利西斯》成了意識流小說的典範作品，代表了意識流小說的最高成就。

99什麼是存在主義？

存在主義是流行於當代西方世界的一種哲學和文學思潮。

存在主義第一個特徵是，作品大都描繪了一個令人厭惡的荒誕的世界，生活在其中的都是憂慮的、混沌無主的人。體現新人道主義，表達「絕望者」的希望，是存在主義的第二個特徵。而表現人的理想與客觀存在的不一致性，則是存在主義的第三個特徵。

存在主義文學沒有固定的組織，也無一致的創作方法，但都具有鮮明的傾向性。它描繪世界和人生現實的荒誕，否定理性至上。它剖析人的憂慮和絕望的情感，要求人們必須有為光明合理的生活而鬥爭的勇氣。

100《吉檀迦利》是怎樣一部詩集？

泰戈爾是具有世界聲譽的近代印度作家。《吉檀迦利》是他的代表詩集。《吉檀迦利》的題意是「獻詩」，是一部頌神詩集，共收詩一百零三首。

詩集充滿了對神的敬意和感恩，頌讚了神能給人無私的愛和無窮的力量。借對天國的頌讚，詩人刻畫了一個理想的國度，表達了追求自由的決心和願望。然而，詩人頌讚的神不在仙境神界，而在普通人中；這個神不是耶和華，也不是穆罕默德或釋迦牟尼，而是萬物化為一體的泛神。這表現了詩人人道主義的思想。

從《吉檀迦利》中，我們可以看到泰戈爾給矛盾苦悶的情感以恬靜淡然的外表。詩作粗讀令人朦朧，不著邊際；再讀使人感到神秘，似有隱秘；細讀則使人感到詩歌深邃的哲理含意。同時，濃厚的抒情風味、鏗鏘的音韻，都帶給讀者一種美的藝術享受。

101 泰戈爾的代表作有哪些？

泰戈爾是印度近代著名的詩人、小說家、戲劇家、音樂家。他一生寫了五十多部詩集、十二部中長篇小說、一百餘篇短篇小說、二十餘部戲劇，還有二百餘首歌曲。

泰戈爾的成就主要在他的詩歌創作上。早期主要是故事詩，如《故事詩集》。中期，多為抒情詩。這也是泰戈爾一生中創作最豐富、最重要的時期。《吉檀迦利》、《新月集》、《園丁集》、《歌之花環》、《頌歌》、《白鶴》、《飛鳥集》等著名詩集都是在這一時期完成的。《吉檀迦利》為詩人贏得了一九一三年的諾貝爾文學獎。到了晚期創作階段，泰戈爾主要寫了一些政治抒情詩。其中具有代表性的是《邊沿集》和《生辰集》，反映了詩人樂觀的精神。

在小說方面，泰戈爾也頗有成就，他的短篇小說有代表性的是《還債》、《棄絕》、《一個女人的信》和《摩訶摩耶》等。但最引人注目的還

泰戈爾

是他的中長篇小說，如《小砂子》、《沉船》、《戈拉》和《四個人》。

此外，泰戈爾還是一位優秀的音樂家，他的《人民的意志》就是今天印度的國歌。

102《雪國》有何藝術特色？

川端康成是日本現代著名作家。他以《伊豆的舞孃》、《雪國》、《古都》和《千羽鶴》等優秀作品躋身於諾貝爾文學獎的陣營。被視為世界名著的《雪國》，充分體現了川端康成作品的風格和精神。

小說通過駒子、島村、葉子和行男這四個青年人之間的愛情故事和人生經歷，表達了一種道德與倫理的文化意識。而作品本身的一種創造性的藝術魅力，使人長長流連在一種美的意境和思索中，不能輕易忘卻。

《雪國》的最大藝術特色，首先在於繼承和運用了日本文學的傳統藝術手法，把細膩的心理分析和瞬間的官能感受描寫結合得非常自如，把人物的情緒與自然景物、心理變化與時間遷移糅合得自然流暢。

《雪國》的另一個明顯的藝術特色，就是重視藝術技巧，而不依賴情節安排；重視人物的感情世界和內心生活，而不過多刻畫人物的外形和行動。所以故事平淡，像涓涓細流，平和地向前發展。

《雪國》特別注重人物主觀感情的描摹，運用了排句洗練、動靜結合的手法，將人物內心的真實、豐富的情感直率地表達出來，富有詩的韻味。加上意境清麗，筆致纖柔，更增加了藝術魅力，給人一種美的享受。

103《老人與海》是怎樣一部小說？

海明威是美國著名的現代小說家。一九五二年，創作了中篇小說《老人與海》，震驚文壇。兩年後，他獲得了諾貝爾文學獎。

《老人與海》是一部描寫人與大自然搏鬥的小說。一個老漁夫桑提亞哥出海遠航捕魚，漂流了八十四天一無所獲。後來，經過兩天兩夜的生死搏鬥，終於捕獲了一條大馬林魚。歸途中，一大群鯊魚圍上來撲食馬林魚，老人奮力保護，但抵擋不住鯊魚的凶猛進攻。回到海岸時，馬林魚只剩下一副巨大的骨架。

海明威

小說基調灰暗。故事寓意是人在同外界勢力搏鬥時終歸失敗。老人在同象徵著厄運的鯊魚的鬥爭中，雖然失敗，但他堅忍不拔，在對待失敗的風度上取得了勝利。作者頌揚了抽象的勇敢精神，在灰暗的主題上抹了幾分明亮的色彩，體現了人「可以被消滅，但不能被打敗」的偉大精神。

海明威的作品語言簡潔，以少勝多；文體清澈流暢，樸實無華，具有某種獨特的形式美；手法多樣，常將意識流與象徵手法融為一體。在人物方面，他特別感興趣於塑造高尚無畏、頑強不屈的「硬漢」形象，如《老人與海》中的老人，給讀者留下了不可磨滅的印象。

104《麥田裡的守望者》是怎樣一部作品？

美國當代小說家塞林格，由於他唯一的一部長篇小說《麥田裡的守望者》而名震美國，紅極一時。

小說寫一個十六歲的中學生被學校開除後在紐約流浪，因孤獨、苦悶而引起精神失常，被送進醫院的故事。整部小說以回憶形式寫成，用含蓄的諷刺筆法描寫了美國富裕家庭出身的青少年精神上的空虛和苦悶。主人翁對於老一代傳統價值的懷疑和默默的反叛，在美國青年中引起了極大的迴響。

小說的最後，主人翁霍爾頓對妹妹菲芯說：「……我的職務是在那裡守望，要是有哪個孩子往懸崖邊奔來，我就把他捉住……我只想當個麥田裡的守望者。」懸崖，一道分界線。麥田裡，是孩子的樂園；懸崖下，是虛偽的成人世界。霍爾頓模糊地意識到，孩子的樂園受到成人世界的侵害，終將毀滅。因此他想當麥田裡的守望者，保護孩子，保住這世上唯一的純潔之地。

塞林格思索和關注的是人的現實處境，他的小說反映了二戰以後美國年輕一代普遍的徬徨、憂鬱、痛苦的心理，它不知感動了多少年輕人！

105《齊瓦哥醫生》有什麼藝術特點？

《齊瓦哥醫生》是俄國作家帕斯捷爾納克的一部長篇抒情小說，曾經在文壇上掀起一場軒然大波，被認為是蘇聯「回歸文學」中影響最大的一部，它帶給了作者一九五八年的諾貝爾文學獎（帕氏迫於壓力拒絕受領）。

小說通過十月革命前後十幾年的經歷，塑造了一個誠實、正直的俄國舊知識份子——齊瓦哥醫生的形象，較為真實地反映了那個時期知識份子的理想、追求和迷惘，對歷史、對人生進行了反思。從藝術上看，這是一部極具特色的抒情小說。

帕氏在音樂、美術方面的造詣，使他對大自然的描寫具有詩情畫意。他的景物描寫給人造成了強烈的時空感，且富於象徵意義。

小說的語言結構和用詞手法也相當新穎。整部作品的語言簡潔、明快、樸實。

小說最後一章是齊瓦哥的二十五首詩，風格嚴謹、樸實，是全書主題的補充，增強了小說的哲理性。

小說的藝術創作體現了帕氏的高超的創作技巧和藝術手法，被布哈林稱為「巨匠」。但關於小說的內容及其思想主題，批評界卻有不同評價，可謂毀譽俱存。但不管怎樣，《齊瓦哥醫生》被公認為是「一部有價值的書」、「一部突破傳統觀念的作品。」

106 什麼是黑色幽默？為什麼說《第二十二條軍規》是黑色幽默的經典？

黑色幽默指的是美國一個重要的文學流派。這個流派的作品的共同之處在於用強烈、誇張到荒謬程度的幽默和嘲諷的手法，不惜使現象「變形」來表現戰爭、死亡、疫病和末日等，藉以表達作者對現實世界的厭惡和絕望。

黑色幽默派的作家往往用一些可笑、乖僻的「反英雄」人物來影射社會現實，並借此來表達作家對社會的不滿。

黑色幽默是一種帶有悲劇色彩的變態的喜劇。這裡的笑是一個人在絞刑架上絕望的笑，人們在笑聲中找到的是「暫時緩和存在的痛苦的藥」。

海勒是美國當代著名作家，黑色幽默派的代表。他的第一部長篇小說《第二十二條軍規》引起了文壇震動，被看做是黑色幽默小說的經典。

《第二十二條軍規》以第二次世界大戰為背景，以尤索林為中心人物，表達了「人生荒謬」這一主題。在小說中，戰爭成為現實生活混亂、反常的集中表現，成為世界之荒謬的極端形式。這才是作者創作興趣的真正所在。

小說所展現的世界，沒有愛，沒有溫情，沒有親朋好友，只有苦難和死亡；沒有大規模的勇敢戰鬥，只有大規模的投機買賣。尤索林想逃離戰爭，他逃得了「第二十二條軍規」的捉弄嗎？「第二十二條規」並沒有一個具體的存在形式，但它又無形地在生活中無處不在，並捉弄著每個人。這是生活的詭計，存在的「邏輯」，是世界荒謬的象徵。

毫無疑問，海勒的小說的確是幽默的，能激起笑聲，但這是「黑色幽默」。

107 什麼是魔幻現實主義?為什麼說《百年孤獨》代表了魔幻現實主義的最高成就?

魔幻現實主義是二十世紀六〇年代拉丁美洲小說創作中出現的一個流派。

魔幻現實主義小說立足於拉丁美洲各國的現實生活，從古代印第安文學、神話和民間傳說中吸取了奇幻、怪誕的成分，從而給小說中所描繪的拉丁美洲的歷史、政治和社會現實披上了一層魔幻色彩。

魔幻現實主義作家一般都具有較強的人道主義和民主主義精神。他們反對獨裁專制和種族歧視，反對殖民主義和侵略擴張。

魔幻現實主義將現實主義與現代派文學的創新結合在一起，摒棄了現代派脫離現實、封閉在個人內心世界的傾向，注重反映重大的社會問題，揭露尖銳的社會矛盾。它的特點是在反映現實的描述中，插入神奇怪誕的人物和情節以及各種超自然的現象，慣用奇特、怪誕、虛幻的形式表現主題。

馬爾克斯是哥倫比亞當代著名作家，一九八二年獲

《百年孤獨》封面

諾貝爾文學獎。他的長篇小說《百年孤獨》在拉丁美洲、西班牙語文學界乃至世界文壇引起了一場文學地震，被看做是魔幻現實主義的最高成就。

馬爾克斯遵循「變現實為幻想而又不失其真」的魔幻現實主義創作原則，通過布恩蒂亞家族五代人種種神奇魔幻般的經歷和故事，曲折地反映了哥倫比亞和拉美國家的歷史和現狀。小說中布恩蒂亞家族從第一代開創者馬孔多開始直到最後一代被螞蟻吃掉的興衰史，是對哥倫比亞和拉丁美洲的歷史發展的重現。

在藝術上，小說把現實與幻想、直描與隱喻、寫實與誇張、嚴肅與嘲諷相結合，通過奇譎多變的情節、重覆出現的結構，加上神話和民間傳說中鬼怪幽靈穿插其間，創造出一個折射著魔幻色彩而又不失生活真實的世界。

馬爾克斯創造性地運用了西方現代派的某些藝術技巧和表現手法，將傳統的魔幻現實主義創作方法與之結合，極大豐富了魔幻現實主義的表現方法，使魔幻現實主義創作達到了一個新的藝術境界。

108《生命中不能承受之輕》有何藝術價值？

《生命中不能承受之輕》是捷克作家米蘭·昆德拉的代表作，它較集中地體現了作家的理論見解和風格特點。

從理論的角度上看，這部作品不是狹義的文學，而是廣義的讀物。「它是理論與文學的結合，雜談與故事的結合，還是虛構與紀實的結合，夢幻與現實的結合，第一人稱和第三人稱的結合，通俗性與高雅性的結合，傳統現實派和現代先鋒派的結合。」正是這些創造性的表現技巧頗為和諧地服務於內容，不僅使本書以其獨特性獲得自身的生存並廣為流傳，而且使人們不得不重新思考「小說」究竟是什麼的問題，它在小說史上再一次動搖了既定的「小說」概念。

米蘭·昆德拉不是為文學而文學的小說家。用他的一句話說，「把極為嚴肅的問題與極為輕浮的形式結合在一起，從來就是我的雄心。」

109《變形記》有什麼特色？

《變形記》（一九一五）是卡夫卡的代表作，在現代派文學發展史上有重要的地位。作品所寫的是一個極其怪誕的故事。

主人翁格里高爾·薩姆沙，本是一家公司的流動推銷員。他忠於職守，終年累月四處奔波，被公司看作「安分守己穩妥可靠」的職工。一天早晨醒來。他發現自己變成了一條大甲蟲，翻不得身，起不了床。可是眼看著上班時間已過。母親關心地來敲門詢問，父親不耐煩地敲門催他起床，妹妹憂慮地敲門來向他問安，公司的秘書主任在門外威脅他如不交代遲上班的理由就要受開除處分。格里高爾內心十分痛苦，難受地挪動身子，咬動鑰匙，打開了房門。人們看見他已變成一隻甲蟲，感到異常驚恐。格里高爾變形之後，生理上完全變成了蟲，厭惡人類的食物而喜歡吃腐爛的東西，總是躲在陰暗的角落裡或倒掛在天花板上；然而在心理上，仍然保持著人類的特徵，能夠感覺、觀察、判斷和思考。格里高爾變成甲蟲後，給家庭經濟造成了很大的困難，給父母和妹妹增加了很重的負擔。妹妹開始還同情他，給他送食物，掃房子，後來全家都把他看成累贅，甚至認為他是家庭「一切不幸的禍根」。

格里高爾也自慚形穢，絕食而死。格里高爾死後，全家人如釋重負，還在郊外舉行了一次春遊，老夫婦倆看到女兒已經長成一個身材豐滿的美麗的少女，心中充滿了夢想和美好的打算。作者通過格里高爾由人變成甲蟲之後的悲慘遭遇和心靈痛苦的描寫，揭示了資本主義社會中下層人民的悲涼處境和人與人之間的冷漠無情，具有一定的進步意義和批判力量。尤為難能可貴的是，《變形記》雖然情調低沉，但

卡夫卡漫畫自畫像

在結尾處對生活作了「無言的肯定」，略微沖淡了作品的悲觀主義氣氛。

《變形記》最主要的特色，就是用寫實的手法描寫虛妄的事物。人在一夜間變成了甲蟲，而且在變成甲蟲之後仍然保存著人的心理特性，這在現實生活中當然是不可能的。用人變成甲蟲作為小說的主人翁，顯然是荒誕和虛妄的。但由於作者對變成甲蟲之後的格里高爾所產生的恐懼感、災難感和孤獨感進行了現實主義的描寫，這就使荒誕和虛妄的事物轉化為給人們真切的藝術感受。

此外，既然主人翁格里高爾一開始就喪失了說話的能力和同人們交往的權力，自然也規定了作者著重描寫的方向只能是主人翁的內心體驗。作品中對主人翁的恐懼感、災難感和孤獨感寫得那麼具體真切，淋漓盡致，確實充分表現了卡夫卡對現代資本主義世界的敏銳觀察和表現主義所特有的美學主張，這成為《變形記》的又一特色。

110 卡夫卡小說有什麼藝術特色？

卡夫卡的寫作起源於個人感受到的難以逾越的障礙，起源於個人和他面對的世界所構成的緊張關係。他始終關注的一個問題，是個人封閉狀況的黑暗背景，它的局限和可能性。卡夫卡的敘事結構正是個人面對世界時產生的迷惘，掙脫形形色色的羅網，試圖抵達真實的焦慮的轉喻或仿製。

假如我們將卡夫卡的小說視為一個個巨大的暗房，那麼依據主人翁的視線與行動軌跡而沖洗出來的底片則具有以下性質：行為線索本身的清晰程度使背景的映象更加模糊；反過來，背景的模糊又使得線索本身具有隨意性，就像是一隻顫慄的手畫出的不規則紋線，那麼，由於它過於微弱，飄忽不定，不免給人以這樣的印象：與其說它照亮了城堡的格局，不如說它使黑暗更加顯著。在K的行動序列中，「照亮」即使不是變相的遮蔽，也不過是曇花一現。

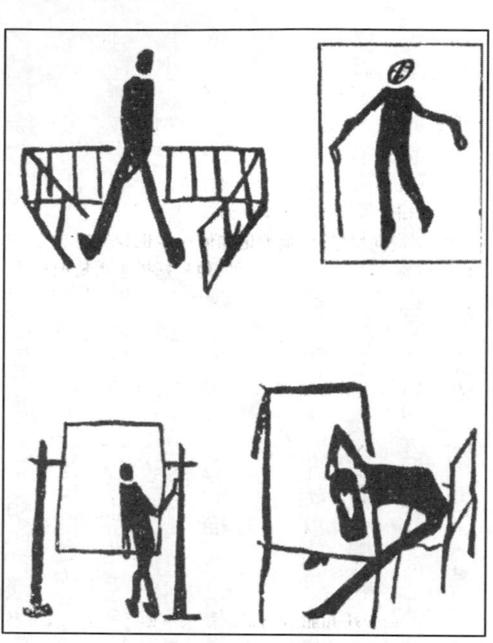
卡夫卡的漫畫

很多卡夫卡的研究者都注意到了他小說中的寓言性質，但卡夫卡顯然不是為了概括存在的本質而去書寫寓言，恰恰相反，個人經驗以及這種經驗的提純使他的故事帶有了寓言特徵。而卡夫卡作為一個偉大的文體家的地位，也不是依靠改變敘事的外部形式而獲得的，他只在文學的內部進行工作，其巨大的功績在於，他改造並重建了傳統小說的「戲劇性」結構。

無論是《美國》、《審判》，還是《城堡》，卡夫卡在細節的處理和整體故事的構架上都沿用了傳統的戲劇衝突的形式，但卻不受因果律的限制。因此，格里高爾可以在一覺醒來發現自己變成了一隻甲蟲，K可以無辜地被突然逮捕，而忙於尋找被逮捕的原因，弗麗達可以將它的洞房安排在一個教室裡；卡爾可以因為一次鄉間旅行而被他的舅舅趕出家門。

而時間、人物、地點、中心事件這樣一些戲劇的必要因素在卡夫卡的小說中都得以保留，彼此之間的關係有著嚴整的統一性。近來有人甚至認為，卡夫卡的小說借用了偵探小說的敘事形式，也不能說完全是無稽之談。

但卡夫卡小說的戲劇性，尤其是他作品中到處瀰漫的喜劇色彩與傳統敘事有著天壤之別。巴爾札克的《人間喜劇》實際上只不過是一幕篇幅冗長的諷刺劇，而莎士比亞的喜劇則帶有濃烈的神話或幻想成分，卡夫卡的喜劇第一次有了現實感，它不是欲望的代償物，也不是變相的喻世誇張，它就是現實生活的真實邏輯。

111《都柏林人》有何特色？

喬伊斯的寫作生涯始自他描繪都柏林各方面生活的一組優秀短篇故事《都柏林人》。從第一個故事《姐妹倆》中那個遭遇死亡的男孩到最後那篇優美的《死者》中的中年紳士加布列爾，他生動地刻畫出故鄉都柏林的眾生相，他們常常被描寫成一些無可救藥、言行不一的騙子，更具他的文學引路人易卜生筆下的斯堪地那維亞色彩。在這部「以莫泊桑和契訶夫的現實主義手法」寫成的作品中，喬伊斯圍繞著一個中心主題，用他典型的卑瑣文體將自己的所見所聞以扭曲的方式表現出來。用他自己的話說，通過對「親愛的骯髒的都柏林」進行無情的現實主義描摹，他是在寫一章愛爾蘭的道德史，來讓他的同胞從中「很好地看一看自己的樣子」；而「我選擇都柏林作背景，是因為我覺得這個城市是麻痹的中心」。這些故事有的詼諧，有的淫褻，但都散發出一種病態的「精神和感情上的癱瘓和死亡」氣息。每個故事在細節選擇和結構安排上都互相關聯，具有一種深刻的象徵意味，讀者由此可以認識到人類命運的普遍性，並受到強烈的道德震撼。

112《芬尼根守靈》為何被稱為「天書」？

《芬尼根守靈》的寫作歷時十七載，是喬伊斯最後一部，也是他最為得意的傑作。在這部

「天書」中，作者大量創造新詞，並使整部作品首尾相連，構成一個圓周式的整體。作者苦心經營，作品卻比《尤利西斯》更為難懂。《尤利西斯》中的象徵成分至少與其現實主義成分同等重要，而《芬尼根守靈》卻放棄了任何現實客觀意圖。

由於採取了歷史透視法和傳記性的雙重透視手段，《芬尼根守靈》既是一部完整的人類意識史，又是一部個人史，裡面包括喬伊斯私生活中的一些隱秘。小說的標題源自一首愛爾蘭民歌，講述泥瓦匠湯姆．芬尼根一天喝醉酒從梯子上摔了下來，大家都以為他已摔死，不料在給他守靈的夜裡，當有人把威士忌灑到他身上時，他卻突然復活。因此死亡和復生，及歷史進程中的生生不息和循環變化便成為小說的主題。故事由芬尼根摔下梯子開場，接著引出其後繼者酒店老闆H．C．厄威克做的一個有關家庭生活的夢（其實很難說做夢的人到底是他還是作者喬伊斯）。他夢見自己曾在都柏林的鳳凰公園有過（或許有過）的不檢點行為；他的妻子安娜．利維亞．普勒拉貝爾（以諾拉為模本）也在夏娃、中世紀傳說中的伊瑟爾德、愛爾蘭及利菲河角色間不斷變幻；他的兩個兒子謝姆和肖恩（以喬伊斯及其兄弟斯坦尼洛斯為原型）則分別代表內向和外向、藝術家和務實者、演員和推銷者等，通過這一系列變形象徵了人性中對立的兩極。

喬伊斯在這裡暗示，無論歷史如何演進，從根本上講它是一部家庭浪漫史。厄威克不僅是個酒店老闆，他還代表任何一個普通人——他的首字HCE象徵他的普遍性（Herer Comes Everybody）。而他在公園裡的不軌行為也有原罪的意味：厄威克既是亞當，又是「豪思山」這個原始巨人，還是「偉大父母」（Haveth Childers Everywherer）及「歷史巨人」的化身。書中其他人物如「十二顧客」（代表陪審團十二成員和公眾意見）和「四位老人」（代表法官、四福音書的作者及四種元素）也參與共同編織了《芬尼根守靈》的意義迷宮。在這個過去、現在、未來融為一體的世界中，如果有情節的話，也只是在一個又一個夢幻般的舞臺上，從史前社會漫步到未來世界。

這種歷史感更體現在本書那魔術般的語言下。最終是那些雙關性的語言遊戲及其縱向的意義拓展，而不是其線性情節真正負載著小說的主要含義。這個由一個純象徵性的宇宙之夢組成的龐大的故事，通過書中大量雙關語之間的無窮影射，使得作品的意義層出不窮。而這些雙關語的構成元素則來自歷史、文學、神話及喬伊斯的個人經歷等所有能得到的方面。喬伊斯創造自己的夢幻語言時，或者把辭彙組合、扭曲，或把各單詞的部分重新搭配來生產新詞，或同時用幾層不同含義，同時取自幾種不同語言，並以種種方式熔鑄起來獲取一系列含義。事實上，由於在每個單詞每個片語中都能發現多重意義的呼應，往往幾頁原文的注釋就需要一本厚書，連喬伊斯自己都聲稱這本書的「理想讀者只能是一個理想的失眠症患者」。

113 《追憶似水年華》是怎樣一本書？

《追憶似水年華》是一部與傳統小說不同的長篇小說。全書以敘述者「我」為主體，將其所見所聞所思所感融合為一，既有對社會生活、人情世態的真實描寫，又是一份作者自我追求、自我認識的內心經歷的紀錄。除敘事以外，還包含有大量的感想和議論。整部作品沒有中心人物，沒有完整的故事，沒有波瀾起伏貫穿始終的情節線索。它大體以敘述者的生活經歷和內心活動為軸心，穿插描寫了大量的人物事件，猶如一棵枝椏交錯的大樹，可以說是在一部主要小說上衍生著許多獨立成篇的其他小說，也可以說是一部交織著好幾個主題曲的巨大交響樂。

小說中的敘述者「我」是一個家境富裕而又體弱多病的青年，從小對書、畫有特殊的愛好，曾經嘗試過文學創作，沒有成功。他經常出入巴黎的上流社會，頻繁來往於茶會、舞會、招待會以及其他時髦的社交場合，並鍾情於猶太富商的女兒吉爾伯特，但不久就失戀了。此外，他還到過家鄉貢柏萊小住，到過海濱勝地巴培克療養。他結識了另一名少女阿爾伯蒂，發現阿爾伯蒂是同性戀，便決心娶她為妻，以糾正她的變態心理。他把阿爾伯蒂禁閉在自己家中，她卻設法逃跑，於是，他多方打聽她，尋找她。後來，得知阿爾伯蒂騎馬摔死。在悲痛中他認識到自己的秉

《追憶似水年華》
第一部　《斯萬之家》封面

賦是寫作，他所經歷過的悲歡苦樂正是文學創作的材料，只有文學創作才能把昔日失去的東西找回來。

在小說中，敘述者「我」的生活經歷並不佔全書的主要篇幅。作者通過故事套故事，故事與故事交叉重疊的手法，描寫了眾多的人物事件，展示了一幅十九世紀與二十世紀之交法國上流社會的生活圖景。這裡有姿色迷人、談吐高雅而又無聊庸俗的蓋爾芒夫人，有道德墮落、行為醜惡的變性人查琉斯男爵，有縱情聲色的浪蕩公子斯萬，有公開受人供養的女人奧黛德，等等。小說對貴族世家蓋爾芒之家和猶太富商斯萬之家的社交活動和人事變遷的描寫，真實地反映了貴族、資產階級腐朽的生活情趣和精神面貌，反映了貴族階級的沒落解體和大資產階級與日俱增的經濟實力，具有鮮明的時代色彩。此外，小說還描寫了一批與上流社會有聯繫的作家、藝術家，他們大都生前落魄失意，而作品卻永世長存，這反映了當時知識階層的狀況和作者的藝術觀點。小說著重描寫的另一部分人是下層的勞動者，他們是貴族、資產階級家庭的聽差、僕人、雜役，雖然出身貧賤，卻往往比他們的主人

《追憶似水年華》插圖

更有修養。《追憶似水年華》這部長篇巨著通過上千個人物的活動，冷靜、真實、細緻地再現了法國上流社會的生活習俗、人情世態。因此，有些西方評論家把它與巴爾札克的《人間喜劇》相提並論，稱之為「風流喜劇」。

114 福克納的《喧嘩與騷動》是怎樣的一部作品？

威廉．福克納（一八九七～一九六二）是美國現代著名作家，南方文學的領袖，諾貝爾文學獎金獲得者。福克納於二十年代中期開始發表作品，從第三部小說《薩托里斯》（一九二九）起，他不斷從題材、形式和手法上進行探索，並創作了一套名叫「約克納帕塔法世系」的小說。這套小說由十五部長篇小說和幾十個短篇組成。故事都發生在作者所虛構的密西西比州的約克納帕塔法縣，著重敘述這個縣屬於不同社會階層的若干家

《喧嘩與騷動》插圖

族的幾代人的故事，時間從獨立戰爭前到第二次世界大戰以後，出場的人物有六百多個，其中的主要人物在各部小說穿插出現，在結構上，各部小說既有聯繫又各自獨立。《喧嘩與騷動》是「世系」中出類拔萃的一部小說，也是美國意識流小說的範例。

《喧嘩與騷動》（一九二九）寫望族康普生家的沒落和各個成員的遭遇與精神狀態，故事發生在上世紀末至本世紀二十年代，全書分四個部分，小說的故事分別由四個人敘述，關於康普生夫婦的女兒凱蒂沉淪的故事是小說的結構中心。第一部是「班吉部分」。班吉是康普生夫婦的小兒子，他是個白癡，分不清時間的次序，過去、現在的事攪在一起。在家中，班吉得不到溫暖，唯一關心他的姐姐凱蒂離家後，他感到無比悲哀。第二部分是「昆丁部分」。昆丁是康普生夫婦的長子，在哈佛大學上學。他對妹妹凱蒂懷有不正常的感情；凱蒂的所作所為又使他那脆弱的神經受到嚴重刺激。凱蒂婚後不久，他投水自殺。第三部分是「傑森部分」。傑森與昆丁不同，他順應時代的潮流，成為一個實利主義者。凱蒂的放蕩行為曾使他失去了即將到手的銀行職位，所以他恨她，並把對凱蒂的怨恨轉移到她的私生女小昆丁身上。第四部分是「迪爾西部分」。迪爾西是康普生家的黑人女傭，小說中頭腦唯一健全的人物，通過她來補敘在前三個部分尚未交待清楚的情節。《喧嘩與騷動》通過這一家人道德的沉淪、精神的崩潰和價值觀念的改變，反映了南方地主莊園的沒落與解體，以及資本主義的得勢與資本主義社會的精神危機。在小說中，作者廣泛運用意識流手法展示人物內心世界，刻畫人物性格；在情節結構的安排上，採用了「時序錯位」

與「對位元式結構」，小說給人一種多層次的立體感。像其他意識流小說一樣，《喧嘩與騷動》也晦澀難懂。

115《永別了，武器》如何體現作者的反戰思想？

《永別了，武器》是海明威的代表作。小說以第一次世界大戰為背景，以個人幸福被破壞為主線，真實地反映了帝國主義戰爭的殘酷和罪惡，揭示了戰爭對人類物質和精神文明的摧殘，以及對整整一代人造成的心靈創傷，表現出強烈的反戰傾向。

亨利本是一個可以成為建築師的大學生，受戰爭販子們沙文主義的蠱惑而自願入伍。他曾與許多受騙者一樣，在前線為帝國主義賣

海明威的書房

命，然而卻在敗退時被當作逃兵、奸細給抓起來，還要被槍斃。他不得不四處逃命，落得有家難回、有國難歸的可悲結局。善良的女性凱瑟琳本有一個理想的未婚夫，當未婚夫參軍時，他們打算等戰爭結束再成立家庭，不料未婚夫卻死於前線。亨利和凱瑟琳相識後，兩人情投意合，相親相愛，然而又是由於戰爭，他倆之間的幸福遭到了毀滅性的破壞。凱瑟琳死於難產，亨利孤苦伶仃，倆人的宿願化為泡影。在這殘酷的現實面前，以亨利為代表的青年軍人終於認識到，披著神聖外衣的戰爭，不過是一場以千百萬人的生命為賭注的賭博。傳統的價值觀念毀滅了：「我可沒有看見到什麼神聖的東西，光榮的事物也沒有什麼光榮，至於犧牲，那就像芝加哥的屠宰場，不同的是把肉埋掉罷了。」傳統價值觀念的毀滅，使他們對人生感到了悲觀和絕望，在他們看來，人好比是「著了火的木頭上的螞蟻」，不管如何逃竄，「到末了還是燒死在火裡」。戰爭摧毀了青年一代的肉體和精神，造就了失去信仰，有著深刻精神危機的「迷惘的一代」。

小說還通過描繪亨利的見聞，表現了當時前線與後方各階層人民強烈的厭戰、反戰情緒。在作者筆下，多數官兵都很厭戰，尤其是士兵。在義軍大潰退中，亨利不止一次聽到士兵們公開咒罵「該死的戰爭」，高呼「打倒軍官」，「和平萬歲」，大家都「回家去」的口號，有的甚至扔掉武器，把自己弄成傷殘，有的千方百計地製造藉口，以便逃離戰場。不僅軍人如此，平民也很厭惡戰爭。亨利逃離前線時，在米蘭下車進一家酒店，主人主動幫他打聽凱瑟琳的去向。他趕到一位學音樂的朋友家，說明自己已陷入困境，想逃往瑞士，那位朋友立即給予他幫助，還把自己的便服給亨利換上。這些不僅真實地再現了廣大人民群眾強烈的反戰情緒，也表現了作者對這場戰爭極其憎惡的鮮明立場。

116 《喪鐘為誰而鳴》如何頌揚了堅定的信念？

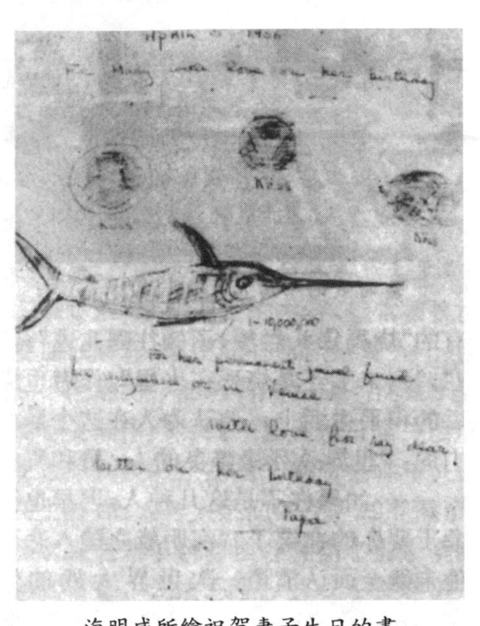

海明威所繪祝賀妻子生日的畫

《喪鐘為誰而鳴》是海明威根據自己對西班牙近二十年的了解寫成的。小說在西班牙內戰的背景上，通過後方一個游擊隊的一次軍事行動，展現了西班牙人民反法西斯鬥爭的廣闊畫面。羅伯特·喬登是一個美國人，他自願參加到西班牙人民反法西斯鬥爭的行列中。按照俄國將軍戈爾茲的指示，他的任務是配合當地游擊隊在共和國部隊發動進攻之前炸毀一座戰略性的橋樑，以便阻止法西斯軍隊過河攔截。喬登與游擊隊員們一起待在山上的一個岩洞裡，他發現游擊隊員士氣低落，特別是他們的首領帕勃羅是一個狡猾的人，缺乏勇氣，對自己的事業沒有信念。喬登爭取了帕勃羅的女人皮拉爾的支持，游擊隊的其他成員也站到了喬登一邊。但是內部尖銳的對立情緒以及一場嚴重的暴風雪增加了喬登的困難。附近山上另一支游擊隊的領袖艾爾・索多答應派人支援他，然而他們的行蹤被敵人的巡邏兵發現，他們雖然打死了敵人，卻招來了法西斯飛機的猛烈轟炸。這時消息傳來，戈爾茲將軍的進攻計劃可能已經洩露，法西斯軍隊已經作好了反擊準備。在這種形勢下，喬登派人去向戈爾茲將軍建議撤消原來的進攻計畫，但是時間已經來不及了。當共和國軍隊進攻的信號打響時，喬登和帕勃羅的游擊隊炸掉了橋樑，喬登不幸受重傷，在他生命的最後時刻，仍然對反法西斯正義事業充滿必勝信心：「我們已經為自己信仰的事業奮戰了一年，如果我們在這裡取得勝利，我們就將在每一個地方取得勝利……。」懷著這樣崇高而堅定的想法，他為掩護自己的同志，獻出了寶貴的生命。喬登也像《太陽照常升起》中的傑克、《永別了，武器》中的亨利一樣厭惡詛咒戰爭，在暴力和死亡的籠罩下為恐懼，惡夢所困擾。儘管如此，他卻在相當程度上擺脫了他們兩人身上那種迷惘與悲觀的情緒，認識到自己為什麼而戰，因而保持了較高的鬥志。這樣，海明威終於分清了戰爭正義性與非正義性，旗幟鮮明地表示了自己支持人民的立場。

從這個意義上講，海明威從原來的基點大大前進了一步。

117 納博科夫主要有什麼作品？

符拉迪米爾·符拉迪米洛維奇·納博科夫出生於俄國聖彼得堡、畢業於康橋大學，出版過數部俄文小說及詩集，八部英文小說，七部短篇集和詩文，對美國後現代主義文學的形成和發展產生過巨大影響，有當代傑出語言大師之美譽。

一九六二年出版的《微暗的火》被認為是納博科夫的代表作，書中內容分為兩部分：第一部分是一首九百九十九行取名的「微暗的火」的詩；第二部分佔了全書篇幅的十分之八，是有關敘述者對該書的評論。評論是由另外一個人創作的，評價的內容是敘述者創作的一個有關金伯特的流亡故事。納博科夫書中創作的金伯特是個不可靠的敘述者。此外，這本書中金伯特的評注自成一本小說，但頗有建築在望文生義的基礎上之嫌，讀者無從分辨故事的真偽，特別是書中末尾處敘述者的出版計畫受挫，推測前途時所說的話打破了書中的虛構小說世界，敘述者與作者納博科夫合二為一。同時，該書還體現了後現代主義所謂的互文性特徵。由評注形成的小說來源於那首詩，而該書又建立在其他詩文之上。這裡沒有源頭，只有互相衍生。這是一部後現代主義文本的典範。

納博科夫

納博科夫其他的傑出小說有《洛麗塔》（一九五五）、《阿達》（一九六九）、《瞧那些小丑》（一九七四）等。從手法和態度上打開了元敘述派的局面。

118 梅勒的傑作《裸者與死者》為何出版時臭名昭著？

一九四八年，美國作家梅勒的第一部長篇小說《裸者與死者》問世了。這本書因為它的不加掩飾的色情描寫和「不乾不淨」的語言而名臭一時，然而同時卻又獲得了戰後第一部最重要的小說的不朽名聲。

梅勒

小說講述的是第二次世界大戰期間，安諾波佩島上美軍同日軍作戰的情景。經過仔細地回味與分析，我們會發現這部小說之所以有一種獨特的魅力，就在於其故事的深處始終蘊藏著兩個字：「性」和「死」。

戰爭是和死聯繫在一起的。堆滿死屍的戰場是對戰爭最形象的注腳。小說描繪了一個個死亡的全景。小說不僅再現了個體毀滅的過程，而且更重要的是描繪出了士兵害怕死亡的恐懼心理。由此可見，戰爭不僅產生了真正的死亡，而且還導致了人們的死亡意識。

小說還呈現出軍旅生活的另一面：性愛。這也是小說倍受批判的一點。然而我們應該看到，性的壓抑是由戰爭帶來的，死亡意識同樣是由戰爭帶來的。士兵們的出言不雅和個人性愛經驗的回憶，是為了淡化死亡意識，稀釋死亡感覺，緩解對死亡的恐懼感。

《裸者與死者》雖然是一部戰爭小說，但它的意義又遠遠超出了戰爭小說的範圍。戰爭僅僅是把人類的醜惡匯聚放大了。當和平時代到來的時候，戰爭給人帶來了什麼？難道僅僅是悲傷的眼淚？當我們把戰爭放到歷史長河中考察的時候，戰爭又給人帶來了什麼？難道僅僅是災難？這是一個永遠值得思考的問題。

119 辛格的短篇小說有何特點？

辛格是當代美國著名的猶太作家。「由於他那充滿激情的敘事藝術，將人類共同的處境逼真地反映出來」，他於一九七八年被授予諾貝爾文學獎。

辛格在五十多年的創作生涯中，共寫出了七十多部長篇小說，八部短篇小說集，兩個劇本，三部回憶

辛格

錄，十一部兒童故事集。西方評論界一般認為，辛格的短篇小說最為出色。其藝術特點可歸納為五點：

一、以非戲劇化的記敘文體講故事。小說將真實的見聞以講故事的方式講敘出來，並多以第一人稱出現，給讀者一種自然、真切，如在眼前的親切感。

二、辛格在他的短篇小說裡向我們展現了舊波蘭以及美國廣闊的社會生活中千姿百態的人物形象。

三、辛格短篇小說的藝術構思巧妙獨到。如《市場街的斯賓諾莎》的結尾極具畫龍點睛的筆效：「聖明的斯賓諾莎啊，饒恕我吧。我已經變成一個傻瓜了。」

四、神秘色彩是辛格小說的一個重要特點。如《短暫的星期五》中裁縫夫婦由天使引路升入天堂；《魔力中的「陌生人」》憑心靈感應可以控制他人身心等等。

五、辛格小說的語言明白曉暢，並富於哲理性，又非常切合人物的身分。如「人們不得到真實情況時，就會相信彌天大謊。」（《女扮男裝求學記》）

辛格的短篇小說頗具契訶夫的風格，對一些小人物在悲劇的展現中加以善意的諷刺，並帶有含淚的笑聲。

120 馬拉默德的《店員》是如何描寫美國猶太人的日常生活的？

馬拉默德是美國著名的猶太裔作家，長篇小說《店員》為其代表作。在這部小說裡馬拉默德以完美無瑕的形式發展了精神上的變化這一主題。小說以移民的小店主和少數民族聚居的地區為背景，把破落的城市街道寫成一首單調乏味的田園詩，寫成一篇沒有連貫性的，表現新生的神話。貧窮或愚昧的沉重負擔、在一個非猶太人地區裡猶太人的異化、未成熟的欲望的狂熱、希望的持久性等，充斥

馬拉默德

於弗蘭克·阿爾潘和海倫·波伯的愛情故事之中，波伯一家人在一個雜貨店裡，一天辛辛苦苦地勞動十六個小時，勉強能夠糊口；這就是在「美國夢」中他們所攤得的那一份。但是他們的女兒海倫到圖書館裡去讀書，堅持要爭取一個比較好的命運。「店員」弗蘭克來到了他們中間，對他來說，痛苦雖然是不能理解的，但卻是熟悉的。弗蘭克是猶太人中間的一個義大利人，他逐漸地顯露出他自己的身分來，在謙卑中達到了淨化境界，通過愛情和犧牲得到了新生。他忍受了割禮，在逾越節之後成了一個猶太人。小說在處理殘酷而矛盾的生活素材時，沒有感傷的情調。它的鮮明的隱喻、它的清晰的韻律，超過了僅僅是諷刺，超過了不作什麼定論的空談，而論說了人

類的責任。

121《洪堡的禮物》是怎樣的一部作品？

《洪堡的禮物》是美國當代作家貝洛的作品，這部作品為他帶來了一九七六年的諾貝爾文學獎。

小說描寫了年逾五十五歲的美國著名作家西特林，在走過了一段人生成敗道路之後，對自己的亡友兼良師洪堡和自己過去的生活進行的回憶。回憶各以洪堡和自己為中心分成兩部分。

小說是一部內涵豐富、寓意深刻的作品。它通過對洪堡和西特林兩個作家的生活命運及其精神狀態的描寫，表現了美國現代資本主義社會中人的生存困境和精神危機，蘊含了作者對二十世紀以來西方文明以及當代文化中一系列問題的敏銳透視、深刻剖析和嚴肅探討。

在藝術表現上，小說最突出的特色是現實主義與現代派表現手法的結合。此外，在情節結構的安排上，這部作品也與眾不同。它採用了第一人稱回憶往事的方式展開描寫，在敘述時不時插入人物的心理分析，往往是沉思中有故事，故事中有沉思。整個小說的基調就是諷刺，自我嘲諷，這也是美國當代文學中的一大特色。

政治篇

政治篇

1 柏拉圖的正義理論的內容和實質是什麼？

柏拉圖的正義理論是建立在社會分工基礎上的。他認為是社會分工的出現形成了人所需要的共同生活的組織——國家。

柏拉圖認為國家從其需要看，應該包括「統治」、「保衛」、「生產」三個方面。與此相應，人也劃分為三個等級：統治者，其天性是智慧，美德也是智慧；保衛者，其天性是意志，美德是勇敢；生產者，其天性是情欲，美德是節制。「正義就是三個等級的人各司其職、各負其責、各守其序、各得其所。」分工合作，整個國家則是一個符合正義的理想國，反之，如果破壞了等級，國家也將毀滅。

為了實現上述等級秩序，柏拉圖主張在第一、第二等級中實行共產共妻，以防止由於財產和家庭所造成的糾紛，以求得一、二等級間的團結，從而保證統治集團對整個城邦的統治。

由此可見，柏拉圖的正義論實質是為了通過等級制和一、二等級間的共產共妻來穩定奴隸制國家的社會秩序，挽救城邦的危機。

2亞里士多德的「人是天生的政治動物」命題有何意義？國家是如何形成的？

「人是天生的政治動物」是亞里士多德政治思想的基本命題，也是他分析國家產生原因的基本出發點。

首先，亞里士多德從人的自然本性出發去探討國家形成的原因。他認為，人是有語言和理性的高等動物，自然賦予人的是過優良的生活，即在國家中過有道德的生活。正是由於這一本性決定，人類必然要進入國家而生活。

其次，亞里士多德認為，個人必須從屬於城邦，如果離開了城邦，就無法自己生活。所以，國家是人們生活的最終目標。

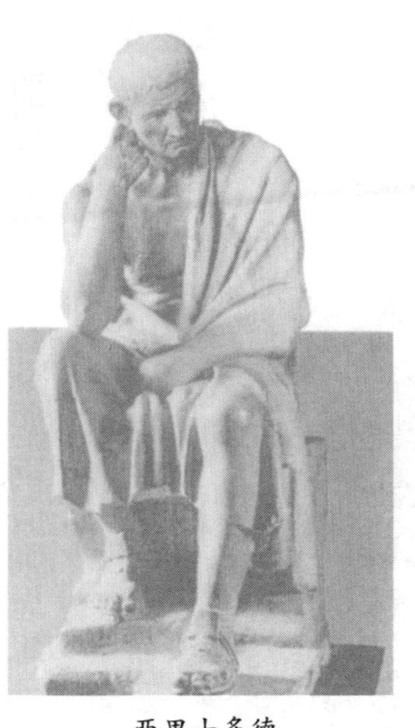
亞里士多德

最後，也是重要的一點，亞里士多德對國家產生原因的分析也是對城邦生成原因的分析。因此城邦問題是其政治思想的核心問題，這正是希臘政治思想的基本特點：希臘政治思想是圍繞城邦問題而展開的。

3亞里士多德有什麼治國原則思想？

一是必須實行法治。亞里士多德認為法治優於人治。即使統治者才德卓絕，一切事務還得以整部法律為依歸。只有在法律所不能包括或不夠詳盡的問題上，才讓個人運用其理智。法治有雙重意義：一是制定良好的法律；二是普遍的守法。

二是主張公民輪番為政。亞里士多德認為公民具有平等的地位，所以應該由大家參與政治。公民應該按照規定的時期或其他輪流的程式交替執政，同時安排好執政者輪流退休，使他們在退休之後和其他公民處於同等的地位。

其三，亞里士多德建議城邦的建立要選擇優良的地理位置。城邦建立時應考慮到城邦的內外聯繫、城邦內部各種設施的安排以及軍事防衛等各種因素。

最後，亞里士多德認為，城邦的人口和疆域應大小適度。這樣才有利於維持普遍良好的秩序，有利於全體居民的生活，更可便於軍事防衛。

4早期基督教有哪些政治思想？

基督教產生於西元一世紀左右，最初出現於小亞細亞的猶太人中間，後來傳入羅馬帝國本

《聖經》：耶穌受難之後

土。早期的基督教和以後的基督教在性質上是根本不同的，它是當時廣大被壓迫人民的宗教，反映了他們在當時歷史條件下的情緒和願望，揭露了羅馬帝國和有產階級的黑暗統治。

早期基督教的傳說中強烈地反映了對有錢有勢者的蔑視和對窮人的同情。聖經中說：「駱駝穿過針的眼，比財主進上帝的國還容易。」上帝「叫有權柄的失位，叫卑賤的升高，叫饑餓的得飽美食，叫富足的空手回去」。早期基督教還主張人人平等，在教徒團體內實行財產公有，彼此互助。

由此可見，早期基督教的政治思想就是要求人們平等、博愛，親如一家，反對任何人的統治，建立一個人間天國。

5奧古斯丁的《上帝之城》有何內容？

奧古斯丁是希波城的一位主教，是教父中最著名的代表人物。他的主要著作是《上帝之城》，是一部基督教神學的經典。

奧古斯丁在《上帝之城》中提出「雙城理論」，為基督教會的統治提供理論論證。他認為世界上存在著兩種城市，一種是上帝之城，另一種是地上之城。上帝之城指基督教會，地上之城指羅馬帝國和一切異教的國家。

上帝之城的成員具有善良的本性，依靠精神、依靠上帝而生活，上帝之城起源於人們對上帝的愛；地上之城的成員本性是墮落的，依靠肉體、依靠人而生活，地上之城起源於自私的愛。上帝之城依靠上帝至高至善的權威進行統治，是永生的、光明的；地上之城依靠人的力量進行統治，是短暫的、黑暗的。

奧古斯丁還認為，一切國家的目的都是和平和正義。地上之城的和平，是人在彼此有秩序的聯繫中的和諧一致。天上之城的和平則是「上帝的和平」。正義是秩序的保持，地上之城的秩序是統治者的意志，天上之城的秩序是上帝的意志。地上之城只有相對的正義，而天上之城才有永恆的、普遍的正義。

奧古斯丁的結論就是，上帝之城高於地上之城，上帝統治一切，一切人都必須服從上帝，服從教會。

6 托馬斯·阿奎那神學政治理論的基本特徵及其在國家理論中的表現是怎樣的？

托馬斯·阿奎那神學政治理論的基本特徵是在堅持基督教信仰的前提下，極力調和信仰和理性的矛盾，並以此作為其政治思想的基礎。這一特徵在其國家學說中鮮明地表現出來。

首先，阿奎那承認國家存在的合理性，將國家看做是人的理性的產物。其次，阿奎那又從國家產生、目的及實現的途徑等方面，論證理性必須服從信仰，以維護教會的統治地位。人是上帝的創造物，人的理性源於上帝，因此，從根本上說國家是上帝的創造物。國家的目的是實現人的理性對社會生活的要求，即在國家中過一種有道德的生活，這一任務要由世俗的統治者完成。但他又認為人的理性的最高要求是在天國享受上帝給予的快樂，這只有比世俗統治者更高的等級，即掌管人的精神的教士等級才能完成。上帝的恩典表現在人對上帝的「信」（信仰）、「望」（企望）、「愛」三種品德的具備和洗禮、懺悔等教會的聖事上，享受上帝的快樂必須依靠上帝的恩典，這些只有教會和羅馬教皇才能實現。因此，教會高於國家。

7什麼是「千年王國」？

閔采爾是十六世紀德國農民戰爭的傑出領袖。他提出了「千年王國」的思想。

「千年王國」是閔采爾所設想的理想社會。閔采爾認為，「千年王國」的實現有賴於人的理性的啟示。給人啟示的不是神，而是人的理性。無論是誰，只要信仰堅定，無需教堂和教士的幫助，循著理性的啟示，就可以直通上帝，升入天國。「千年王國」不在彼岸，在此生中便可以找到。信徒的使命就是通過暴力，把「千年王國」在現世中建立起來。未來的理想社會應實行財產共有和共同分配。一切人都有同等的勞動義務，人與人之間必須實現完全平等，一切官僚機構都應廢除。

閔采爾

閔采爾極力把對教會教義的批判轉化為政治鼓動，注入了反映農民和平民群眾要求的內容。他提出的政治綱領要求立即建立一個地上的天國，一個「沒有階級差別，沒有私有財產，沒有高高在上和社會成員作對的國家政權的一種社會」。因此，閔采爾的理想反映了處於形成時期的無產階級的要求，「是不成熟的幼稚的共產主義思想的微光，是對當時平民中剛剛開始發展的無產階級因素的解放條件的天才預見」。

8馬基維利的非道德政治觀是怎樣的？

馬基維利是義大利早期資產階級政治家、思想家，近代資產階級政治思想的奠基人之一。他的政治思想的重要特點在於拋棄了神學的觀點和方法，而以歷史的經驗教訓為依據來研究政治問題。

馬基維利

馬基維利以人的本性作為研究社會政治問題的出發點，並在此基礎上建立了他的政治學說。他認為追求權力、榮譽和財富是人的本性和目的，也是人的美德，是人所應當從事的事業。

馬基維利考察了國家的起源，認為由於人們追求財富、權力，結果必然會造成一個互相殘殺的戰爭局面。人們為了更好的保衛自己而聯合起來，從他們當中產生了領袖，並服從他的領導。他們還頒布了法律，確定了刑罰，產生了國家。

馬基維利反對古代思想家把道德的良善作為政治的目標，他認為政治的核心是權力問題。政治就是權力，統治者以奪取權力和保持權力為目的。他還指出，財產是國家的重要基礎，國家的目的不僅在於維護社會秩序、保證個人安全，而且在於保障個人的私有財產。

馬基維利的非道德政治觀完全拋棄了政治權力的道德基礎，徹底把政治學和倫理學分開，並把政治權力看做國家和社會的真實基礎。他依據實際經驗並用人的眼光來研究國家政治問題，揭開了近代西方政治學的新篇章。

馬基維利的君主論思想，可分為君主專制論和君主統治術理論兩大部分。

在君主專制論中，馬基維利分析了義大利衰敗的原因，指出教皇對義大利政治事務的干預，貴族的自私與腐敗，以及市民內部的宗派之爭都是義大利衰敗與分裂的原因。他進而提出了解決義大利問題的出路，認為必須要建立君主制，由強有力的君主來統一義大利。當時義大利的人民道德徹底敗壞，以至法律無力約束他們。因此，義大利先應建立君主政體，通過君主獨裁專斷權力的運用，消滅貴族，克服分裂。但他同時認為，君主政體不是最佳政體，在國家統一之後，仍應建立共和政體。

馬基維利的君主統治術理論則強調了君主統治術的重要意義。他認為君主要實現義大利的統一，保持和穩定義大利發展，對付教皇和貴族，取得人民的支持，必須善於統治，善於用權術對付邪惡的人性。他提出了三項內容：其一，法律和軍隊是君主統治的基礎，法律必須以武力為後盾；其二，君主在政治上只應考慮有效與否，不必考慮正當與否，為達到治世的目的，可以不擇手段；其三，君主應使人民恐懼，但卻不能使人民憎恨，應當注重實際而不圖虛名。

馬基維利用人的眼光看待社會政治問題，主張建立一個中央集權的國家，這種思想具有歷史進步意義。他所提出的君主統治術，是為建立君主專制的中央集權國家服務的，其中也有不少合理因素。但他所宣揚的君主可以背信棄義、不擇手段，從根本上反映了剝削階級的極端利己主義本質，被後世稱為「馬基維利主義」。

9 布丹的主權學說有哪些內容？

布丹是法國著名的早期資產階級政治思想家，近代主權學說的創始人。他第一個系統地論述了國家主權學說。

布丹從君主專制的角度出發，強調家庭是國家的基礎。他認為國家是家庭的匯合體，國家不能離開家庭而存在，只有家庭的鞏固，才可能有國家的鞏固。他認為「一個國家是由許多家庭及其共同財產所組成的，是具有一種最高主權的一個合法政府」。這就充分體現了布丹維護資產階級的私有制，維護主權制以及要求建立君主專制的政治理論主張。他的主權制的理論是和他的君主專制的理論密切聯繫著的。

布丹進一步提出國家主權的定義，宣稱：「主權是在一個國家中進行指揮的……絕對的和永久的權力」，是「超乎於公民和臣民之上，不受法律限制的最高權力」。由此可見，他的國家主權，實際上就是中央集權制和君主專制的權力。他的主權學說，實際上也就是他主張建立君主專制中央集權國家的理論基礎。他甚至提出，作為君主的主權者是由上帝建立起來作為他的代理人來統治人類的。當然，他的這些論述和封建的神權政治論有原則的區別。

開創性的貢獻。

布丹的主權學說反映了歷史發展的要求，為當時中央集權的民族國家的建立和鞏固奠定了基礎，為後來各國政府維護自身的獨立與領土完整提供了理論依據，為近代主權學說的建立做出了開創性的貢獻。

布丹認為，國家的類型是由擔任主權者人數的多少決定的。主權者為全體或大多數人民的是民主政體；主權者為一小部分人的是貴族政體；只有單獨一人的為君主政體。其中，合法的君主政體是理想政體，也是一種最高主權掌握在一人手中的「共和國」。布丹反對領主君主制和暴君制。認為領主君主制中的統治者統治人民如同統治奴隸一樣，而暴君制的君主不遵守自然法和神法，任意殘害人民，因此，暴君是可反抗的。

布丹指出，國家是享有主權的，政府則是按照主權者的意志建立起來並為其服務的機關，而造成政體變革的有兩種原因：一是人為的，如社會革命、政變。二是自然的或上帝的原因造成的。

布丹還提出一種地理環境決定論。他認為地理環境和氣候影響民族性格，而民族性格又影響政治制度。由此出發，布丹認為法國所處的地理環境宜於建立君主制國家。

10 格勞秀斯有何政治思想？

格勞秀斯

格勞秀斯是十七世紀荷蘭資產階級的政治思想家，資產階級自然法學派的創始人之一，近代資產階級國際法理論的奠基人。

格勞秀斯的政治學說是建立在自然法理論基礎之上的，也是以人性論為基礎的。他認為，人類生來就具有「社會性」，這是人類區別於其他動物的標誌之一，但人類區別於動物的最重要的標誌是人具有「理性」。這個所謂的「理性」就是自然法的淵源。由於自然法的存在，人們被理性所驅，為了防止外來的侵襲和獲得安全的生活，便意識到聯合起來組成國家的必要性，這就是國家的產生。

關於國家主權問題，格勞秀斯認為主權即國家的最高統治權。主權的行為不受另外一個權力的限制，它的行為不是其他任何人的意志可以視為無效的。國家主權者是國家本身，它的具體體現是君主或少數人。

可以看出，在格勞秀斯的政治思想中，他的國際法理論佔有非常重要的地位。他提出的一些進步性主張，諸如「為和平而戰爭」的思想、中立思想、公海自由、「人道主義」原則等，對後來的政治思想家們產生了深遠的影響。

11 斯賓諾莎的政治思想是怎樣的？

斯賓諾莎是荷蘭十七世紀著名的哲學家、政治思想家，他還是一個無神論者。

斯賓諾莎的政治學說也是建立在自然法理論基礎上的，他和格勞秀斯一樣，用自然的理論來說明國家的起源和目的。

斯賓諾莎認為，在自然狀態下，每個人的自然權利的大小取決於他們每個人的實際力量。因此，在具有同等權利的情況下，為了爭奪同樣一個客體，人們便發生爭執、糾紛甚至衝突。此時，由於理性的啟示，他們各自同意放棄部分的自然權利，交給社會，簽訂契約，建立國家，這就是他的社會契約說。

斯賓諾莎

在斯賓諾莎看來，在國家狀態下，自然權利的一部分被轉交給最高統治者，他享有國家的最高統治權，人人都必須絕對服從他，否則就要受到嚴厲的處罰。當然，最高統治者的權力也並非是絕對的。

關於國家形式問題，斯賓諾莎把國家分為民主制、君主制和貴族制。而他是擁護民主制的，他是資產階級民主共和國的倡導者。

在斯賓諾莎的政治思想中，特別強調言論思想自由。他認為，自由思想是每個人天賦的不可轉讓的權利。他還進一步指出，「政治的真正目的是自由」，政治應當是使人沒有拘束地運用他們的理智。

12 菲爾麥有哪些政治思想？

菲爾麥是英國資產階級革命時期的封建貴族，保王派的主要代表人。

菲爾麥認為，專制君主制是最好的政府形式，除了專制君主制以外，在其他任何政府形式下都不可能存在主權。政府的目的在於過「優良的生活」，主要就是「敬神與和平」，而這種目的只有專制君主制才能達到。他在《主權制》這一著作中寫道：「任何暴政，都不能與多數人的暴政相比。」因此，他反對民主制。

按照菲爾麥的理論，「制定法律的權力必須是專制的，因為根據法律制定法律，本身就是一個矛盾。」所以他認為，主權在實質上就是制定法律的權力。

從以上論點可以看出，菲爾麥是在用封建主權制來為君主專制辯護。他鼓吹君權神授，大肆攻擊當時新興資產階級的革命理論，企圖證明君主專制的合理性和永恆性。因而菲爾麥的反動政治思想受到了洛克等人的批判。

13 哈靈頓有什麼政治思想？

哈靈頓是英國資產階級革命期間獨立派的著名思想家，著有《大洋國》一書。哈靈頓以財產因素和心靈因素為基礎，考察政治問題，提出維護、鞏固共和國的主張。他還提出財富的佔有權即產權是國家建立的基礎，土地所有權是一種至關重要的產權。

關於政體的形式，哈靈頓主張根據土地的產權可以將其劃分為專制君主政體、貴族政體、共和國三種。政府則可以依據心靈的因素劃分為兩類：依據理智來統治的「法律的王國」和依據情欲來統治的「人的王國」。他還主張一個政府必須依據正確的理智來進行統治，注重整體利益和長遠利益，克服私利，禁忌情欲。

哈靈頓認為，應該按照「均分與選擇」原則建立政府。一個良好的共和國必須由三個機構（元老院、人民大會、行政機構）分別進行提案（均分）、表決（選擇）和實施工作。

此外，哈靈頓指出，一個國家要穩定，必須具備兩個條件：一是保持產權優勢；二是實行議會制和選舉制度。哈靈頓的構想對後來美國政治制度的建立產生了巨大的影響。

14霍布斯的社會契約論有哪些特點？

霍布斯是英國哲學家、政治思想家，近代自然法與社會契約論的代表人物。

霍布斯用社會契約論否定封建的君權神授論，主張國家產生於人們的契約。他認為當所有的人都同意將自己的全部權力和權利交付給一個人或議會時，國家就產生了。

霍布斯同時認為，社會契約一經訂立，不得到主權者的同意，就不能解除而回到混亂的「自然狀況」中去，或將主權權力從現在的主權者手中轉給另一個人。同時，由於主權者不是訂約的一方，而是接受人們協定授予權力和力量的第三者，因而不發生違約問題，不能以任何藉口解除對他的服從。另外，在他看來，由於人們訂立了契約，主權者將成為他們的代表，他們必須以主權者的意志為自己的意志，以主權者的判斷為自己的判斷。所以，主權者的行為，不論人們贊成或是不贊成，都要認可，因為這是人們自己的行為。在任何情況下，主權者都不可能傷害自己的臣民，因為這正如同臣民不可能傷害自己一樣。人們若是違約，就是不義，被主權者殺死也是罪有應得。

霍布斯

由此可見，霍布斯是擁護君主制的。但同時也應該看到，他也並不反對民主制和貴族制政體。他強調，不論哪一種政體形式，國家權力必須集中在主權者手中。國家要麼是專制的，要麼是無政府的，二者必居其一。因此，在西方政治思想史上，霍布斯被看做是具有國家主義和專制主義傾向的代表人物。

15溫斯坦萊的理想「共和國」是怎樣的？

溫斯坦萊是英國資產階級革命時期掘地派運動的領袖，是著名的早期空想主義思想家。同時，溫斯坦萊的主要著作《自由法》，是早期空想社會主義的重要文獻，同莫爾的《烏托邦》和康帕內拉的《太陽城》一樣著名。

溫斯坦萊在他的著作中，憤怒抨擊統治者對廣大人民的殘酷剝削和壓迫。同時，對革命後掌握政權，獨佔勝利成果的資產階級新貴族也進行了激烈的抨擊。

反對土地私有制，主張一切人都能自由使用土地，是溫斯坦萊思想的突出方面。他認為，共和國賴以建立起來的基礎是「真正的自由」，而使用土地的自由才是「真正的自由」。因此，在他的理想「共和國」裡，土地公有是唯一的基礎，土地私有制將被取消，禁止土地及其果實的買賣。

在「共和國」中，消費具有個人的性質，任何人都不能侵佔和破壞他人用以過「和平生活」的東西。「共和國」的公職人員都由人民選舉產生，每年改選一次以防蛻化變質。「共和國」的最高立法權和行政權，以及經濟活動的最高領導權屬於議會，議會也同樣每年改選一次。

另外，溫斯坦萊認為，「共和國」的法律應該是簡短有力的法律，便於人們了解和掌握。法官只是「宣讀法律的喉舌」，「法律才是真正的法官」。刑罰應採取「以牙還牙，以眼還眼」的原則。總之，溫斯坦萊筆下的理想「共和國」，應當是一個法制國家。

16 洛克的自由主義思想有哪些內容？

洛克是英國的政治思想家，自由主義思想的創始人。

洛克最早提出了天賦人權的理論，認為生命、財產、自由，都是自然法賦予人們的不可轉讓、不可剝奪的自然權利。而其中，財產權是最基本的自然權利。

關於政府的起源，洛克認為人最初是生活在一種和平、善意、互助的自然狀態。但由於自然狀態缺少法律，缺少公正的裁判者，更缺少一種權力來保證判決的執行，於是，人們訂立契約，建立了國家。人們在訂約的時候，只是交出了保護和處罰兩種權利，主權者同時也是契約的參加者。因此，基於契約的政府，其權力不是專制的，而是以為人民謀福利為目的的。

洛克同時還強調了法治的重要性。他認為，法治是人們生命、財產、自由的有效保障。要有法可依，嚴格執法，並且堅持法律面前人人平等的原則，民主制國家應當是個法治國家。

此外，洛克還賦予了人民反抗暴政的權力。他主張人民面對統治者的強力鎮壓時，可以用強力對付強力，進行革命，消滅統治者。

可以說，洛克是西方最有影響的思想家之一。他的關於天賦自由權利、政府權力是有限的等觀點，奠定了十七、十八世紀自由主義的基本原則，對法國啟蒙運動和十九世紀自由主義的發展有著重要的影響。

洛克在他的著作《政府論》中，提出了分權思想，對後來法國資產階級啟蒙思想家孟德斯鳩的分權學說有直接的影響。洛克將國家的權力分為三種：立法權、執行權和對外權。三種權力分別應該由不同的機關來行使。

立法權是指導如何運用國家的力量以保障這個社會及其成員的權力。立法權是國家的最高權力，應該由民選的國會行使。但法律的制定工作可以在短期內完成，所以立法機關是臨時性的機關。

執行權是負責執行已被立法機關制定的生效的法律的權力。執行權從屬於立法權，執行機關應受到立法機關的統屬並對其負責。執行機關必須是常設機關，洛克主張由國王來行使執行權。

對外權是對同外交有關的事務，如宣戰、媾和與簽訂條約等的管轄權。它與執行權很難分開，所以也應由國王行使。

同時，洛克還強調，制定法律的人不能同時擁有執行法律的權力。

洛克的分權理論，第一次為資產階級用民主形式組織國家提出了理論論證。他的《政府論》被看做是西方政治理論的古典名著。

17伯克有哪些主要的政治主張？

伯克是英國的政治活動家，他第一個對當時在英國出現的敵視法國革命、主張保守的政治活動作了理論上的總結，是現代保守主義思想的奠基人。

伯克

伯克的理論基礎不同於流行的自然法和理性主義。他認為國家是一個在時間和空間方面連續延伸的政治有機體，它由特定的環境、條件、性格、氣質、人民的道德、風俗和社會習慣所決定，是經過若干世紀由若干代人審慎選擇的結果。國家的基礎是人民根深蒂固的愛與忠誠等本能性的感情。國家不僅是一般經濟利益的合夥人和保護人，而且是一切科學、藝術、美德等高級文明的合夥人和保護人。

伯克否認天賦人權和社會契約論。他認為人性是無知和易犯錯誤的，平等只是一種社會虛構。他反對革命，認為對於一國的政治制度只能在繼承、保存原有優點的基礎上加以點滴的變革和改善。因此，他對法國大革命持激烈的否定態度。

18 什麼是功利主義？

為了適應社會經濟政治的變化，十九世紀英國的資產階級開始尋求一種新的理論作為其政治主張的理論基礎，即功利主義。

功利主義否定了革命時期的自然法和社會契約理論，以能否增進個人利益作為判斷制度和法律價值的標準。

功利主義的政治主張的核心是要求國家對經濟實行不干涉政策，主張私有財產權的神聖不可侵犯性。但是為了保護資產階級利益不受無產階級的侵犯，他們又要求國家在必要時可以對某些問題予以干涉，從而形成了國家是「必要的罪惡」的消極國家觀念。

功利主義的出現，使近代以來的資產階級國家學說有了重大的轉變，也使十七、十八世紀國家由保護個人自由、平等權利的工具國家的觀念轉變為警察國家的觀念，將國家看做是資產階級的「守夜人」。

19 如何看待邊沁的功利主義思想？

邊沁是英國政治思想家、法學家、經濟學家，是功利主義的創始人。他主要著有《政府片論》、《獎勵原理》和《懲罰原理》等。

邊沁認為，痛苦與快樂是人類的兩大主宰，求樂避苦是人的本性，是人一切行為的始因和目的。快樂和痛苦在性質上是完全相同的，只存在著量的差別。他主張每個人都應該追求個人利益和幸福。由於社會利益是一切社會成員個人利益的總和，因此，每個人在追求個人利益和幸福時，自然就增加了整個社會的利益和人們享

邊沁

有的幸福。由此，他提出了以「增進最大多數人的最大幸福」作為判斷國家制度和法律優劣的唯一標準。

邊沁還以功利原則為基礎，否定天賦人權說，攻擊社會契約論和自然法理論。他認為國家的產生是人們權衡利弊得失的結果。人們認識到不服從的禍害遠大於服從的禍害，甘心服從執政者，要求建立國家，使安全和財產受到保護。因此，國家是必須的。但國家本身也是罪惡的，為了減輕國家的禍害，國家就應當實行放任主義，對經濟生活毫不干涉。此外，邊沁還推崇實行法制與分權的代議民主制。

邊沁的功利思想被後來的密爾所繼承，形成了功利主義學派。他的改革主張也成為了一八三二年英國議會改革的主要指導原則。

20歐文有何空想社會主義政治思想？

歐文是英國空想社會主義者，是社會主義者運動的創始人。

按照歐文的設想，他的社會主義社會也可稱之為空想共產主義社會。這一社會的基層組織是由三千人組成的「勞動公社」或「新和諧公社」，財產公有，人人勞動，並按需分配勞動產品。在這一社會中，不存在固有意義上的階級差別，社會成員按年齡不同而劃分為若干組，每一組都以其智力和體力從事不同的生產勞動，從而使教育與勞動相結合。

各公社內部，有自己的政府組織、內務部和外交部，公社的代表機關稱總領事會，人人都有擔任政府職務的機會。此外，歐文還認為由於人們的本性已經普遍地變得善良了，因此在他的社會裡，政府應根據理性和自然法進行治理，已不再需要使用暴力。

歐文主張，各公社之間應當結成聯盟，直到聯盟普及全歐洲和全世界，最後把全世界聯合成為一個由共同的利益聯繫起來的「偉大共和國」。

歐文的學說和活動具有鮮明的實踐性，因此，他的思想達到了空想社會主義思想發展的頂峰，成為科學社會主義的理論來源之一。

21什麼是自由主義？

自由主義是近現代西方政治思潮之一，形成於十七、十八世紀，十九世紀開始成為主要的政治思潮。

自由主義者主張，國家的政治生活、經濟生活和社會生活都應以維護個人自由為目的，反對任何形式的專制，無論是國家的、教會的，還是習俗的、輿論的。生命、自由和財產是公民不可剝奪的基本權利，國家權力必須受到限制，國家為保護公民應當實行法治與分權。

自由主義政治思潮的發展經歷了傳統自由主義和現代自由主義兩個歷史時期。傳統自由主義時期從十九世紀一直延續到十九世紀末，洛克是「自由思想的始祖」，後又經過傑弗遜、潘恩、孟德斯鳩，以及邊沁和密爾的發展。從十九世紀末始，傳統自由主義轉化成為現代自由主義，也稱新自由主義。到了二十世紀五〇、六〇年代，現代自由主義發展到了鼎盛時期，羅爾斯的理論震撼了哲學、政治學、社會倫理學等各界。到了七〇年代，現代自由主義開始分化，轉向了放任主義和保守主義。

以理性為基礎的個人自由，維護個性的發展，始終是自由主義的核心。自由主義是西方近現代乃至當代最重要的政治思潮之一。

22為什麼說格林是英國新自由主義思想的奠基人？

格林是英國著名政治思想家、哲學家、倫理學家，是英國新自由主義政治思想的先驅。

格林的政治思想是以道德學說為基礎的。他提出了一整套道德理論，並以此為基礎提出了國家干預理論。國家干預理論是格林政治思想的中心。他對國家干預理論的主張與論證，開創了資產階級國家理論新的發展階段。

格林認為，「國家的基礎是意志，不是武力」。國家反映的是全體成員的共同道德要求，體現了全體成員的公共利益。國家是一種道德力量，是人們實現道德的必要保障。因此，國家的政治管理是絕對合理的、必要的。

人追求道德和善，國家為這種追求掃除障礙，於是個人與國家由道德這一紐帶緊密聯結在一起。具有道德性的國家成了個人真正的朋友。

可見，格林所主張的國家不再是邊沁式的「消極的」國家，放任的國家，而是「積極的」國家、干預的國家。國家的權力增強了，干預的範圍擴大了。國家已不僅是要干預經濟活動，在經濟領域中發揮更多的作用，而且要干預社會生活，促進道德和善的發展。

格林就是這樣以他的道德學說為基礎，以適應當時英國資產階級的需要為目的，在自由主義思想史上第一次提出了積極國家的思想，進一步發展了密爾的「有限的國家干涉主義」主張，改變了傳統自由主義「干涉最少的國家是最好的國家」的觀念，開創了新自由主義的主動干預、積極作為的國家理論。因此，格林被公認為是英國新自由主義政治思想的奠基人。

23 霍布森有什麼社會改良主張？

霍布森是英國新自由主義政治思想家、社會改良主義者，是自由主義派別中反帝國主義的著名代表。

霍布森贊同新自由主義的政治原則，更多地關注社會現實問題。他主張國家制定干涉計劃，通過實施強有力的干預緩和社會矛盾，維護個人自由。他強調，強化國家作用的目的應是為了更好地緩和社會的不平等，更多的提供社會福利。

霍布森提出了一系列社會改革計劃，把社會福利問題作為解決佔有和分配不平等的中心點。他主張努力減少分配的不平等，提高廣大工人的工資水準，改善工人的勞動條件，提高整個工人階級的消費能力，扭轉「消費不足」。只有工人階級的消費能力提高了，才能刺激生產的發展，從而擴大就業，繁榮經濟，穩定社會。

霍布森還主張制定新的國家稅收政策和國有化計劃。政府不僅可以把剩餘價值轉歸國家所有，甚至可以沒收無勞所得。而政府的這些收入應當用於社會福利，改善工人階級的生活條件。

霍布森特別強調國家應發揮積極作用，制定全面的社會福利政策，興辦各種各樣的社會福利事業。國家應實行充分的失業救濟，提供免費醫療，發放老年撫恤金，加強工人的業餘教育和文化娛樂活動。他從解決社會經濟問題出發，為福利政策的廣泛推行提供了切實的辦法。

霍布森的社會改良主張促進了英國「福利國家」政策的制定。他還熱情投入到英國的各項改革運動中，是積極的社會活動家。

霍布豪斯是二十世紀英國著名的自由主義政治思想家、社會學家、哲學家。

霍布豪斯通過對西方自由主義的理論發展及其在國家政治、經濟、社會生活等方面實際運動的深入考察，提出了自由主義應具備的八個基本要素：公民自由、財政自由、個人自由、社會自由、經濟自由、家庭自由、民族自由和國際自由。可以說，霍布豪斯是歸納與說明自由主義要素的第一人。同時，他又重申了自由不是絕對的，法治是實現自由的第一步，「自由主義的精髓就是反對使用武力」。

霍布豪斯認為，自由不再只是個人的事情，而是整個社會生活的重要方面。他強調應當注重自由的社會意義，注重自由的社會整體性。所以，國家應當積極發揮作用，為每個公民自由的發展提供更多的社會條件，提供更有利的社會環境。國家尤其應當關心那些傳統上弱小、受壓迫的成員，賦予他們更充分的發展機會。

霍布豪斯還特別推崇社會和諧。在他的全部著作中，「和諧」始終是居於中心地位的概念。

他鼓勵人們以極大的熱忱去維護和諧，因為「和諧是一種很好的促成聯合統一的概念」。

霍布豪斯是二十世紀最具影響的現代自由主義思想家。他重申的自由主義原則和提出的適合新時代需要的政治主張，推進了英國自由主義政治理論在二十世紀的傳播和發展。

24 羅素有什麼樣的國家觀？

羅素是二十世紀英國著名的哲學家。他的政治思想表明了他對西方傳統自由、民主的衷心擁戴，以及他對專制制度和暴政的憎惡，體現出他的自由主義和激進民主主義鮮明的立場。其理論價值和社會影響是不可低估的。

羅素

羅素在國家觀方面忠實於西方歷史悠久的自由、民主傳統，同時又對現存資本主義國家制度深表不滿，以為現代國家是毀滅人類活力的罪魁禍首。因此，他主張採取「馴服權力」的方法，去扼制國家權力的過分擴張，把國家的罪惡降低到最低限度。

羅素把國家看成是國民集體權力的總匯，認為國家是由一定區域的全體居民結合起來組成的，按照政府的命令運用他們聯合起來的力量。而目前「政治和經濟是越來越多地被大的組織所支配。個人有成為毫無權力的危險。國家就是這些組織裡最大的一個，也就是對自由的最嚴重的威脅。」

怎樣才能找到一條把組織與自由結合在一起的道路，從而使自由和個人創造性最大限度地得以發揮，這是羅素政治思想的中心問題。他堅持傳統自由主義個人自由至上、反對國家過分干預的立場。他給人們找到的政治前途是建立一個以個人自由為核心的，民主的、法制的、各階級利益相互協調的社會政治制度。國家再也不能成為集一切社會、經濟、政治等權力於一身的龐大官僚機器，而應作為一種「聯合的權力機關或仲裁的法庭」。

羅素的多元國家觀是對二十世紀以來國家行政權力擴張和國家干預職能擴大現象的有感之論。它是二十世紀初英國新自由主義的悖論。由此可見，羅素是堅持傳統自由主義立場的。

25巴克有哪些政治思想？

巴克是英國政治思想家、歷史學家，他一生致力於政治學、政治思想史的教學和研究工作。巴克認為，一切政治理論都是關於國家的看法，即對未來的設想。國家是人們權利的源泉和賦予者。權利只有寓於國家之中時，才能成為實在的權利。同時，權利也要受國家制度的制約，既不存在任何無條件的權利，也不可能在不同制度的國家中存在相同的權利內容。從來沒有絕對的權利和自由，任何人的自由必然受到所有人對自由的需要的限制。由於每個人的自由都與他人有關，所以自由必須經常加以限定。沒有限定，就沒有自由。

以上就是巴克對權利和自由的主張。他還將二者結合起來，主張積極維護自由權。並將自由分為民事自由、政治自由和經濟自由三類。

另外，巴克還認為國家對社會有決定作用，他主張應像區分國家與教會一樣嚴格地區分國家和社會。倘若國家能比社會更好地達到雙方共同具有的目標，就非但不應為保護個人而反對國家，甚至也不應為保護社會而反對國家。

巴克的政治思想反映了英國新自由主義的主張，對當代英國政治思想有著重要影響。

26 什麼是費邊主義？

費邊主義是十九世紀末在英國形成的一種社會政治思想。是近現代社會主義流派之一——英國社會改良主義團體費邊社的思想體系。

費邊主義的最基本思想是把資本主義社會傳統的自由民主政治與社會主義相結合，反對馬克思主義階級鬥爭、暴力革命學說，主張「憲政民主、和平漸近、點滴改良」的策略。

韋伯是費邊主義的主要思想代表，是費邊主義思想原則的首創者。蕭伯納，英國著名文學

家，他的《費邊論叢》是在宣傳費邊主義的論著中最有代表性、影響最大的一部。他們兩個與華萊士和奧利弗一齊被稱為費邊社的思想「四巨頭」。

費邊主義的理論基礎是多元化的。它吸取了古典政治經濟學、功利主義、自由主義、進化論歷史觀、社會有機體論和馬克思主義等各家學說，批判資本主義社會的罪惡和弊病，論證社會改革的目標和途徑。他們要求在多數人同意和理解的前提下，在憲法範圍內，和平地、一點一滴地完成對資本主義的改造，實現社會主義。

費邊社的活動主要局限於英國，它是歷史最悠久的社會主義團體之一，直到二十世紀下半葉仍有一定的影響，是英國工黨的理論基礎。

27 拉斯基是怎樣一個人？

拉斯基

拉斯基是英國工黨和費邊社的理論家和政治活動家，社會民主主義和政治多元主義的重要思想代表。

青年時代的拉斯基是多元主義者。他認為社會基本上是聯盟性質的，國家是人類多種形式的團體之一，其性質與其他社會團體並無根本區別。他主張建立一種多元主義的國家，由一系列目的可能極不相同的合作團組成，國家主權將分配給具有不同職能的團體和自治區域。

一九二三年工黨上臺執政後，拉斯基的思想開始發生變化。他放棄了多元主義國家觀，接受了馬克思的觀點，將國家看作是階級統治的工具。

可以說，拉斯基終生是個社會主義者。他早期的政治思想基本屬於費邊主義。一九二五年以後，他開始懷疑和平的民主道路，自稱為馬克思主義者。而二戰之後，拉斯基把民主與社會主義結合了起來，成為戰後民主社會主義的先驅。

28 哈耶克有哪些政治思想？

哈耶克是英國政治思想家、經濟學家，是西方新自由主義經濟學派的主要代表，是現代保守主義政治思潮的奠基人之一。

哈耶克是個典型的現代保守主義思想家，他的政治主張鮮明地表達了現代西方保守主義者的利益要求，這使得他得到了「二十世紀的伯克」的稱號。他的政治思想的中心是向當時佔統治地位的福利國家運動，尤其是國家干預傾向進行挑戰，捍衛西方傳統的個人自由，批判以平等觀念為基礎的現代多元民主主義。他並不排斥國家維持最低收入水平的使命，但除了原則上的首肯之外，他從不關心有關社會政策的細節。

哈耶克自由理論的出發點是進行市場競爭的個人。他認為，保護個人免遭市場力量的損害，或對競爭施加違反市場規律的限制，其結局都是災難性的。不僅如此，哈耶克還排除機會平等的可能性，將自由和平等完全對立起來，斷言任何以平等為目標的國家干涉必然踐踏自由，導致極權主義，即對個人的奴役。

哈耶克的理論受到了歐、美保守派的歡迎並深刻影響了現代保守主義政治思潮的形成與發展。他的理論在二十世紀三〇至六〇年代由於現代自由主義的盛行而受到冷落。七〇年代以來，西方「福利國家」政策的破產，使之重新受到重視。

29什麼是保守主義？

保守主義是本世紀西方最主要的政治思潮之一——保守派的意識形態。

保守主義形成於十八世紀末的法國。二十世紀七〇年代以來，隨著西歐福利國家運動和美國「偉大社會」運動受挫，中右勢力赫然崛起。從七〇年代末開始，保守派先後在英、美等國上臺執政，形成了一八四八年革命以來最強勁的保守主義運動。其意識形態也因此而迅速擴大影響，成為八〇年代西方最流行的政治思潮之一。

保守主義的核心觀點是反對一切激進的革命和革新，主張節制政治，以妥協手段調和各種社會勢力的利益衝突。它強調代表連續性和穩定性的法律和秩序，維護傳統社會紐帶諸如家庭、倫理、宗教等。它主要代表了貴族、資產階級等上層階級的利益。

二十世紀保守主義的主要派別有：精英派，流行於二十世紀前期，主要代表是義大利的莫斯卡和帕累托、德國的米歇爾以及西班牙的加塞特；專家治國派，興起於二十世紀四〇、五〇年代，以美國的伯納姆和加爾布雷恩為代表；自由保守派，崛起於二十世紀七〇年代，主要代表人物是英國的哈耶克和美國的弗里德曼。自由保守派的影響至今不衰。

30 波普爾的政治學說有何影響？

波普爾是當代著名的英籍奧地利哲學家、政治思想家，他的批判理性主義政治思想，是對當代自由主義理論的一種新的闡述。

波普爾的政治思想以其社會歷史觀為基礎，反對歷史決定論。他認為歷史決定論的錯誤在於誤解了科學的方法，混淆了形而上學的「預言」與科學的「預測」之間的界限。因此，他主張確立一種「事實與價值二元論」的歷史觀，即在選擇自由基礎上，既承認歷史的事實，又尊重人們的政治決斷和倫理選擇權利。

波普爾的社會工程理論是其社會政治理論的重要組成部分，也是其自由主義立場最明確的表白。他認為，烏托邦理想國家必然會導致極權主義、暴力和專制。按烏托邦社會工程設想的理想社會只能是一種封閉的社會，它是自由、民主的開放社會極其危險的敵人。因此，他主張漸進的社會工程，以最小的痛苦換取最大的幸福。

此外，波普爾還十分重視自由，尤其是個人自由。他認為，國家只能是個人自由的消極保護者，而不能干預公民的道德生活。波普爾認為個人主義與利他主義的相互結合是西方文化的真諦所在。

波普爾的政治學說從維護資本主義制度的立場出發，著重批判歷史決定論和封閉的社會。他的批判理性主義方法論和社會改良主義政治學說在西方有著廣泛的影響。他對歷史決定論的批判，引起了人們對傳統政治學說的反思。他的「開放社會」概念已被西方學術界普遍接受。

31 孟德斯鳩是如何發展洛克的分權理論的？

孟德斯鳩是十八世紀法國啟蒙運動時期的思想家、法學家、哲學家，是近代政治思想史上「三權分立」學說的正式提出者。

孟德斯鳩在政治自由理論的基礎上提出了三權分立學說。他認為，政治自由只有在國家權力不被濫用的時候才能實現，然而所有權力都容易被濫用，因此必須以權力制約權力，才能防止濫

孟德斯鳩

用。他將國家權力分為立法權、行政權和司法權三部分權力應授予不同的機關。

立法權是制定法律的權力，應該由人民集體享有，由人民選出的代表機關來行使，它代表國家的一般意志。因此，立法權應當掌握在議會手中，而議會應由貴族院和平民院組成。

行政權是決定媾和或宣戰、派遣或接受使節、維護公共安全、抵禦侵略等權力。行政權是執行國家意志的，應當掌握在君主手中。

司法權是懲罰犯罪或裁決私人爭論的權力。由法院行使。

立法權、行政權和司法權必須分開，分別由不同的人和不同的國家機關來掌握，使它們既相互制約，又適當保持三種權力之間的平衡，以防止濫用權力，保障政治自由。

孟德斯鳩的三權分立學說繼承和發展了洛克的分權理論，對資產階級的分權理論做出了重要的貢獻。他關於司法獨立的原則，關於防止濫用權力、「以權力約束權力」的原則為資產階級依法治國提供了理論依據，對法國等歐美國家的資產階級革命起了積極的作用。

32《論法的精神》是怎樣一部作品？

《論法的精神》是孟德斯鳩用幾乎畢生精力撰寫的，包括了孟德斯鳩的全部政治思想，這本書在資產階級政治思想史上佔有很重要的位置。

全書共分六卷三十一章。作者試圖根據自己對歷史與現實的觀察，解決人類社會及政治方面的一些最基本的問題，探尋政治法律制度的存在規律，揭示法的精神。他指出法律同政體、自然地理環境、宗教、風俗習慣等各種因素有關係。所有這些關係綜合起來，就構成了「法的精神」。

「法的精神」是孟德斯鳩全部政治理論的核心。他認為，立法者掌握了法的精神中體現的原則，就能夠制定出符合人類理性的政治法律制度，建立起理想的社會。而人民掌握了法的精神，就能遵紀守法，使理想的社會制度長治久安。

「法的精神」強調了國家政治法律制度與各種相關因素之間的必然性關係，表明孟德斯鳩已開始從國家外部尋找國家運動的規律了，這種認識是非常深刻的。孟德斯鳩是西方政治思想史上第一個系統論證國家政治法律制度受客觀規律支配的思想家。這部著作也被伏爾泰譽為「理性和自由的法典」。

33伏爾泰有何政治思想？

伏爾泰是十八世紀法國資產階級啟蒙學者、大資產階級的政治代表。

伏爾泰政治思想的鮮明特色是批判封建國家和教會的野蠻、殘暴、偏見、迷信。他的政治思想的核心是自由。他始終譴責奴隸制，主張人身自由。在他看來，自由就是沒有專橫行為，「自由就是服從法律」。他同時也呼籲平等。但他卻認為社會平等只是一個美麗的詞句，是實現不了的幻想。人們社會地位的不平等是很自然的和天經地義的，人們財產關係上的不平等也是很正常的。

在政治制度上，伏爾泰明確反對民主政體。他深受英國君主立憲政體的影響，傾向於開明君主制或君主立憲制。他認為只要有一個具有理性的仁慈的統治者主持國家，啟蒙的任務就能得到解決，人民普遍的幸福就能安排好。由此可見，他的政治綱領不是社會革命而是社會改良。

伏爾泰最早將理性和政治自由的思想介紹到了法國。他在啟蒙運動中佔有重要的歷史地位，被認為是後來的法國唯物主義者的精神導師。

34如何認識盧梭的人民主權學說？

盧梭是十八世紀法國傑出的啟蒙思想家，資產階級民主主義者。他的民主主義思想對一七八九年法國資產階級革命的爆發起了巨大的推動作用。

盧梭的代表作《社會契約論》是資產階級革命的理論綱領，它始終貫穿著人民主權思想。他認為人民主權是公共意志的運用和體現，主權是不可轉讓的。因為它是公共意志的運用，是國家的靈魂和集體的生命，因此主權只能由人民來掌握。而代表主權的公共意志是一個整體，因此主權也是不可分割的。此外，他還認為主權不能被代表。他否認分權學說，反對主權隸屬於另一個權力。他同樣也抨擊代議制，強調主權只能由人民集體直接行使。他還明確提出了用暴力推翻暴政，用人民主權原則和社會契約的方法建立資產階級的民主共和國。

盧梭

人民主權思想中提出的關於政府來自人民的委託，應該服從人民，政府成員是人民的公僕，應該接受人民的監督等思想，都是資產階級民主主義思想的體現，在西方政治思想史上有著重要影響。

盧梭是法國大革命的思想先驅，十七、十八世紀社會契約論的主要代表，近代平等原則和人民主權理論的系統闡發者。他的《社會契約論》在法國一版再版，形成了空前的「政治崇拜」。法國的《人權宣言》、一七九一年憲法和一七九三年憲法都採納了人人生而享有自由平等的權利、主權屬於國民以及法律是公共意志的表現的思想。該書影響了歐美的眾多政治思想家，在西方政治思想史上有著相當重要的地位。

35 羅伯斯比爾有哪些政治思想？

羅伯斯比爾是一位「偉大的資產階級革命者」（列寧語），法國中小資產階級利益的政治代表，是雅各賓派的著名領袖。

羅伯斯比爾十分痛恨腐朽的封建專制制度。他指出，封建專制制度是一種建立在貴族基礎之上又為貴族服務的制度，在這種制度下，人民被剝奪了基本的權利和自由，成了事實上的奴隸，因此這種制度是違反天賦人權原則的，必須予以消滅。

羅伯斯比爾還指出，人們的「權利平等是天賦的」，社會對它不得侵犯。社會的任務只是保障平等，不讓非法行為和暴力行為把它變成幻想。他主張推翻專制制度，建立一個符合人類理想的共和國，制定一部公正的憲法，來保障人們的自由平等和天賦權利。雅各賓派執政後通過的一

七九三年憲法是近代資產階級憲法中最先進的憲法，它在反封建的鬥爭中具有重大的進步作用。

羅伯斯比爾在革命鬥爭中曾提出和實現過革命恐怖主義和法制原則。他認為「恐怖就是迅速的、嚴厲的、堅決的正義」，要用恐怖行動來「嚴厲而無情地懲罰破壞自由的罪犯」。除此之外，他的革命法制思想也是相當激進的。他認為人民應該用理智的法律堵塞犯罪和維護公民的利益及社會安全。因此他主張當新政權建立後，必須廢除一切侵犯人民主權、損害人民民主的舊法律，而制定新憲法、新法律，確保人民享有「自由和幸福」。

羅伯斯比爾的政治理想就是要建立資產階級民主共和國。從其在法國革命過程中的作用和影響看，他不愧為十八世紀法國偉大的資產階級革命家和革命的民主主義者。

36什麼是聖西門的「實業制度」？

聖西門是十九世紀法國著名的空想社會主義者。他的理想社會的方案就是以所謂「新基督教」這一哲學體系為基礎的「實業制度」社會。

實業制度是聖西門設計的一種使「生產者」即實業家和學者成為統治階級，掌握社會政治、經濟、文化等各方面權力的社會制度。在他的歷史階段劃分中，實業制度是人類社會發展的最後階段。聖西門提出的實業制度，是為了滿足人數最多的、最貧窮的階級的物質生活和精神生活的需要，促進無產者福利的提高。他在社會主義史上，第一次把「滿足人們的需要」規定為新的社會組織的目的。這也是他理想制度的社會主義性質和無產階級傾向的重要表現。

在聖西門的實業制度社會中，王權仍是政治的基礎，但世俗權力應由實業家委員會行使，精神權力則由學者組成的科學院行使，這兩個組織對社會經濟實行「有計劃」的領導。他還特別提出了「政治學就是關於生產的科學」的精闢論斷，即認為，在新制度下，社會的目的是增進共同福利，而不再是維持社會秩序。

至於實業制度社會怎樣才能實現，聖西門主張採取「和平手段」，即採取「商量、證明和說服的手段。」在他看來，暴力手段是「破壞性的」，和平手段則是「建設性的」，而實業階級的本質是「愛好和平的」。因此，他強調要防止「窮人階級使用暴力來反對富人和政府」，這就完全表明他是一個空想社會主義者。

聖西門

37如何認識傅立葉的「和諧制度」？

傅立葉也是十九世紀法國著名的空想社會主義者。他所設想的理想社會就是「和諧制度」或「協作制度」。

傅立葉認為，在「和諧制度」的社會中，人們聯合起來，共同生活，共同勞動，使個人利益和集體利益相一致。他將這種社會的基層組織稱為「法朗吉」，由一千六百人至兩千人組成。每個「法朗吉」按不同勞動性質又可分成各種「謝利葉」，「法朗吉」成員可以按照自己的愛好加入不同的「謝利葉」。人人參加勞動，勞動成為人的需要而不再是負擔，成為人的天賦權利中的第一權利。

傅立葉

在傅立葉的空想社會主義方案中，包括了許多關於未來社會的設想。例如集體組織生產和消費，勞動競賽，消滅城鄉對立，消滅舊的勞動分工，婦女解放，男女平等，教育與生產勞動相結合等等，體現了很高的進步性，得到馬克思和恩格斯的高度評價。

然而，傅立葉同樣主張和諧制度的建立只能採取和平的方式，通過組織試驗性的協作社，發揮它的示範作用，以使人們認識到法朗吉的優越性，從而實現和諧制度。這也體現了他的社會主義構想的空想性。

38 什麼是空想社會主義？

空想社會主義產生於十六世紀，終結於科學社會主義產生的十九世紀三〇、四〇年代，是資本主義生產方式產生和成長時期剝削者與被剝削者之間對立的反映，是在理性論基礎上建立起來的現代無產階級先驅者的思想體系。廣義的空想社會主義包括空想共產主義和空想社會主義兩個部分。

空想社會主義經歷了三個發展階段：十六和十七世紀，以英國的莫爾、義大利的康帕內拉、德國的閔采爾和英國的空想共產主義者溫斯坦利為代表；十八世紀，以摩萊里、馬布利和空想共產主義代表巴貝夫為代表；十九世紀初，以聖西門、傅立葉和歐文為代表。其中，十九世紀空想社會主義成為了馬克思主義的三大理論來源之一。

不成熟的資本主義生產狀況和不成熟的階級狀況決定了空想社會主義的不成熟性，使其只能停留在空想階段。但它突破幻想的外殼而顯露出來的科學思想的萌芽，啟迪了無產階級的覺悟。空想社會主義者們和他們的理論，在政治思想史上留下了光輝燦爛的一章。

39什麼是無政府主義？

無政府主義，又譯安那琪主義，是近代西方小資產階級社會思潮之一，主張立即取消國家和政府，建立沒有任何政治權威、絕對自由的社會。

古希臘時期，芝諾、安提斯泰尼、拉爾修都提出過立即取消國家政府，回到「自然狀態」。近代第一個提出無政府主義思想的是英國的戈德溫。此後，德國的施帝納、法國的蒲魯東、俄國的巴枯寧和克魯泡特金等人都先後提出過各種無政府主義主張。其中影響最大的是蒲魯東，他第一個使用了「無政府」概念並做了較為系統的理論闡述。

無政府主義者抨擊資本主義的各種弊病，認為這些弊病的產生都是由於國家和政府的存在。他們提出了「自由即至善」的口號，認為個人自由高於組織紀律，個人意志高於集體意志，個人利益高於集體利益，個人自由產生了社會秩序而不是社會秩序給了人們以自由。因此，應當建立一個以個人自由聯合為基礎的，以小生產者為主體的，不設國家政府的絕對自由的社會。

無政府主義是工人運動中的一種反動思潮，他們在事實上還是站在資產階級一邊的。二戰以後，無政府主義在歐美日益興旺，其中不少人甚至走上了恐怖主義道路。

40 什麼是新托馬斯主義?

新托馬斯主義又稱新經院哲學，是現代羅馬天主教會的宗教哲學和神學政治思想。它源於中世紀托馬斯·阿奎那的學說，形成於十九世紀末期，二十世紀初期越出天主教會的範圍，成為社會上具有廣泛影響的哲學和政治思想流派。

新托馬斯主義的代表人物有：教皇利奧十三世，比利時神父曼爾西埃，法國政治思想家馬利坦、吉爾松等。其中，馬利坦被公認為新托馬斯主義的領袖人物。

新托馬斯主義的政治學說在方法論方面繼承了托馬斯·阿奎那的傳統，並積極倡導對科學的研究。他們聲稱，現代科學的發展更有力地證實了宗教信仰，基督教信仰也指導人們去發現科學真理。他們接受近代資產階級自由、平等、人權、民主的理論，反對法西斯主義和「極權主義」。他們斷言，法西斯主義和「極權主義」的產生，是人們背離上帝的結果，只有靠上帝的福音，才能建立起真正自由、平等和民主的社會。此外，他們不再簡單的為資本主義社會唱讚歌，而是從基督教神學的立場出發，揭露資本主義社會的腐敗、墮落，抨擊「極端的資本主義」的罪惡，認為西方社會的重重危機是人們背離基督教福音精神的結果。但實際上，新托馬斯主義者仍是維護資本主義的私有制度，而同時，也常常以同情工人的面目出現。

可以發現，面對現代社會的政治現實，新托馬斯主義者改變了天主教會以往的政治方針。他

們努力適應現代社會的變化，極力調和科學與宗教、理性與信仰的矛盾，以維護上帝和教會的權威。它站在了現代西方各種思潮中進步的一邊，但因為它的基礎仍然是基督教信仰，因此總體而言，新托馬斯主義還是屬於落後和保守的一翼。

41 沙特的自由學說有哪些主要內容？

沙特是法國哲學家、作家、政治活動家，也是當代影響最大的存在主義者。

沙特認為人是絕對自由的，沒有任何條件，不受任何限制。自由不是人們要為之奮鬥的目標，因為人不能選擇自由，自由是人的宿命。自由也不是人的本質，自由甚至也不是一種值得人們嚮往的東西。自由是一種使人難以承受的重負，它不是快樂的源泉，而是痛苦的源泉。這樣，沙特將人的自由強調到了一個前所未有的高度。

同時，沙特的自由思想也將個人主義發展到了極端。他認為，自由具有排他性，我的自由所遇到的唯一限制就是他人的自由；同樣，我的存在也是對他人自由的限制。因此，只有通過控制和支配他人，我才能實現我所追求的自由。於是，人們就陷入了人與人之間萬劫不復的矛盾、衝突和敵對關係中。用沙特的一句話來概括：「他人就是地獄」。

應該認識到，沙特的絕對自由觀有一定的合理因素，它是二戰特殊條件下的產物。但不容忽視，沙特的自由思想有著致命的缺陷。這種自由觀在實踐上必然導致否認任何權威的極端無政府主義，對於這一點，沙特本人也予以承認。

42《獨立宣言》體現了傑弗遜怎樣的政治思想？

傑弗遜是美國著名的政治家、思想家，是美國獨立戰爭時期和戰後初期的資產階級民主派的領袖，是美國《獨立宣言》的起草者。

《獨立宣言》代表了傑弗遜的政治思想中最有價值的部分，是包括美國在內的西方各國資產階級革命史上的一個重要政治文獻。馬克思曾稱之為「第一個人權宣言」。

傑弗遜

《人權宣言》一開始就概括地敘述了資產階級革命時期新興資產階級最激進的政治原則：第一，「所有人都生而平等」，都具有天賦人權，其中包括「生命權、自由權和追求幸福的權利」；第二，為了保障這些權利，人民才設立了政府；第三，政府的權力來自「被統治者的同意」，如果政府損害以上目的，人民就有權改變或廢除這一政府，成立新政府。

傑弗遜認為，為了更好更有效地保障天賦人權，人們通過契約成立政府，因而政府的權力來自被統治者的同意；同時，人們在訂立契約、成立政府後，並未放棄自己的天賦權利，而只是使這些權利在取得政府保護後更加安全。因此一旦政府侵犯了這些權利，實行暴政，人民就有權推翻這種暴政。由此可見，傑弗遜的政治思想基本上都體現在《獨立宣言》之中。

傑弗遜促進了美國社會的民主化，被稱為美國資產階級民主傳統的奠基人，他和華盛頓、林肯並稱為美國三大偉人。

43 漢密爾頓的「分權與制衡」思想有何內容?

漢密爾頓是美國的政治活動家，戰後初期聯邦憲制的領袖。

漢密爾頓主張立法、行政、司法三權分立。立法權由議會行使，議會由參議院和眾議院兩院組成。行政權掌握在總統一人手中，總統的任期不受限制。司法權獨立，由法院行使。漢密爾頓認為法官實行終身制是保證司法穩定性和公正不阿的最好措施。

分立的三權應相互牽制並達到平衡。總統對議會制定的法律有否決權，這是防止立法權侵害行政權的保障。法院有權宣布議會制定的法律違背憲法而不能生效，這就牽制了議會的權力。總統通過任命最高法院法官，可以間接影響法院審判，從而擴大了行政權力，制約了司法權力。議會對總統和其他行政官員有彈劾權，這就使立法機關約束了行政機關。這樣，通過立法、行政、司法三種權力的相互牽制，便達到了各部門權力的平衡，保證了國家的統一和穩定。

漢密爾頓的這種分權與制衡的思想，實際上是削弱了民主勢力，因此他代表的是美國大資產階級和大種植園主的利益，與傑弗遜所率領的民主派是針鋒相對的。

客觀地說，在當時的條件下，漢密爾頓的這種思想對於美國政治上的統一和資本主義經濟的發展，發揮了一定的促進作用，也為以後美國政治制度的最終確立奠定了基礎。但同時，對於當時資產階級民主派的政治主張也起了一定的遏制作用。

44為什麼說古德諾與威爾遜的政治思想是一脈相承的？

威爾遜是美國政治學家、政治活動家，是行政學的奠基人。他對政治學，特別是政府制度、民主理論與行政學均有顯著的貢獻。

威爾遜在他的《行政學之研究》中強調行政學不僅應研究國家性質、主權內容、政府機構等理論，還應注意法律實施與政策執行的研究，力求建立一門獨立的行政學。文章還討論了民主國家行政的特徵與問題、政府許可權的運用、首創精神的發揮、行政責任的保證以及文官培養等問題，其實質上否定了三權分立說的政治與行政分離的思想。這種觀點以後為古德諾進一步發揮，對行政學產生過很大影響。

古德諾是美國政治學家、教育家，是政治與行政分離理論的倡導者之一。他在代表作《政治與行政》中，率先系統闡述了政治與行政分離的理論，認為政治是表示國家意志的領域，行政是實現國家意志的方法和技術，行政不應受政治權宜措施及政黨因素的影響。它反映了當時美國社會要求行政改革、實行科學管理的要求，對戰後行政學有一定的影響。

由此可見，威爾遜的行政理論同古德諾的政治與行政分離的理論是一脈相傳的。

45 杜威的自由主義政治思想是怎樣的？

杜威是美國哲學家、政治思想家，實用主義、現代自由主義的主要代表人物。

杜威反對十九世紀放任的個人主義和自由主義。他提出，為了保證自由主義目標在二十世紀實現，必須把早期自由主義信奉的方法顛倒過來，傳統自由主義已經過時。

杜威重申應放棄「個人至上」，注意「社會整

杜威

體」，依靠社會力量。同時提出了變以往「消極自由」為「積極自由」的主張。在他看來，人們享有的「積極自由」是以經濟上的平等機會和普遍享有的社會福利為條件的，從未有過絕對的個人自由。民主社會的首要目的應當是安全和經濟機會平等，而民主的目的只能用民主的方法來實現。知識必須通過不斷的計劃而應用於公共福利，以科學的方法進行社會工作將會帶來巨大的社會變化。

杜威的「積極自由」主張，把英國新自由主義者半個世紀前提出的這一概念美國化了，成為美國現代自由主義的重要原則。他的政治思想對西方國家從自由放任政策到強調國家干預的新自由主義政策的轉變起了促進作用。

46 如何理解凱爾森的純粹國家理論？

凱爾森是美籍奧地利法學家、純粹法學派創始人。他把純粹法學理論等同於純粹國家理論，提出了他的政治法律思想。

按照凱爾森的見解，國家和法是統一的。他否定了那種把國家看做與法律秩序不同的另一個實體的觀點，即法律與國家二元論的觀點。他認為，國家不過是個法律現象，「以法治國」的口號沒有意義，因為「沒有法治的國家是不可想像的。國家和法是完全吻合的。」

凱爾森還否定了「三權分立」學說。他認為，國家的基本職能不是立法、司法和行政三種，實際上，國家的職能只是兩種：法律的創制和適用。

凱爾森同時也否定了西方政治思想史上傳統的政體分類標準，即按掌握主權人數的多寡把國家分為君主制、貴族制和民主制三種。他認為，國家之間的根本區別在於公民同國家秩序之間的關係的性質。他按制定和運用國家秩序那些規則的方式，將國家分為民主國家和專制國家；或按國家秩序的規則對人類生活約束的程度，將國家分為自由主義國家和極權主義國家。上述兩種分類標準沒有必然的聯繫。

凱爾森的這種關於國家分類理論在當代西方理論界是非常典型的。其實，由於他對法和國家有許多獨特見解，因而他在許多政治問題上都得出了獨特的結論。凱爾森的政治法律思想廣泛流行於歐美各國，至今仍有較大影響。

47什麼是西方馬克思主義?

西方馬克思主義是現代西方國家中的一種反對列寧主義，但又自稱信奉馬克思主義的思潮。它對馬克思主義進行了重新解釋，並與其他一些學說結合起來，運用於發達資本主義社會。它產生於二十世紀二〇年代。

西方馬克思主義者自稱信仰馬克思主義，但否定恩格斯、列寧等對馬克思主義闡述的權威性。他們主張對馬克思主義作批判性的考察，重新發現馬克思主義的真諦。他們力圖根據西方現代社會發生的實際變化，結合現代西方各種哲學思想和政治思想，對馬克思主義進行「補充」和「重新創造」，用來分析現代西方社會的新情況、新問題，探討一條適合西方現代社會特點的實現社會主義的道路。

西方馬克思主義最有影響的派別是法蘭克福學派，以霍克海默、馬爾庫塞、阿多諾和哈貝馬斯為代表，主張建立一個符合人的本性、以自由為特徵的社會制度。另一個重要派別則是以龐蒂和沙特為代表的存在主義的馬克思主義。他們要用人道主義的存在主義去「補充」和「革新」馬克思主義，呼籲人性的解放。

48 什麼是行為主義政治學？

二十世紀三〇年代以後，在美國率先興起、形成一種與當代社會科學和自然科學的理論、方法論和技術手段等有密切關聯的政治學——行為主義政治學。經過幾十年的發展，政治行為主義已成為美國政治學領域內佔主導地位的學術思潮和方法論。

行為主義政治學把政治行為看作政治的出發點和政治分析的基本單元，並用現代科學方法加

以分析。他們堅信政治學作為一種經驗科學最終可以對政治現象加以科學解釋和預測。他們反對傳統政治學將研究重點集中於政治制度，主張從法律、制度的研究轉向可加以觀察的政治行為的研究。

行為主義政治學注重方法的研究，將政治過程與人的行為聯繫起來，從靜態描述轉向動態分析，注重系統的普遍意義上的理論建設和科學預測功能，強調學科之間的協作等等。基於這些特點，行為主義政治學被一些西方學者自詡為政治學的偉大變革。

二十世紀六〇年代開始，行為主義政治學研究逐漸低落，後行為主義政治學興起。

49 什麼是後行為主義政治學？

後行為主義政治學是二十世紀六〇年代末發端於美國的一種政治學革新思潮和運動。它以批評、修正行為主義政治學，倡導政治學與現實政治相關聯，加強應用性研究為要旨。因與行為主義政治學密切聯繫而得名。

後行為主義政治學以現象學認識論為基礎，認為意識形態、價值觀念客觀存在於人們認識社會的過程中。行為主義的所謂「價值祛除」不過是掩蓋其保守主義傾向。政治學不應該也不可能在評價問題上持中立態度，不能將事實和價值截然分開。在後行為主義政治學的推動下，歐美的政治學逐漸向政策科學過渡，運用決策分析、理性抉擇、博弈論、政治心理學等方法研究可行的公共政策。

後行為主義的政治學自詡為「取向未來的革命」，是「理智與道德覺悟的運動」，但它並不是一個發展完善的學說或流派，有著相容並蓄、博採眾家之長的趨勢。

50怎樣理解西蒙的決策論？

西蒙

西蒙是當代美國政治學家、經濟學家，以著名的決策論奠定了二戰之後西方管理學和行政學的基礎。

組織是西蒙決策論中的一個重要概念。西蒙認為，個人不能離開組織而生存，他的全部決策過程都受到組織的各種影響力的制約。組織是個人的擴大，是由相互依賴行為構成的制度體系，組織行為的核心是做出決定。決策論就是要研究如何取得一個正確決定的程式。西蒙主張，行政理論既包括有效地執行決定，也包括正確地做出決定，他的一個重要的決策論思想是：執行本身也是決策。

西蒙分析，一個決策活動大致包括三種行動：情報活動、設計活動和選擇活動，就三種活動

而言，一般是情報活動在先，設計次之，選擇居後。但在實際決策中，情況卻遠為複雜。

西蒙還提出了組織平衡理論，它指的是只有當組織提供或分配給每個成員的誘因等於或大於各個成員對組織提供的貢獻時，組織才能生存和發展；否則成員可產生高流動率，導致組織的瓦解。

51亨廷頓是如何解釋政治發展的動力的?

亨廷頓是當代美國的政治理論家，主要學術貢獻是對發展中國家的政治發展做出了歷史的分析和解釋。

亨廷頓提出，發展中國家要彌補社會政治結構的缺陷，改變政治制度，必須通過兩個途徑，即革命或改革。相比較而言，改革更為困難。

關於革命，亨廷頓認為革命是在政治制度、社會結構、領導者、政治活動和政策各方面，社會的價值和信仰發生急劇的、根本的暴力式的內部變動。革命的先決條件是政治制度不能向新生的社會力量和新的精英分子提供參與政治的途徑，同時這些人又覺得自己需要的利益只有經過政治途徑才能實現，於是革命爆發。只有達到政治制度化，才標誌著革命最終完成。

關於改革，亨廷頓指出，改革的目標是使社會、經濟、政治達到進一步水平，以及社會和政體之內公民政治參與的擴大。改革者的方法是局部的漸進的改變，而不是全盤的急劇的改變。改革者的作用就是使經濟結構的發展和政治制度的發展達到平衡，保證改革穩定有效的進行。

亨廷頓認為，在發展中國家現代化的過程中，充滿了不穩定的政治傾向，而且現代化速度越快，不穩定性就越高。政治穩定包含著變革的制度化，即穩定有賴於政治組織和政治的制度化，有賴於為希望參與政治的個人或團體提供必要的途徑和渠道。

亨廷頓的理論對政治發展演進路線的闡述，對政治參與影響政治發展的分析，對政黨發展與政治制度化之間關係的探究，有助於人們認識現代化中的發展中國家的政治現象，具有一定的理論價值。

52 貝爾是如何分析後工業社會的？

貝爾是美國著名的社會學家和未來學家。他是美國當代最著名的思想家之一，曾在民意測驗中被列為「最受尊敬的美國十大知識人才」之一。他的《後工業社會的來臨》被西方學術界奉為未來學的經典，影響了一代未來學家。

在貝爾的後工業社會中，一個重要的變化是社會等級結構的變化。貝爾指出，在美國，傳統的私有財產制度已經名存實亡，私有制已經成為純粹的「法律上的虛構」。由於後工業社會是一

個「知識社會」，理論知識成了社會最重要的戰略資源，這就決定了專業技術階級上升為社會上佔有主導地位的階級。在後工業社會中，統治階級將變成科學家和研究人員，而傳統的依據財產劃分社會階級的做法已經過時。

貝爾認為，後工業社會階級結構的新變化會帶來新的問題和新的矛盾。正如他自己所說的，「如果說資本家和工人之間在工廠的鬥爭是工業社會的標誌的話，那麼，專業人員和公民之間在組織內和社會內的衝突，便是後工業社會衝突的標誌。」

貝爾提倡在後工業社會中實行能者統治。他把能者統治定義為：「依靠才能來獲得合理權威的地位」。能者統治就是由獲得權威的人進行統治，實行能者統治，把國家治理好。他還斷言，「訓練有素的能者統治可以使社會成為一個公正的社會，即使不是平等的社會。」相反，民主「參與越多反而導致更多的挫折」。

貝爾通曉古今各派思想，長於理論分析。他的學說系統、嚴謹、充滿學究氣。這些特點均可從其著作中見到。

53普芬多夫對政治思想發展有何貢獻？

普芬多夫是德國近代啟蒙運動的思想代表，自然法學家。他的政治思想是歐洲十七世紀三十年戰爭和主權國家興起的反映，是亞里士多德思想傳統與人文主義道德觀、政治觀興起的表現。

普芬多夫發展了格勞秀斯的思想，堅持理性主義，認為國家的產生是符合上帝意願的，但國家的基礎是人們共同的意願。他力圖使政治理論建築在自我保護的基礎上，強調依據自然法，人人都有保護自己生命、財產的權利。他認為，自然法對個人、國家和國家間的關係都是普遍適用的，國家的使命就是保護人類的秩序和安全。

普芬多夫還接受了霍布斯的影響，論證了歐洲君主專制制度的合理性。他認為，在「自然狀態」下，出於人類天生要過社會生活的動機，人們必須使權利和義務相結合，並把自己保存的權利交給專制君主，君主和臣民的關係是以雙方義務為基礎的。

普芬多夫的思想為近代德國政治思想的世俗化做出了理論貢獻，對十七、十八世紀歐洲啟蒙思想家產生了廣泛的影響。他的自然法論著也成為後世法學理論的經典。

54 康德的國家學說是怎樣的？

康德是德國哲學家、德國古典哲學的奠基人，是啟蒙運動的重要思想家之一。

康德認為，「國家是許多人在法律下的聯合」，國家的目的是「在公共強制的法律下實現人的權利」。

關於國家的產生，康德是借助「原始契約」來闡述的。他認為，在原始狀態下，人們只根據自己的良心行事，人們的財產權得不到保障。於是，人們之間形成了一個公共意志，通過訂立原始契約，建立了國家，以保護自己和他人的財產。在國家中，每個人失去的是自然的自由和無限制的權利，得到的是公民自由和對他的財產的所有權。

康德以為，在正義的國家制度下，一個公民同時必須擔任兩個角色：作為公民，他要通過其在立法機構中的代表參與立法；作為私人，他又要服從這個法律。而公民又可以分成兩種：不靠自己的努力而維持生存的人，是消極公民；不依賴於他人而生存的人，是積極公民。康德認為，只有積極公民才享有選舉權。

依照康德的觀點，在市民社會中，統治者對人民沒有義務。人民必須對統治者表示忠誠，他們沒有反抗政治權力的權利，最多只有消極反抗權力，即拒絕服從的權利或沉默的權利。人民可以有表達思想的權利，但他們的意見必須表明，他們是忠誠的公民。

此外，康德在其國家學說後還提出了人民主

康德

權、代議制、三權分立和永久和平等政治觀點，包含了不少資產階級反封建的要求。

康德的政治思想，不僅在當時的德國，而且直到帝國主義時期，都有很大的影響。特別是他以抽象的道德準則作為政治思想的基礎，他的改良主義、和平主義等等，是以後資產階級自由主義、改良主義以及修正主義政治思想的一個重要淵源。

55 如何評價黑格爾的政治思想？

黑格爾是近代德國客觀唯心主義哲學的代表、政治哲學家。他對德國資產階級的國家哲學作了最系統、最豐富和最完整的闡述。

黑格爾主張建立君主立憲制的國家。他認為君主立憲制是適合時代精神的國家制度，是合乎理性的國家制度。他的這一主張是立足於德國現實的。德國當時並不存在實現民主共和國的條件，主要的政治任務是實現國家統一，以強有力的國家權力結束分裂割據，掃除封建制度。

黑格爾同時也具有強烈的民族主義思想，他認為民族和民族國家具有很高的地位和價值。獨立自主是一個民族最基本的自由和最高的榮譽，國家的利益高於一切。為此個人有義務為了國家和民族的獨立自主犧牲自己的一切。黑格爾強調民族統一和民族獨立，企圖提高民族的自尊心、自信心，希望德國真正成為一個強大的統一的國家。這些主張都是相當進步的。

不可否認，黑格爾也有他自身所無法克服的缺陷。他的君主立憲制主張偏重於國王權力，是對啟蒙運動和法國大革命的一種倒退，體現了其政治立場的保守性。此外，黑格爾的民族主義思想具有肯定強權政治、蔑視落後民族和盲目頌揚戰爭的傾向，也有種國家至上的極權主義味道，這也是應當批判的。

總之，黑格爾的政治思想是西方近代資產階級革命時期政治理論的終結，它深刻反映了資產階級革命的基本要求，他的整體國家觀對十九世紀末二十世紀初的新自由主義產生過深遠的影響。

黑格爾

國家是黑格爾哲學的核心概念。在黑格爾哲學體系中，國家是最高級的倫理形式，是家庭和市民社會的合體，是更高級的統一形式。

黑格爾認為，「國家是客觀精神」，是絕對的客觀存在，不以人的主觀意志為轉移。「國家高高站在自然生命之上，……因此，人們必須崇敬國家，把它看作地上的神物」。個人必須服從國家，為國家服務，只有這樣，才能實現自己的價值。國家利益高於一切，國家是目的，不是手段。

由此可見，黑格爾無限地誇大了國家的權威，甚至對其加以神化，反映了他要求結束國家分裂、實現國家統一的迫切願望。

但同時，黑格爾的國家學說，即在以後資產階級政治思想領域中被稱為「國家主義」或「國家至上」的學說，認為國家本身就是一個自在的目的，個人只是達到這一目的的手段。這一思想發展到帝國主義時期，形成了新黑格爾主義政治思想，而法西斯主義思想的一個重要組成部分便是其中的反動國家學說。

56 費爾巴哈有什麼政治思想？

費爾巴哈是德國古典哲學的另一主要代表人物，馬克思以前的最傑出的唯物主義者。在政治上，他的思想代表了十九世紀三〇、四〇年代德國資產階級激進派的觀點。

費爾巴哈批判宗教，提出了一個著名的論斷：神的本質不過是人的本質的自我異化。他譴責封建君主專制政體是「一個一切以專制君主的慈悲和專橫為轉移的國家」，

費爾巴哈

這種國家「乃是無道德的國家」；這種政體的本質是「不協調」，即「國家與人民的對立」；「這種政體的必然屬性：一方面是奢侈、堂哉皇哉、光輝奪目、重視外表；另一方面是貧乏、困苦和貧窮」。

費爾巴哈還精闢地指出封建君主專制和宗教神學的「君權神授論」是不可分的。「『世界來自上帝』這一命題與『國王來自上帝』這一命題是同一的東西」。並從而發出了天賦人權和民主共和的要求。

費爾巴哈的這些政治思想進一步表明，他在政治上是代表資產階級激進民主派的，他的政治思想已超過了康德和黑格爾。

57 馬克思有哪些主要的政治思想？

馬克思是全世界無產階級和勞動人民的領袖和導師，是科學社會主義的創始人，他在艱苦卓絕的革命實踐中，廣泛地研究了前人的政治學說，在唯物觀和嚴密的經濟論證基礎之上，創立了馬克思主義的政治學說。

馬克思指出，自從原始公社解體以來的全部歷史都是階級鬥爭的歷史。社會階級在任何時候都是自己的時代的經濟關係的產物。「一切階級鬥爭皆是政治鬥爭」，在階級反對階級的鬥爭中，核心問題是政治權力，而階級鬥爭必將導致無產階級專政。

馬克思總結了一八四八年歐洲革命和一八七一年巴黎公社的經驗，考察了資本主義社會的基本矛盾以及階級鬥爭發展的客觀趨勢，論證了無產階級專政的歷史必然性和無產階級專政的性質和使命。他指出，無產階級國家是無產階級專政和無產階級民主的統一，是新型的國家，是國家到非國家的過渡。

無產階級怎樣才能完成自己的歷史使命呢？馬克思認為，必須建立自己的政黨。他闡明了共產黨是工人階級的先進組織，強調和堅持國際無產階級不分民族的共同利益，在鬥爭的發展各階段，始終代表著整個無產階級的利益。此外，有了自己的政黨後，工人階級還應該用暴力摧毀資產階級國家機器，這樣才能建立起無產階級專政。

馬克思

馬克思還提出了唯物的國家觀，並論述了不斷革命論和革命發展階段論的辯證統一，以工人階級為領導的工農聯盟以及革命統一戰線等重要思想，為無產階級革命指明了道路。

馬克思是一位偉大的無產階級革命家，他把畢生

的精力獻給了無產階級解放事業；同時，他又是一位傑出的理論家，他創立了唯物史觀和剩餘價值學說，使社會主義從空想變為現實。他不僅在哲學、政治經濟學等領域，而且在政治學領域實現了科學變革。他的思想一直指導著世界無產階級和勞動人民的革命鬥爭以及社會主義國家的建設事業。

58恩格斯有哪些主要的政治思想？

恩格斯是全世界無產階級和勞動人民的領袖和導師、科學社會主義的創始人之一，是馬克思最親密的戰友。

恩格斯在與馬克思共同戰鬥時期，除了與馬克思合作著述，共同創立和發展科學社會主義理論之外，還對科學社會主義做出了一系列的獨立貢獻。他提出無產階級的歷史使命和無產階級革命的歷史必然性的論斷和工人運動必須同科學社會主義相結合的原理，為科學社會主義學說奠定了堅實的基礎。他豐富了馬克思主義關於工農聯盟的理論和策略，把被壓迫民族的解放運動看作是各國民主革命和無產階級

恩格斯

革命的天然同盟。他還進一步闡發了社會主義運動的理論和策略。他闡明建立獨立的工人階級政黨是無產階級革命勝利的根本保證。

馬克思逝世後，恩格斯對科學社會主義理論的發展進一步做出了重大貢獻。他預見了壟斷資本主義必然帶來無產階級革命條件的新變化；預測了未來戰爭的性質和特徵，闡明了工人階級對待戰爭與和平問題的策略、原則；捍衛和發展了無產階級革命和無產階級專政的理論和策略；論證了無產階級政黨對待農民問題的政策；並對未來社會主義社會的基本特徵及其發展的辯證性質，進行了科學的預見。

恩格斯不僅同馬克思一起創立了科學社會主義，無私地援助和支持馬克思進行艱苦卓絕的科學研究，而且獨立地對科學社會主義的理論和策略做出了卓越的貢獻，是當之無愧的馬克思主義創始人之一。正如列寧所說的，「不研讀恩格斯的全部著作，就不可能理解馬克思主義，就不可能完整的闡述馬克思主義」。

59 怎樣理解尼采的強權政治論？

尼采是十九世紀後期德國的一個反動思想家、唯意志論和強權政治論者，是法西斯主義的祖師爺。

尼采認為，國家已成為「最冷淡的怪物」，因為它竟然宣稱「國家即人民」；國家的第一個主子，即國王，竟然會承認自己是人民的「第一個公僕」。所以，資產階級對無產階級的專政，應該拋去「人民主權」、「代議民主制」這些虛偽的外衣，而應該實行中世紀的那種專制統治。尼采還認為，對人民的「恩惠」反而「觸動了下等階級」，他們現在已處於「犯上作亂，倨傲不敬，即暴民的狀態」。因此，資產階級對無產階級的專政，不應實行小恩小惠的改良主義政策，而只應依靠暴力統治。

而尼采新的價值體系的核心就是所謂「超人」。他認為，廣大人民群眾是「賤氓」，是天生的被統治者。而一小撮資產階級則是「超人」，是天生的統治者。他公開鼓吹，「人類是不平等的」，而且「人類也不應當平等，否則，我對於超人的愛又將成為什麼呢?」可見，尼采主張人類不平等，是從對資產階級的愛和維護資產階級統治的利益出發的。

尼采

由此可見，尼采的一整套理論，歸結起來就是一句話：加強資產階級對無產階級的反革命暴力。這是一種地地道道的「強權政治」的反動理論。

尼采狂熱的非理性主義的超人學說被法西斯主義所利用和吸收，並對二十世紀歐洲大陸盛行的非理性主義思潮發生了重大影響。

60什麼是法西斯主義？

法西斯主義是二十世紀二〇、三〇年代西方經濟、政治和社會危機時期形成的反動政治運動和政治思潮，是法西斯黨的意識形態。

法西斯鼓吹反動的民族主義、種族主義、軍國主義和國家主義，強調領袖的絕對權威，以反對馬克思主義、民主主義，對抗社會革命為宗旨，對內實行專制的獨裁恐怖統治，對外則推行侵略和戰爭政策。

法西斯主義的特質決定了這種思潮的基本特徵。法西斯主義是極端的實用主義，沒有一個清晰而連貫的理論體系。其理論著作大都風格粗野，只不過是發洩情緒。而且法西斯思潮還表現出毫不遮掩的反動性，幾乎敵視所有一切進步思想。他們堅信統一是力量的唯一來源，極端崇拜權力。

法西斯

法西斯的來源相當複雜，法西斯分子盜用和改造了許多先前的理論和學說，例如柏拉圖的貴族主義「理想國」、馬基維利的非道德主義「權術論」、黑格爾和特萊奇克的「國家至上」哲學、戈賓諾和張伯倫的「種族主義」、斯賓賽和巴奇諾特的「社會達爾文主義」、叔本華的「唯意志論」、尼采的非理性主義「超人」哲學，等等。他們將這些各不相同、甚至互相矛盾的主張揉雜在一起，為自己的職權需要服務。

法西斯主義的實質，其實就是：極端反動、極端沙文主義、極端帝國主義分子的公開恐怖獨裁。

61如何理解韋伯的「科層制」？

韋伯是現代西方學術史上一位著述甚豐、研究領域頗廣、影響極大的思想家。在政治上，他持一種超然的態度，認為沒有一個階級能夠符合國家的要求來領導人民，不過，他始終認為資本主義制度是社會制度的最好形式。

韋伯認為，建立在法理型權威之上的西方近代資本主義制度，是一種「合理的國家」，它的基礎是有專長的官吏階級和合理的法律。這種基於「合理的法律」而實施統治、管理的機構，就是科層制。韋伯指出，科層制是一種由按全天取酬的行政人員組成的等級制，而且，各種科層組織在制度形式中日益佔有統治地位，是一種高度理性化的組織形式。

在韋伯的理想類型的科層制中，為實現組織的目標而必須進行的日常活動，都應作為行政人員的職責並以固定的方式進行分配和安排，每個行政人員都有明確的職責範圍。行政組織遵循等級原則，下級服從上級的管理與監督。行政人員是用技術知識和專長來任命的，他們用一種形式主義的、不以個人的意志為轉移的、不帶個人的愛憎的精神來履行其職責。整個科層組織的運轉，是由「一整套相互配合的概括性規則」和「這些規則在特定情況下的應用規定」所控制的。

由此可見，韋伯是將科層制定義為：「理性地設計出來的等級制組織，它的目的是協調許許多多個人的工作，以便完成規模的管理工作和實現組織的目標」。

62 如何理解哈貝馬斯的程式主義民主理論？

有人認為，在九〇年代的西方政治哲學領域，哈貝馬斯和羅爾斯堪稱「雙雄」，「分別在歐陸和英美處執牛耳之地位」。哈貝馬斯是法蘭克福學派的第二代中最活躍也是最有影響的人物。他治學勤奮，著述頗豐。九〇年代後，他又著書以其程式民主理論，表現出致力於建立一個系統的政治哲學體系的巨大努力。

哈貝馬斯在國家觀、社會觀、國家與社會的關係觀、政權合法觀等問題上分別揚棄了自由主

義和共和主義的觀點，建立了自己的程式主義民主模式。

哈貝馬斯主張，把涉及妥協、正義、公平等問題的論說規則和論辯形式作為民主政治的核心，而不是將社會置於核心地位。他揚棄了政治國家和市民社會的對立，將民主的要旨歸結為公共領域的「高水準的主體間溝通過程」。他仍然承認「國家」和「社會」的劃界，但卻將市民社會當作自主的公共領域的基礎，於是，「現代社會所要求的三種整合性資源，即金錢、行政權力和團結就達到了新的平衡」。此外，哈貝馬斯的程式主義還認為，民主的意見和意志形成過程的程式和溝通性預設才是合法行政決策的「論說理性化」最重要的渠道。

從上述哈貝馬斯關於程式主義民主模式的描述中可以總結出，他所主張的民主的真諦就是對話、商議、論辯、談判等。而自由、平等、公平、正義等政治價值規範是必須按照真實、正確等語言溝通行動的標準來商議的。於是，哈貝馬斯就把按程式商議視為民主政治的核心，從而把溝通理論引進了政治哲學。

63什麼是經典的精英主義國家理論?

精英主義國家理論產生於十九世紀末二十世紀初，第二次世界大戰以前流行的是經典的精英主義國家理論。其主要代表是聲名赫赫的歐洲大陸學者，義大利的莫斯卡和帕雷托。

精英理論家聲稱，他們的國家理論是對歷史上和現實中的國家進行實證分析的結果，精英主義國家觀的核心內容就是激烈批判所有的民主理論，徹底否定歷史上和現實中的一切民主制度，而倡導一種精英政治。

精英主義者斷定，在歷史上和現實中的任何國家中，民主從未真正實現過。自由、平等不過是統治階級掩飾其專制的托辭。現代民主制與其他國家制度的不同之處僅在於：它與資本家的經濟利益融合在一起，從而形成了「財閥政治」。從而他們對民主政治得出了一般結論：民主政治不過是專制政治的現代翻版，有史以來的所有政府都是寡頭政府，「人民表達其意願的政治體制僅僅是理論家的幻想，在古往今來的東方和西方現實世界中從未出現過」。

一般來說，經典的精英主義者都聲稱自己進行的是實證研究，強調關注事實問題而不關注價值問題，因而他們幾乎不談及關於理想國家的問題。例如，莫斯卡隱隱約約地稱頌貴族制與自由主義原則結合而成的混合政體；而帕雷托則乾脆宣布，關於什麼是最好的政治制度的研究是毫無意義的。

我們可以看出，精英主義的國家理論幾乎就是對冷酷的國家政治現實的赤裸裸的描述，但這種描述帶有極其悲觀的色彩。精英主義國家理論家們對人類一直嚮往的自由、民主、平等從根本上是抱幻滅的態度。

64如何評價墨索里尼的《法西斯主義的政治和社會學說》？

一九三二年，墨索里尼為《義大利百科全書》第十四卷寫了《法西斯主義的政治和社會學說》一文，對法西斯主義的主張做了比較全面的論述。

墨索里尼認為，法西斯主義既是一種行動，但也是一種思想，也可以說它是一種「內含學說的行動」。法西斯主義的世界觀，是一種道德觀，它要求法西斯主義者要過「嚴肅的、刻苦的、遵循宗教教導的生活」。它也是

墨索里尼

一種宗教觀，要求每個法西斯主義者都應成為法西斯主義「宗教社會」自覺的一員。它還是一種歷史觀，它要求人們在歷史以內發揮作用，解決歷史提出的，而且自己已經找到或提出有效的解決辦法的那些問題。

墨索里尼說，法西斯主義認為世界不是以個人或人民為基礎，而是以國家為基礎。國家高於個人和人民，國家的自由高於個人或人民的自由，它要求每個人為法西斯國家犧牲自己的特殊利益，甚至獻出自己的生命。而法西斯主義者，正是國家的代表，也是民族的代表。

墨索里尼宣稱，法西斯主義反對社會主義，因為社會主義堅持階級鬥爭，「不願使各階級在

同一經濟和道德現實中調和起來使國家統一」。它也反對民主主義，因為民主主義主張平等，而人與人之間是無法實現平等的。至於自由主義，墨索里尼乾脆攻擊它是「無政府狀態的必經之路」。

以上便是墨索里尼對法西斯主義所作的最基本的解釋。法西斯主義毫不掩飾地公開宣稱，它是一種專制獨裁政權，一種反民主、反自由、反社會主義的政權。它崇拜暴力、崇拜戰爭，主張侵略擴張、建立世界帝國。他的這些主張的推行，不僅給世界帶來了一場浩劫，也給義大利人民帶來了巨大的災難，同樣也招致了法西斯主義的滅亡，這是歷史的無情判決。

65 巴枯寧是怎樣批判國家的？

巴枯寧是俄國著名的無政府主義者。他提倡自由至上。

巴枯寧提出，人類理想的社會組織應當是自由組合的協作社，或稱公社。而國家是什麼？國家就像牧羊人看護羊群一樣保護人民，而它的目的則是為了剪羊毛和吞食羊群。因此，巴枯寧認為，任何國家，哪怕是「最好的政治共和國」，也不過是打著人民代表制度的幌子的虛假的民主國家，它不能給人民帶來他們真正需要的東西——自由。

巴枯寧是這樣分析國家的弊病的：

首先，國家必然是以剝削和奴役群眾為基礎的。通過國家的統治，用饑餓、政治壓迫強制大多數人做非常沉重的勞動，才能使社會上其他的可能完全無所事事或比較無所事事的人生活。社會契約論只是一種杜撰和對正義的偽造，是為國家存在進行辯護的理論，國家的產生是征服、奴役和進行宗教欺騙的結果。其次，國家必然是粗暴的、掠奪的和趨向於征服的。戰爭是國家的親密伴侶，「國家——這是對人類最可恨、最可恥、最徹底的否定。」巴枯寧還認為，任何國家，不論是君主國還是共和國，都是否定「人性」的。國家與教會沆瀣一氣，狼狽為奸。國家是教會的「小兄弟」，它們相互利用。因此，社會革命不僅要消滅國家，而且要消滅宗教。最後，巴枯寧還提出，國家就是暴力，是對自由的否定。任何一種國家，哪怕是用最自由、最民主的形式裝飾起來的國家，都是建立在暴力的專制基礎之上的。而且，國家越龐大，它的組織機構就越複雜，它與人民的利益就越對立，它對人民的壓迫就越深重。所以，巴枯寧認為「對人民有用的憲法只能有一個——這就是摧毀帝國」。

巴枯寧的信條是「自由即至善」。他的主張於十九世紀在瑞士、義大利、西班牙等國得到廣泛傳播，對現代西方無政府主義思想有一定的影響。

66 什麼是托洛斯基的革命論？

托洛斯基是俄共（布）黨內反對派領袖，國際共產主義運動中機會主義的代表人物之一，是第四國際的創建者。

托洛斯基的革命論分為不斷革命論和世界革命論兩部分。其中，他的不斷革命論由相互聯繫的三個部分組成，即民主革命到社會主義革命的不斷性；社會主義革命的不斷性；國際革命的不斷性。他認為，社會主義的實現要靠不斷革命，它發軔於民族國家之中，發展於國際舞台之上，而建成於世界範圍內。

在不斷革命論的基礎之上，托洛斯基提出了世界革命論。他認為，沒有世界革命的成功，任何國家的革命也不可能完成。實現世界革命之前，已經發生的無產階級革命只能建立「工人國家」，不能建立真正的社會主義。因此，他認為，無產階級的任務是把民族國家結構徹底夷平，在「世界革命」實現時，建立社會主義的洲陸聯邦。

托洛斯基主義在第三國際及其所屬共產黨中有一定的影響。一九三八年建立的第四國際是以托洛斯基主義為理論基礎的，半個多世紀以來，仍有一定影響。

67《國家與革命》是誰的著作？

《國家與革命》是列寧系統闡述馬克思主義國家學說的重要著作。其副標題是《馬克思主義關於國家的學說與無產階級在革命中的任務》。

全書由序言、六章正文和跋構成。依據馬克思、恩格斯關於國家的起源和本質的論述，指出國家是階級矛盾不可調和的產物和表現。國家是實行專政的暴力組織，無產階級必須用革命的暴力打碎資產階級的國家機器，實現無產階級專政。此外，書中還論述了無產階級專政的歷史必然性。並指出國家完全消亡的經濟基礎是共產主義的高度發展，從而發展了馬克思關於共產主義兩個階段的理論。

列寧在這部著作中闡明了馬克思、恩格斯關於國家問題的基本理論及其發展過程，成為了俄國無產階級奪取政權、創建和鞏固社會主義國家的理論綱領和行動指南。

列寧宣告蘇維埃政權成立

藝術篇

1古代埃及繪畫藝術表現的主題是什麼？

古代埃及作為四大文明發祥地之一，西元前四〇〇〇年完成向奴隸制的過渡，到西元前三三二年被馬其頓亞歷山大佔領，歷經三千多年，為世界文明做出了巨大貢獻。

在人類藝術發展史中，古代埃及最早創造了一流的繪畫藝術。繪畫藝術家們以美學的方式對自然界和人類社會進行了認真的觀察，並對之進行了藝術的理解，創造了大量的繪畫作品，主要表現形式是壁畫。

古代埃及的繪畫藝術是為佔統治地位的法老政權和少數奴隸主貴族服務的，繪畫藝術作品主要表現了當時的社會觀念，它在意識形態中具有極其重要的作用。

為了絕對服從統治階級的意志，古代埃及的藝術創作都遵循嚴格的要求，形成了一套繪畫藝術創作的基本規則、統一題材和表現方法。這些規則強化了等級觀念，並在人們的意識中灌輸這種觀念，使臣民信服王權和等級制度，從而維護奴隸主階級的統治，反映了古代埃及奴隸社會的封閉與保守。

埃及陵墓壁畫

古代埃及的繪畫藝術，還表達了圖騰崇拜和宗教信仰的主題。古代埃及奴隸制建立在自然經濟基礎之上，農業成為生存的唯一經濟基礎，落後的生產力導致了圖騰崇拜和宗教信仰的產生，同時也支配著繪畫藝術乃至藝術的發展。

古代埃及的繪畫藝術，一方面體現了政教合一的精神實質，神化王權，維護奴隸主貴族統治，反映古代埃及社會的封閉與保守，以及宗教對藝術發展的束縛，另一方面，繪畫藝術也不斷突破法則的限制，誕生了不少的優秀藝術家和藝術作品，表現了古代埃及人高度的智慧和藝術才能。

2克里特文明和邁錫尼文明時期繪畫藝術有什麼特徵？

克里特文明與邁錫尼文明其實是指愛琴文明，它萌芽於西元前三〇〇〇年左右，歷經二千年，存在於愛琴海沿岸以及一些島嶼，其中克里特島和邁錫尼先後成為愛琴文明的中心。

克里特文明起源於新石器時代，至西元前七世紀達到了繁榮時期，創造了許多藝術作品，尤其是繪畫藝術成就顯著，有色彩絢麗明朗的裝飾繪畫、題材多樣的素描和充滿幻想的彩陶紋案等。壁畫和陶罐畫的內容主要是宗教和神話，從中可以反映出婦女地位的重要，以及現實主義的洞察力。

克里特文明之後是邁錫尼文明，壁畫成為邁錫尼文明的一個重要組成部分，壁畫的風格與題材繼承了克里特文明的傳統，另一個明顯特徵就是更加突出虛構，其後平塗和虛構的特點也越來越顯著。

克里特文明與邁錫尼文明的繪畫藝術是希臘繪畫藝術的起源，曾對古希臘美術發展進程產生過重要影響。

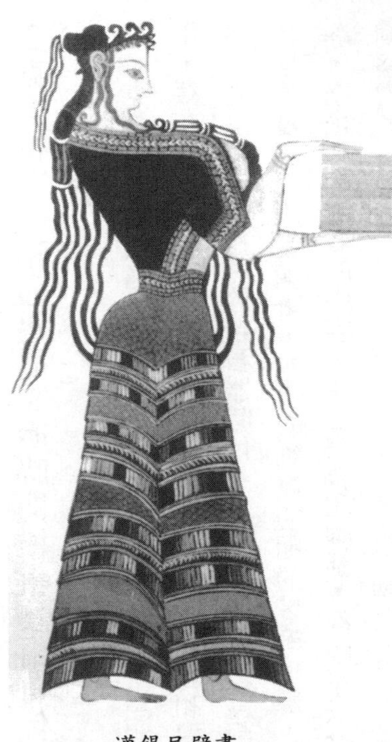

邁錫尼壁畫

3 繪畫藝術在古希臘文明中有什麼成就？

兩、三千年以前歐洲還處於原始蒙昧狀態時，希臘人就已經創造了豐富的文化，其中繪畫藝術對歐洲和世界都影響巨大，成為其後兩千餘年來所模仿的典範。

希臘繪畫藝術起源於克里特文明與邁錫尼文明，經歷了荷馬時期、古風時期、古典時期和希臘化時期。

古希臘汲水女人

荷馬時期繪畫藝術主要表現為瓶畫。藝術家們按照陶瓶的形體特點把紋樣排布在上面，並根據花紋的變化構造出嚴整的圖案。

古風時期繪畫藝術主要有東方風格和黑像瓶畫。東方風格是指模仿東方藝術，繪畫內容主要是東方特有的野獸形象和植物紋樣。黑像瓶畫以明確的輪廓畫作為裝飾圖案，表現構圖的精巧和節奏感，其代表人物為歐克塞基。

古典時期是指從西元前五世紀至西元前四世紀中葉，在前期其繪畫藝術仍表現為瓶畫，但在後期壁畫代替了瓶畫的主導地位。在古典時期，現實主義繪畫傳統有了很大發展。

西元一世紀進入了希臘化時期，這一時期繪畫在美術中仍起著重要作用，但僅有一些鑲嵌畫得以保存下來，從中可以反映出繪畫藝術的發達。代表作有《美狄亞殺子》。

4古羅馬時期繪畫藝術的成就有哪些？

古老而龐大的羅馬帝國創造了輝煌的藝術成就。部落與民族之間的美術交流，對羅馬繪畫藝術的形成和發展意義重大。按羅馬的歷史進程，羅馬繪畫藝術可以劃分為羅馬時期以前的義大利繪畫藝術、共和國時期的繪畫藝術和羅馬帝國的繪畫藝術三個階段。

羅馬時期以前的義大利繪畫藝術以伊達拉里亞的陵墓壁畫為代表。其代表作有在哥羅尼發掘的一幅陵墓壁畫《舞蹈》，它在風格上繼承了希臘繪畫藝術風格。

西元前二世紀到西元前一世紀進入羅馬共和國時期，這一時期繪畫主要表現為壁畫藝術。壁畫以鮮明的色彩和準確的輪廓描繪人物形象，體現質感與動態。代表作有《亞多蘭特尼的婚禮》。

羅馬在西元前一世紀中後期成為強大帝國，繪畫也有了很大發展。西元一世紀初繪畫體現為枝燭臺風格，代表作有《百年紀念盧》與魯克萊茨．弗隆丁宅保存的壁畫。西元一世紀下半葉以在龐貝的維季邸宅發掘的以神話為題材的壁畫為代表。西元一至三世紀，法尤姆肖像畫興起，這是一種用蠟畫技術或膠化技術把肖像畫在木板上的藝術，代表作為西元二世紀的作品《戴金色花冠的青年人》。西元四至五世紀的繪畫受基督教的影響，壁畫簡單而奔放。

5拜占庭時期基督教繪畫有何特點?

羅馬滅亡以後東部成立拜占庭帝國，其都城君士坦丁堡逐漸取代羅馬成為政治、經濟和文化的中心，在東西方藝術交流中也逐漸確立了中心地位，這對繪畫的發展影響很大。

拜占庭時期繪畫藝術的第一次繁榮是在查士丁尼大帝執政時期。鑲嵌畫在拜占庭繪畫藝術中極為流行，最著名的屬聖索菲亞教堂、聖維伊達勒教堂和聖阿波利納爾教堂，畫面體現了王權與宗教思想的統一。袖珍畫在這一時期也十分發達，它以圖書插圖的表現形式，把圖畫形象和文字內容有機的結合起來，用色彩鮮明的圖案點綴畫面，代表作有《巴黎詩篇》的插圖袖珍畫。

繪畫藝術的第二次繁榮出現在馬其頓執政期間，以教堂建築和裝飾繪畫宣傳宗教教義、神權思想和禁欲主義。在十一、十二世紀的繪畫藝術中，聖畫像佔有重要地位，代表作有《符拉基米爾聖母子》，它被俄羅斯聖像畫家尊為典範。

6喬托的繪畫特點是什麼?

喬托作為十四世紀最傑出的美術家，其主要的繪畫作品是壁畫，十三世紀末他在羅馬為聖彼得大教堂的柱廊形大廳做過鑲嵌設計。

喬托出生於佛羅倫斯。當時的文藝復興運動首先從佛羅倫斯等城市開始，在文學領域已誕生了許多詩人、作家和有價值的作品，而繪畫藝術卻剛剛邁步。正是喬托在繪畫領域邁出了第一步。

喬托的作品基本上都是宗教繪畫，但在形式和文化精神上，他都進行了一系列改革，為西方近代繪畫奠定了基礎。

喬托

他的繪畫突破了清規戒律的限制，開始面向生活和大自然。在他的作品中，人被塑造為典型形象，並且滲透著崇高的道德內容。

喬托的壁畫把生活細節與古老的中世紀題材相結合，使《聖經》故事有了生活的氣息，預示了文藝復興的思想。

喬托的作品塑造的形象具有高度的造型感染力和悲壯的表情，他以作品本身要表達的思想內容為根據，以對現實和自然的感受為基礎來解決藝術問題。

喬托作品喬托作品《逃亡埃及》

喬托被薄伽丘稱為「卓絕的天才」和「佛羅倫斯光榮的燈塔」，他的繪畫藝術對以後的藝術家們產生了深遠的影響。

7如何評價馬查特秋的《納稅銀》？

馬查特秋的《納稅銀》是一幅把物件和空間的映射聯合在平面上的壁畫，它是繪畫史上壁畫與建築要求協調的產物。這次大變動的主要內容體現在賦予裝飾建築內部的壁畫以更多的空間和深度，從而達到與建築風格的統一。

《納稅銀》的價值主要體現在對空間的描寫。作品通過把人物配置在畫面中間的手法，以及人物位置的錯落有序、和諧一致，將觀眾的視線向深處轉移，觀眾的主要注意力被吸引到人物身上。

馬查特秋的《納稅銀》是一幅開闢近代繪畫歷史的奠基之作。

8如何認識曼太尼亞對十五世紀義大利藝術發展的影響和作用？

曼太尼亞（一四三一～一五〇六）出生於文藝復興策源地之一的帕都亞，是十五世紀義大利

最著名的人文主義美術家之一。

曼太尼亞在帕都亞的一些著名藝術家的影響下形成了自己的繪畫風格：清晰紮實的素描、大膽潑辣的線條、輪廓明確的形象、在形體表達中充分加以強調的雕塑性、強烈的色彩感受和荒涼的彷彿像頑石一般僵化了的風景。

曼太尼亞在壁畫中對空間結構別出心裁的處理、在裝飾性繪畫中的幻象處理以及概括綜合的形象描繪風格對繪畫藝術的發展貢獻巨大。

曼太尼亞還致力於版畫創作。改革版畫技術，改變版畫內容，使版畫成為與油畫具有同等意義的獨立的美術形式，這些都是曼太尼亞的貢獻。其版畫代表作有《酒神節》、《特里頓與山陀兒之戰》等。

9 《最後的晚餐》是怎樣的一幅作品？

《最後的晚餐》是達．芬奇在米蘭時期的最後一件作品，也是他畢生創作中最負盛名之作。這幅壁畫作於米蘭聖瑪麗亞修道院飯廳，並非純粹的灰面濕壁畫，而是摻用了一些油彩，但嘗試未獲成功。原畫在十六世紀時逐漸褪色黴變，又因後人保存不善，現已很模糊。

此畫匠心獨運，構圖卓越，細部寫實與典型塑造結合無間，為他人所難及。把畫面展現於整

《最後的晚餐》

塊牆面，使觀眾覺得就像發生在飯廳那端的另一房間。在構圖上，以激烈的動作把十二門徒分為四組，基督獨立於中央，猶大置於眾人之中。畫面集中表現基督說出「你們中有一個要出賣我」後引起的騷動，除猶大神色慌亂外，十一門徒表露驚恐、憤怒、懷疑、剖白等神態，以手勢、眼神和傾身來顯示對基督的真誠與關懷。典型性格的描繪與主旨密切配合，並與構圖的統一效果互為補充，形成了這一典範傑作的特點。

作為「藝壇三傑」之一，達・芬奇在繪畫藝術史上佔有舉足輕重的地位，他是整個文藝復興時期最卓越的藝術巨匠。

達・芬奇的藝術創作可分為三個時期：

佛羅倫斯時期（一四六六～一四八一）為第一時期。這一時期主要作品有一四七四年的《受胎告知》和《德・賓西肖像》、一四七六年的《基督受洗》、一四七八年的《聖哲羅姆》、一四八一年的《博士來朝》、一四七七～一四七九年的《持花聖母》。

第二時期分為第一米蘭時期和第二佛羅倫斯時期（一四八二～一五〇五），這一時期為達·芬奇藝術創作上的成熟和繁榮時期。他的最著名的作品《最後的晚餐》創作於一四九五到一四九八年，被稱為文藝復興全盛時期三大傑作之一，是世界藝術寶庫中的一顆燦爛明珠，也是現實主義藝術創作的重要里程碑。在第二佛羅倫斯時期，他先後創作了《聖安娜》、《安加利之戰》和《蒙娜麗莎》，其中《蒙娜麗莎》為世界美術史上最優秀的肖像畫之一。

《蒙娜麗莎》

第三時期是從一五〇六年到一五一三年，被稱為第二米蘭時期，創作的作品有《麗達和天鵝》、《聖母與聖安娜》和《自畫像》等。

達·芬奇的一生，是為藝術、為科學、為正義而努力不懈的一生，他奠定了文藝復興人文主義藝術的基礎，豐富和發展了藝術理論，對後世藝術的發展起了巨大的促進作用。

10拉斐爾在宗教繪畫方面有什麼藝術成就？

拉斐爾（一四八三～一五二〇）是義大利文藝復興全盛時期傑出的畫家和建築師。其作品表現了高超的技藝，而且數量巨大，宗教畫成就尤為突出。

拉斐爾是畫聖母像成就最高的畫家。他在吸收精華的同時，也不斷獨創自己的風格，如把莊嚴的宗教氣氛與異教神話的甜美理想結合起來，作品《聖母子與金絲雀》、《椅中的聖母像》便是這一風格的體現。拉斐爾採用寫實手法，以求忠實地再現所畫對象的外貌和精神世界。他是寫實畫法的創始人，作品有《花園中的聖母》、《西斯廷聖母像》和《唐娜·韋拉塔》。在構圖上，他首創S形或螺旋形的造型，體現在作品《赫利奧多——魯斯被逐》和《雅典學院》中。他的宗教壁畫《聖餐辯論》、《雅典學院》、《帕那蘇斯山》和《善的三女神》分別體現「神學」、「法學」、「文學」和「哲學」的內容，具有紀念碑式的宏大風格。在用色方面，細膩而又豐富，代表作為《基督改容》。

拉斐爾被譽為「畫中的王子」、「文藝復興三傑」之一，對後世繪畫藝術產生了深遠的影響。

11如何評價米開朗基羅的西斯廷天頂畫的藝術價值？

米開朗基羅的西斯廷天頂畫雖然採用宗教題材，但作者主要通過對人的創造力的神化，來讚揚人的肉體美和精神美。這一特點主要體現在作品《創造日月》和《大洪水》中。

西斯廷天頂畫的完成顯示了米開朗基羅在繪畫方面超常的創造力和高度完美的技巧。在天頂畫裡，人文主義思想得到了鮮明的表達，給後人留下了最高的藝術價值。

米開朗基羅作品《斐雅塔》

但是，米開朗基羅對天頂的橫槽和支架上的構圖與天頂畫中心形象的熱情、有力、大氣相比，則處理得比較壓抑、寧靜。橫槽裡的人物身上是寧靜、淡淡的哀愁的氣氛，支架裡的人物則帶有不安、焦慮的情緒。

12提香的肖像畫有哪些特點？

提香是近代最偉大的肖像畫家之一。他在早年的肖像畫作品《戴手套的青年》、《維奧蘭泰》和《托馬佐．穆斯第》中描繪的都是一些幸福而快樂的人物形象。但從十六世紀四〇年代開始，他的作品都以性格複雜與熱情高漲而激動人心，深刻反映晚期文藝復興特徵和人的新的生活情況。在晚期，提香畫了許多構圖樸素的肖像作品，把人物性格刻畫得栩栩如生，對色彩對比也作了絕妙處理。

提香的肖像畫在當時深得上流社會的賞識，他的一生過得安逸幸福，他的多幅自畫肖像都以共同特點表現同一張面孔——一副富貴的樣子。但他晚年的一些作品卻刻畫了人的憂傷，充滿了悲劇色彩，說明輝煌的文藝復興時代已經過去。

13什麼是樣式主義？

樣式主義盛行於十六世紀後期的義大利，這個流派代表著文藝復興漸趨衰落後追求形式的一種保守傾向。樣式主義流派的繪畫家們注重風格，追求生活風度。

樣式主義的特點是注重人體描繪，以裸體居多，姿態怪異，肌肉動作畸形誇張，主題比較難

懂或不倫不類，布局上充滿幻想，任意發揮透視技巧，構圖也違反常理，用色也聳人聽聞，創作不自然。

樣式主義代表人物前期為托爾莫、羅素朱利奧．羅馬諾和帕爾米賈尼諾。帕爾米賈尼諾的代表作《長頸的聖母》故意拉長人體比例，追求風格達於極致。構圖上向古典式的和諧挑戰，如為了顯示先知的身材修長，畫家特意在畫面上留下一大片開闊的地方。但由於先知身在遠處，他的身材的尺寸都被縮小到不及聖母的膝部，比較離奇。

後期樣式主義的作品增加了許多雍容華貴的貴族氣派，在創作中融合了文藝復興的優秀成果，也有佳作問世。代表人物有瓦薩里、切利尼等。作品如切利尼的《佩塞》。

14巴洛克藝術有什麼成就？

文藝復興之後，巴洛克藝術在現實主義傳統的影響下，克服了樣式主義的消極傾向。巴洛克藝術起源於義大利，是歐洲十七世紀比較流行的一種裝飾風格，充滿動感。

巴洛克藝術在繪畫上起源於米開朗基羅和科雷喬等文藝復興時期的繪畫大師，在克服樣式主義過程中，又吸收了一些現實主義和古典主義的風格，自成一派，從而奠定了在歐洲美術史上的地位。

《掠奪里西普斯的女兒》

巴洛克繪畫藝術的優秀畫家有雷尼、爾奇諾等。在義大利，最傑出的是彼得羅．達科爾托納，他的作品主要有羅馬巴爾貝里尼宮大廳壁畫和佛羅倫斯皮蒂宮壁畫與裝飾。但最為著名的是法蘭德斯的魯本斯，他的繪畫藝術熱情奔放、絢麗多彩，產生了深遠的影響。

魯本斯（一五七七～一六四〇）是法蘭德斯著名畫家、歐洲巴洛克藝術的傑出代表。他吸取各流派繪畫大師的長處，形成了獨特的風格。他的作品有宏大的場面、強烈的運動感和戲劇性的情節等特點，畫家用對比強烈而明亮的色彩和富於運動節奏的線條，流暢自如地表現了主題。在以人為主題的作品中，最為著名的是《掠奪里西普斯的女兒》。

魯本斯慣用動感極強的S型甚至放射型的構圖，以表現強烈的動態。在色彩的運用上，奔放明快的色調貫徹在整幅作品中，它和運動的構圖一道，增添了人物的活力和畫面的激情。魯本斯在作品中讓健壯有力的男性動作相對緩和，而把女性的動作處理得極度劇烈，顯示出強烈的韻律感。他甚至把女性運動中的肌肉描繪得像男性般緊張凸出，並用大幅度的彎曲和扭動的體態來展現這種力量，使畫中人迸發出旺盛的青春活力，極大地渲染了整個畫面動盪不安的氣氛。

15倫勃朗怎樣使繪畫藝術達到超凡境界？

哈門斯．凡．蘭．倫勃朗（1606～1669），荷蘭傑出的油畫家和版畫家。他始終堅持自己的藝術理想，拒絕取悅公眾，並與上流社會形成決裂局面，因此，聲望和繪畫數隨年齡增長而急劇下降。晚年，他更多地在《聖經》畫中去表達內心豐富的情感和與世無爭的態度，作品充滿了愛和人道主義，感動了無數觀眾，在藝術上也達到了非凡超群的境界。

倫勃朗的第一幅重要作品《杜普教授的解剖課》的成功給他帶來了盛名和財富。在他的構思下，這幅肖像畫有了風格畫的性質，富於生活氣息，構圖的精

《夜巡》

巧使明暗的考究也得到了充分的體現。

倫勃朗的《夜巡》是其最成功、最偉大的作品，但卻為其帶來了悲慘的結局。《戴金盔的人》體現了刻畫人物性格細膩深刻的特點。在最後的作品《浪子回頭》中，畫家用獨特的明暗對比和滲透方式，使畫面顯出無限豐富的層次和深度，帶給人們更多的人性思考。

16什麼是洛可可藝術？

洛可可藝術是一種流行於十八世紀法國的藝術風格。它是在巴洛克藝術的基礎上，融入新的社會思潮、價值觀和審美觀而形成的一種風格。

洛可可繪畫藝術主要流行於華麗的沙龍內部。其主要特點是：曲線趣味、非對稱法則、色澤柔和豔麗、崇尚自然等。

安東尼·華都是最傑出的洛可可繪畫家。華都的作品與以前的大師相比有了新的風格，畫中的人物纖細靈敏，充滿了動感，而且整幅作品充滿了幻想。在光和色上，華都運用了自己獨特的處理方法，表現的極為精緻。後來的一些畫家在風格上繼承了華都的特點，如布歇、瓦托和弗拉戈納爾等，其中布歇深受路易十五之妻蓬皮杜夫人賞識。

洛可可藝術在路易十五時最為流行，因此，又稱為「路易十五式」。

17古典主義的藝術風格有什麼特點？

古典主義是十八、十九世紀風靡西歐的一種藝術潮流。古典主義主張恢復古希臘和古羅馬的藝術傳統，追求古典的寧靜與凝重，在題材上也採用古典內容，通過復古開創新的藝術風格。古典主義強調古希臘羅馬的市民英雄主義，在藝術形式上，強調塑造性與完整性，忽視了人物的感情，而更注重理性，重素描而輕色彩。

古典主義在繪畫藝術上產生了深遠的影響，湧現出一批繪畫主義大師，其中以路易·達維和安格爾尤為傑出。達維的代表作品有《荷拉斯三兄弟之誓》、《馬拉之死》等，主要表現了革命時期高漲的戰鬥熱情。安格爾以代表作《泉》和《土耳其浴室》聞名於世。古典主義有兩種趨向性：一是對古希臘、古羅馬的懷念；一是滿足貴族在官方藝術方面的要求，古典主義被十九世紀的學院派視為典範，同時也成為浪漫主義的先驅。

18達維的《荷拉斯三兄弟之誓》與《馬拉之死》在風格上有什麼異同點？

達維是法國古典主義繪畫藝術的代表人物之一。他的藝術生命與大革命緊緊連在一起，對舊王朝的憤怒和對革命的嚮往，促使他賦予古典主義歷史畫新的活力，開闢了古典主義的先河。

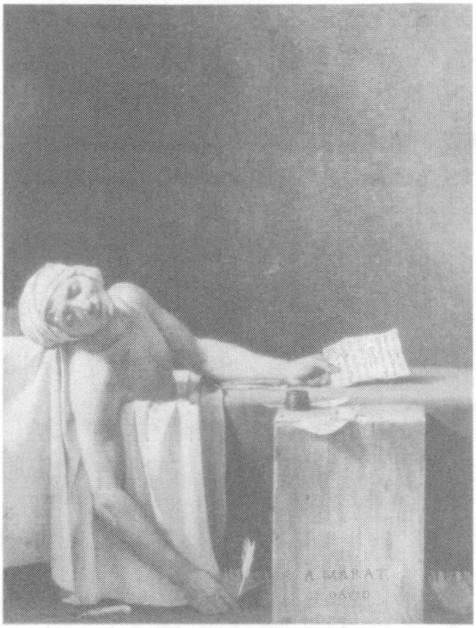

《馬拉之死》

《荷拉斯三兄弟之誓》是達維早期的作品，也是他的成名之作。它以堅實的素描、強烈的色彩和雕塑般的造型突出刻畫了荷拉斯父子出征前的英雄氣概，而將籠罩在憂慮和悲哀氣氛中的女眷用作烘托和陪襯，有力地揭示了為共和國的利益不惜犧牲個人一切的主題，吸引了觀眾的注意力。

《馬拉之死》是達維最傑出的作品。這幅油畫以極為簡潔、樸素的古典手法成功地將肖像的描繪、歷史的精確性和崇高的悲劇性結合在一起，突出表現了馬拉的英雄主義特徵。

兩幅作品線條均簡明有力，造成形體雕塑般的效果，以沉雄的氣概揭示英雄的主題。但由於兩幅作品的歷史背景不同，在構思和主題上也有點不一樣：《馬拉之死》比《荷拉斯三兄弟之誓》在繪畫藝術上顯得更加成熟，主要運用了光線的明暗對比來突出主題的技巧，而作品《荷拉斯三兄弟之誓》因過分強調效果而忽視了色彩的真實感。

19為什麼說安格爾是古典主義最後一名偉大的畫家？

安格爾是法國學院派古典主義的著名畫家之一，也是古典主義最後一名偉大的畫家。他致力於完善古典主義繪畫藝術，與浪漫主義展開長期的論戰，但他因遠離了時代的潮流，作品缺乏時代精神。

安格爾堅決信奉古典主義思想，十分推崇古希臘羅馬藝術和拉斐爾。他努力開創了自己獨特的藝術風格，成為影響後世的一大亮點。

安格爾在作品中致力於表現人物的端莊、典雅和嫻靜的美感，這主要體現在《多遜維爾伯爵夫人》中。在代表作《泉》中，他把少女的青春健美和嫵媚與泉水般的純潔作為美的象徵，用細膩的色調和光線的變化，突出了畫面的層次和轉折，表現了人物的立體感。

安格爾在藝術上重素描輕色彩，認為素描是畫的主題和靈魂。他的素描注重整體效應，並不單純限於細緻的局部描繪，如《越吐秀夫人像》和《小孩與羔羊》。他的素描作品並不一味拘泥於古典主義手法，而有傾心自然的一面。

安格爾憑藉堅實的素描功底和造型能力，為後世留下了一筆寶貴的藝術財富。

20奇里科的《梅杜薩之筏》的價值體現在哪兒？

泰奧多爾．奇里科的《梅杜薩之筏》開創了一個新時代——浪漫主義衝破古典主義，開始登上了藝術舞臺。

《梅杜薩之筏》反映的是當時因法國政府的過失，一艘帆船戰艦梅杜薩號在非洲海岸觸礁沉沒的事件。畫家通過這幅畫表現了對人類命運的關注和人道主義精神，暴露了法國政府的弱點，使它帶有強烈的政治喻意。它的特點是悲劇性的力量、構圖與人物的豐富表現力、色調的森嚴與沉抑和明暗的強烈對比。浪漫主義畫家對它的場景所具有的強烈感情和緊張性非常感興趣。

在線條上，古典主義偏愛水平和垂直。而在《梅杜薩之筏》中傾斜是一大特點，它加劇了鬥爭和對抗，使畫面充滿了緊張感。

在色彩運用上，明暗的強烈對比，使畫面增加了粗獷、騷動和恐怖緊張的氣氛，整幅畫充滿了動感，成為浪漫主義畫派捕捉瞬間動態印象的典範。

奇里科從題材、構圖和色彩三方面對古典主義進行全面否定，向古典主義代表的封建勢力提出挑戰，開始了一場新的革命，加速了舊世界的崩潰。

21真誠的價值是怎樣體現在德拉克洛瓦的作品《自由領導人民》中的？

德拉克洛瓦（一七九八～一八六三）是法國浪漫主義成就突出的畫家之一，他繼承和發展了文藝復興以來歐洲各藝術流派，包括威尼斯畫派、荷蘭畫派、魯本斯等藝術家的成就和傳統，尤其深受奇里科的作品《梅杜薩之筏》的啟迪和影響。他對以後的藝術家，特別是印象主義畫家，產生了深遠的影響。

他的作品主題與現實聯繫非常緊密，這是德拉克洛瓦藝術的最成功之處。

《自由領導人民》取材於一八三〇年七月的法國革命，描繪在人民與保皇軍的戰鬥中，聖德克區的姑娘克拉拉・萊辛一馬當先，在街壘上舉起了象徵法蘭西共和國三色旗的激動人心的場面。

《自由引導人民》

整幅作品突出了真誠的感覺。畫面中只有對革命者的歌頌，除去禁衛軍倒斃的屍體，沒有一個反面人物出現。畫家通過眼神細膩地刻畫了不同階層人物心中的愛憎分明，人們能直接感受到起義者對自由的追求，以及他們坦

蕩的胸懷和無私無畏的氣概。畫面沒有血腥的渲染，而是充滿著高昂的鬥志和不可抗拒的前進的力量。從畫面中，人們能體會到戰鬥的激烈，但卻沒有對死亡的恐懼，有的只是對犧牲者的崇敬和渴望加入戰鬥的衝動。感情是浪漫主義繪畫的靈魂，作者將自己的真誠融入到色彩之中，使作品充滿了真誠的力量。這真誠便是人們對自由的嚮往、對黑暗的仇恨和對革命的熱情。是真誠贏得了勝利，它賦予藝術真正的生命，使之不朽於世。從這幅作品中，我們體會到了真誠的價值。

22巴比松畫派有什麼特徵？

巴比松畫派是法國十九世紀的風景畫派。巴比松是巴黎南郊約五十公里處的一個村落，位於楓丹白露森林的進口處，以風景優美著稱。巴比松畫派活躍於十九世紀三〇～四〇年代，當時法國的一些青年畫家對七月王朝統治下的現實生活和僵化了的學院派新古典主義繪畫不滿，主張描繪具有民族特色的法國農村風景。他們陸續來到巴比松一帶作畫，有的還定居下來，後來就形成了這一畫派。

巴比松畫派提出面對自然寫生的主張，用寫實手法來表現自然的外貌，而且致力於探索自然界的內在生命，力求在作品中表達出畫家對自然的真誠感受。它以真實的自然風景畫創作否定了學院派虛假的歷史風景畫程式，使法國風景畫從新古典主義的束縛下解放出來，獲得了新的藝術

生命，從而揭開了十九世紀法國聲勢巨大的現實主義美術運動的序幕。巴比松畫派作家都厭倦都市生活，信奉自然，他們在繪畫中傾訴了對自然風景的真實感受，被一些評論家稱為浪漫主義美術運動。

巴比松畫派的主要代表人是盧梭，此外還有迪亞茲．德拉佩納、特羅容、杜普雷、多比尼以及雅克等。另外兩名畫家柯羅與米萊，學者對他們有不同劃分。

23 印象主義畫派有什麼特點？

印象主義畫派產生於一八七四年。當時一群法國畫家辦了一個展覽會，展品中有莫內的油畫《日出．印象》。一名保守記者勒魯瓦借此標題嘲諷這次畫展是「印象主義畫家的展覽會」，由此產生了印象主義畫派這一名稱。

印象主義反對陳腐的古典學院派，反對落入俗套的浪漫主義。他們認為光和色是研究的中心課題，追求瞬間印象的表現成為他們的追求目標。在色彩上，他們運用明亮的色彩否定傳統的黑色陰影；在題材上，把表現身邊的生活瑣事和

莫內作品《日出．印象》

直接見聞作為自己的課題，強調純客觀的描寫。他們還讓畫框任意切去畫面，取客觀場景片斷作為構圖，以求得不完整的效果。

印象主義畫家有兩種類型：一種重光和色彩，典型代表是莫內，作品有風景組畫《草垛》、《魯昂教堂》等；一種重造型和素描，以德加為代表。

印象主義繪畫藝術豐富了繪畫的表現語言，使繪畫擺脫情節、題材的束縛。開始重視色彩和線條本身的價值，使繪畫從文學趣味向音樂趣味轉變。印象主義作為一種思潮波及歐洲各國，在藝術界產生了極大影響。

24 什麼是新印象主義？

新印象主義是繼印象主義之後在法國出現的美術流派，其奠基人之一西涅克在他的著作《從德拉克洛瓦到新印象主義》中，為新印象主義下定義說：「他們是自一八八六年以來發展了分割主義技術的人，分割主義用色彩和色彩進行光的混合，以此來表現自己的意圖。」

分割主義技術的目的，是採用光學原理將純粹的色彩用小點塊的方法，彼此相鄰近地排列在畫布上面。通過光學原理與技術相結合的方法，以求得比在畫板上進行色調混合的更高明亮度。所以，新印象主義又叫做點彩派。

新印象主義主張色彩、線的表現性與情感的特質相結合，並從中概括和提煉出一種科學的法則。

新印象主義既是印象主義的某些技法和科學實踐相結合的產物，同時也是印象派向古典主義的轉化。代表人物有修拉和西涅克，參加新印象主義的有呂斯、克羅斯和杜布瓦．皮耶等人。

新印象主義作品有修拉的《阿涅爾的浴場》和《大碗島星期日的下午》以及《女模特兒》、西涅克的《聖特羅佩港的出航》等。

新印象主義後期作品脫離了客觀自然，陷入主觀化和概念化。到二十世紀初，受新的畫風的衝擊，逐漸走向衰落。

25 什麼是後印象主義？

後印象主義是法國美術史上繼印象主義之後的又一美術現象，存在於十九世紀八〇～九〇年代，又譯作「印象派之後」，曾經譯為「後期印象派」。十九世紀八〇年代，法國一群美術家反對印象主義和新印象主義片面追求客觀表現及光和色彩，主張重新重視美術中形成的觀念和強調作者主觀的重要性。他們強調藝術形象要有別於客觀物象，要滲透作者的主觀感情和情緒。代表畫家有塞尚、梵谷和高更。

後印象主義不是一個派別，是後人為了區分印象主義而使用的一個名稱。這一名稱的廣泛流行與弗賴伊於一九一〇～一九一一年在倫敦舉行的《馬奈和後印象主義畫家們》這一展覽有關係，這一展覽同時也促成了英國畫派倫敦社的建立。

後印象主義藝術家對二十世紀西方的藝術有直接的影響。塞尚重理念，注重結構，注意畫面的建築美，孕育著立體主義的因素；梵谷更注意感情，強調色調的美和藝術表現的象徵意義，對野獸主義和表現主義影響很大。由於塞尚強調主觀創造性，否定模仿自然，被二十世紀的藝術家們推崇為「現代繪畫之父」。

26梵谷在繪畫上的成就有哪些？

梵谷（一八五三～一八九〇）是後印象主義的代表人物之一，荷蘭畫家，但主要活躍於法國畫壇。他早期繪畫注重寫實，後來受西涅克等印象主義大師的影響，色彩開始明亮，視野也變得

梵谷作品《星光燦爛》

開闊起來。他主張應在忠實於對象的同時，用誇張的手法，有力地表達作者的主觀感受。其作品《食薯者》以貧苦的農民生活為題材，對勞動階層表示同情。《塞納河濱》、《帶煙斗的人》等是他在轉折時期的作品。進入成熟期以後的名作則有《向日葵》、《郵遞員魯蘭》，以及《椅子和煙斗》、《咖啡館夜市》、《抽著煙斗、包紮著耳朵的自畫像》等，此外，比較著名的還有《星光燦爛》、《梵谷在阿爾勒的臥室》、《嘉舍醫生》、《歐韋的教堂》等。

梵谷的作品生前沒有得到社會的承認，生前唯一售出的一幅是《紅色的葡萄園》。他的作品包含著深刻的悲劇意識、強烈的個性和在形式上的獨特追求，遠遠走在時代前面，難以為世人所接受。

梵谷的繪畫藝術對後人的啟示是：充分認識作者主體在創作過程中作用，自由地抒發內心的感情，有意識地把握形式相對的獨立價值，在油畫創作中吸收和擷取東方繪畫的因素。

27 塞尚的革新精神是如何體現在繪畫藝術中的？

塞尚是後印象主義的繪畫革新家。他受印象主義大師畢沙羅的影響，並在其基礎上突破印象主義的傳統，想使印象派具有一種永恆的性質，在繪畫過程中開始借助於色彩的配合來表達對事物體積的探索。

塞尚

塞尚的作品有自己獨特的風格，色調單純而帶有強烈的裝飾性。他用色彩表現體積這種技術來記錄和表現比現實短暫瞬間感覺更持久的東西。遵從畢沙羅的教誨，塞尚以自然為嚮導，進行專門訓練，使他的畫不受時間的限制。

塞尚主張繪畫擺脫文學性和情節性，充分發揮繪畫語言的表現力，這一觀念推動了歐洲純繪畫觀念的流行和形式主義繪畫的發展。在他的畫中，時間是通過繪製表現出來的。

他要求強烈感受對象，反對冷漠對待自然；強調主觀感受的重要性，堅持發揮思維的作用，把客觀物象條理化、秩序化和抽象化。

他突破印象主義傳統，用立體圖形來處理形象，表達一種超越自然的理想概念。在畫面處理上，則追求平面感，用色彩體現空間體積。

塞尚的早期作品《強暴》、《驗屍》和《野餐》富於戲劇性，《黑色的時鐘》和《埃斯塔克融雪的景色》顯示了他的風格和發展趨勢，轉變風格的代表作品是《讀報紙的父親像》，晚年作品《浴女們》則表明了鮮明的寫意特徵。

塞尚在繪畫上的革新精神，受到西方二十世紀藝術家的普遍重視，被譽為「現代繪畫之父」。

28 高更繪畫的藝術特徵是什麼？

高更（一八四八～一九〇三）是法國畫家，與塞尚、梵谷一起被稱為後印象主義「三巨頭」，他在繪畫藝術上的革新對法國畫壇產生了重要的影響。

受畢沙羅的影響，高更早期作品繼承了印象主義傳統手法，一八八五年以後則逐漸形成了自己的藝術風格。

高更的作品含有濃厚的象徵性。十九世紀八〇年代的法國開始流行象徵主義思潮，在象徵主義美學觀念的驅使下，他不滿足於印象派的繪畫藝術，認為藝術是一種抽象。《我們來自何方？我們是什麼？我們走向何方？》就是典型的象徵主義作品，在大幅畫面上從左到右意味著從出生到死亡的歷程，一切植物象徵著時間的飛逝和生命的消失。

高更的作品追求藝術表現的原始性，強調要創造原始本能的藝術。他厭惡現代文明，迷戀有刺激性的人生樂趣和藝術格調，作品含有精緻的趣味性和藝術魅力。

追求綜合性效果是高更作品的又一特色。在色調運用上他傾向於運用單一的調子，以取得平面的色彩效果，如《講道以後的幻景》中，色彩的平塗法與傳統印象主義技法截然不同，色彩服從一定秩序，以取得音樂性、節奏感和裝飾效果。

29什麼是野獸主義？

野獸派於一九〇五年產生於法國，這一派並無明確目標宣言和主張。青年美術家馬蒂斯、德蘭、馬爾凱、芒金、弗拉曼克、魯奧等人的作品當時在巴黎的秋季沙龍中參展，被批評家沃塞列斯描述為「一群野獸」，故得名野獸派，馬蒂斯被擁為領袖。

野獸主義是西方二十世紀前衛藝術運動中最早的一個派別。他們在後印象主義的影響下追求更為主觀和強烈的藝術表現，對西方繪畫的發展產生了重要的影響。他們吸收了東方和非洲藝術的表現手法，在繪畫中故意創造一種有別於西方古典繪畫的疏、簡的意境，有明顯的寫意傾向。有人認為野獸派不是一個藝術運動，也有人認為野獸派是廣義的表現主義運動的一部分。馬蒂斯則回憶說：「對我來說，野獸時期是繪畫工具的試驗，我必須以一種富於表現力而意味深長的方式，將藍、紅、綠並列融會。」

野獸主義作為社團存在的時間只有二、三年，參加這一社團的藝術家後來朝著不同的目標，繼續作新的探索。

30 什麼是表現主義？

表現主義最早從一九〇五年開始出現，是二十世紀初歐洲的文藝運動和思潮，在繪畫藝術中有鮮明反映的主要是德國畫壇。

表現主義美術家們強調藝術的表現力和形式的重要性，主張不機械地模仿客觀現實，而著力表現精神的美和傳達內在的資訊。表現主義美術家面對社會的不平等和激烈的社會對抗，有一種強烈的改變現實的緊迫感，他們極力描繪社會的陰暗面。有的藝術家表現出悲觀和動搖，作品流露悲慘和傷感的情調。

表現主義是從後印象主義演變和發展而來的，是對印象主義忠實描繪現實的悖逆。它繼承了德國藝術中重個性、重感情色彩和重主觀表現的特點，在造型上追求強烈的對比、扭曲和變化美。

挪威畫家蒙立對表現主義產生了直接的影響，引起了青年畫家的極大興趣。表現主義的先驅是科林特和諾爾德等。他們在作品中注意表現主觀的內心感受，追求強烈的形式感。

表現主義的社團主要有橋社、青騎士社和新客觀社。

表現主義的缺陷是沒有正確的思想指導，不能深入到生活的本質。

31 誰是諾爾德？

諾爾德（一八六七～一九五六）是德國畫家，表現主義藝術的先驅。他在繪畫中追求音樂感，得到橋社繪畫家們的推崇，後來加入了橋社，但他不適應橋社過分激進的活動，在一年半之後又退出了。一九一三年應邀去南太平洋考察，並到俄國、中國和日本旅行，這使他開闊了眼界，藝術思想也得到了充實。

諾爾德的繪畫藝術與思想存在矛盾，極大地影響了他的創作。他不滿意工業發展造成生態環境的破壞，但同時又對現代文明產生極大的興趣，為現代工業、技術所造成的喧鬧氣氛和急速的節奏所吸引。他同情下層的勞動人民，對上層資產階級不滿，但又看不到人民群眾的革命力量，對社會的前途缺乏理性的分析和認識，只把希望寄託在少數先知身上，充滿了幻想。

諾爾德對作品傾注了感情，使他的宗教題材畫帶有很強的藝術感染力，油畫《最後的晚餐》、《群童中的基督》、《基督與罪人》等作品，表現了人道主義和拯救人類的哲理。諾爾德把極大的熱心和愛心，以及濃郁的人間溫情傾注於作品中。而強烈的形式感和現實意義，使他受到了排斥。

受青騎士社和思索爾的影響，他追求形式上的簡練、單純和象徵性，與作品中色彩的強烈性形成鮮明的對比。他的作品還有一種神秘的氣氛，給人以震撼和刺激。

諾爾德被公認為是具有獨立性的表現主義大師，對表現主義有很大的貢獻。

32立體主義是怎樣的藝術流派？

立體主義是西方現代藝術史上的一個藝術流派，一九〇八年產生於法國。二十世紀初，法國畫壇十分活躍，繼印象主義、後印象主義之後，藝術家們又提倡革新，希望通過革新形式來表現工業社會裡人們的內在情緒和心理。布拉克舉辦了一次畫展，被認為是把事物都變成了立方體，因此得名立體主義。主要代表人物是布拉克、畢卡索，還有雷納爾、德洛內等一批繪畫家。

立體主義藝術流派富有理念，它反對傳統藝術形式，帶有濃厚的形式主義傾向，極力追求一種幾何形體的美，追求形式的排列組合所帶來的美感。它否定了傳統的從一個視點觀察事物和表現事物的方法，把三維畫面歸結為平面或二維畫面。直線、曲線所構成的輪廓，塊面堆積與交錯的趣味與情調，代替了傳統明暗、光線、空氣、氛圍表現出來的趣味。依靠理性思維，從不同的視點去觀察事物和表現事物，使畫面表現出時間上的持續性。

33為什麼說《亞威農少女》標誌著立體主義的誕生？

為了解決圖畫的平面感與立體感的衝突，畢卡索想在二維空間的平面上畫出立體圖形。在參觀了特羅卡羅的歷史雕塑博物館時，他發現了黑人雕塑作品，這些作品強烈的表現方法和原始力量使他有了創作靈感，富有生氣的獨特形式激發了他的想像力。他吸收了非洲藝術的特點，趁一時之興完成了這幅巨作。

《亞威農少女》

《亞威農少女》表現了一種新的繪畫技術。在一片藍色背景的映襯下，五個裸體女人的肉體色調顯得非常突出。左邊站立的三個女人模樣獨特無比，缺乏傳統的溫文爾雅，但也是泰然自若。這三個女人全部用平塗的粉紅色畫成，畫家沒有採用傳統的明暗法和透視法，而是用簡練的方法勾出她們的形狀，臉部、上身和下肢的不同位置排列明確，顯示了她們前後的空間關係，給人很強的立體感，這是吸收埃及繪畫中正面律的結果。

在這三個人物右邊上下排列的是另兩個女人，她

們的面孔離奇誇張，恐怖可怕，就像假面具一樣。上面那個女人的一隻特大的楔形鼻子佔據了臉部的主要地位，從頭頂到下巴，幾乎都用綠色線條畫出了濃重的陰影。在下面那個女人的面部結構中，用極彎的曲線描繪了那隻極其誇張的鼻子，把赤褐色的面頰與鼻子一邊深藍色的陰影區分開來，形成鮮明的對比，使平面上具有了立體感。畫家用驚人簡練的筆觸和革命性的手法，把像假面具一樣極不規則的面孔描繪得充滿生氣，這很顯然是在受到黑人雕塑的啟迪之下完成的。

這幅作品的手法簡練，線條果斷有力且僅在必要處加以渲染，不加任何裝飾，也不弄技巧，詩情畫意比較濃厚。構圖上別有風格，通過佔比例很小的水果反襯出人物的巨大。色彩上運用藍色和粉紅色，使畫面顯得既嚴謹又有生氣。立體的人形以及奇異的頭部，促使我們審美觀的改變。

《亞威農少女》這個名字來源於畢卡索的一位朋友，指的是西班牙巴賽隆納亞威農大街上的一所妓院的妓女。這幅畫成為立體主義產生的標誌，它的問世成為二十世紀頭十五年中視覺藝術上的三個偉大復興運動之一的標誌。

34為什麼說布拉克是立體主義畫派的奠基人之一？

喬治．布拉克（一八八二～一九六三），法國畫家。早期結識野獸派畫家，使他的畫具有野獸主義風格，一九〇七年末他脫離野獸主義，開始傾向於立體主義。一九三〇年布拉克創作了許多風景畫，評論家說他把事物都變成了立方體，立體主義由此得名，他也成為立體主義畫派的奠基人之一。

布拉克最初受野獸主義影響，用色彩和光線來表達極強烈的視覺效果，但在看到畢卡索的《亞威農少女》之後，他開始輕色彩而重構圖，用滯重、有角、比較寬闊的線條取代鬆散的、柔和且圓潤的線條，來勾勒物體的輪廓。

布拉克在他的風景畫中，通過體積、線條、重量和總體的形式創造美感，表達畫家的主觀印象，摒棄了模仿自然的傳統觀念。畫面上無所謂形象和背景，色彩處理十分簡單，整個畫面看起來很簡明。

布拉克的風景畫拋棄了傳統的中心透視法。為了控制畫面結構和構圖，他不再對所描繪的對象確定固定的視點，而用著色區和著色空間的多側面構圖取而代之，從而使傳統的中心透視法在二維平面上所創造的那個虛假的三維空間解體了。

布拉克把文字和字母引進畫面之中，在拼貼藝術史上邁出了重要的一步。岩筆畫和拼貼在一張畫布上同時出現是在《水果盤》中，他認為拼貼技術能把色彩與造型區分開來，從而使色彩與造型同時對眼睛產生作用，但相互之間又沒任何聯繫，這一革新精神對後來的美術界影響很大。

布拉克還有《坐椅中的女人》、《靜物和咖啡壺》、《靜物與吉他》、《吉他樂師》、《獨腳小

圓桌》等著名作品。

布拉克的成就是神異的，不愧為立體主義繪畫藝術的奠基人之一。

35博喬尼取得了哪些成就？

博喬尼（一八八二～一九一六）是義大利畫家，也是未來主義畫派的核心人物。

博喬尼的早期繪畫藝術接受的是新印象主義流派的理論和技巧，並結合立體主義的創作手法，這一時期他創作了油畫《走廊中的動亂》。

博喬尼的油畫《笑》則反映了未來主義畫家們對庸俗東西的崇拜。整個畫面都表現出一種無規則的理念，且表現得極為庸俗。

博喬尼努力通過速度、節奏等方式來揭示運動的主題，體現未來主義繪畫藝術的風格，以《城市的崛起》為其代表作。他用典型的未來主義手法表現運動過程的各個階段，追求光和運動，以及勞動的綜合效果。畫面通過將運動中的馬的形象拉長變形，顯示出一種重疊模糊的效果，馬的騰躍表露出運動瞬間的節奏感和美感。

博喬尼總是給觀眾一種身臨其境的感覺，讓人切身體會運動的魅力。對一切人與物的分解和分析都是為了運動，這在《街上的噪音傳到房間裡來》和《彈性》中得到了徹底的體現。

博香尼的作品把未來主義的藝術風格發揮得淋漓盡致，最具代表性，理所當然地成為了未來主義畫派的核心人物。

36為什麼說康定斯基是抽象主義的開山鼻祖？

抽象主義是二十世紀以來流行於歐美各國的美術思潮和流派，它沒有具體的宣言和綱領，主張抽象表現，否定描繪具體事物。抽象主義的產生是人們逃避現實的結果，工業革命和科學技術對其產生起了推動作用。抽象主義在當時反映了人們的心理狀態，具有獨特的藝術形式，但不會成為藝術發展的方向。抽象主義的傑出畫家有俄國人康定斯基、馬列維奇和荷蘭人蒙德里安。

康定斯基（一八六六～一九四四）是俄國畫家，但他長期活動在國外，是德國青騎士社的組織者，也是抽象主義的奠基人。他的抽象繪畫在理論上的奠基之作《論藝術的精神》，被譽為「現代繪畫的啟示錄」。

在繪畫理論上，康定斯基成就非凡。主要有《論藝術的精神》、《關於形式問題》、《論具體藝術》以及《點線面》等四部著作。他認為抽象繪畫是通過心靈體驗和創造的，畫家用心靈去感受外部世界，而非用眼睛去看世界，他還認為色彩能對心靈產生影響，並且主張即興創作。

康定斯基的貢獻還突出表現在繪畫實踐過程中。康定斯基早期受過印象主義、新印象主義、

野獸主義等藝術技法的影響，非常重視線和色彩的作用，如在油畫《構圖二號》中，人物形象幾乎都運用了塊面的色彩和線條圖案。他的純粹的抽象主義繪畫作品中，已取消了客觀描繪。在組畫《秋》和《冬》中，用抽象的線、色、形的動感、力感、韻律感和節奏感來表達季節的特徵。《白色的線》標誌著他從自由抽象轉化到幾何抽象。

康定斯基一方面在理論上對抽象主義作了實質分析，另一方面又在實踐中確定了一些基本規則，因此，康定斯基是抽象主義畫派的開山鼻祖。

37 蒙德里安和馬列維奇的繪畫有什麼特點？

蒙德里安和馬列維奇與康定斯基一樣，是抽象主義畫派的奠基人。他們共同創造了抽象主義的兩大藝術風格，即康定斯基的熱抽象和蒙德里安與馬列維奇的冷抽象。在冷抽象繪畫風格中，蒙德里安創立了風格派，而馬列維奇則開創了「至上主義」。

蒙德里安（一八七二～一九四四）是荷蘭畫家，風格派的代表。蒙德里安早期專注於學習，沒有創立自己的風格。他先後學習了象徵主義、印象主義、後印象主義、表現主義和立體主義等藝術流派的技法，並創作了《紅色的樹》以及《有薑罐的靜物》等作品。其後他開始轉向了抽象主義，從二十世紀初開始，他專門從事幾何抽象創作。他認為藝術家應努力追求開放的形式，達到「純粹現實」。他突破傳統的創作手法，把直線和橫線結合融入平面之中。在色彩運用上，他把自然色彩歸結為原始的色彩，並盡量使用純粹的原色，紅、黃、藍三原色構成了他的繪畫的基本色彩，色彩的強烈對比，使他的作品充滿生氣和活力，又不乏一絲神秘之美。

馬列維奇（一八七八～一九三五）是俄國畫家，創立了「至上主義」。他解釋道：「所謂至上主義，就是在繪畫中的純粹感情或感覺至高無上的意思。」這句話揭示了抽象主義的本質，即不描繪具體事物，而用心靈去創作。同蒙德里安一樣，他也受到了印象主義、立體主義和未來主義不同程度的影響。在馬列維奇的作品中，黑色的正方形佔據了絕對的主導地位，成為其他色的正方形的始祖。通過正方形之間的比較，造成一種「生氣勃勃的至上主義」。馬列維奇最後放棄了抽象主義。

38 達利是如何走上超現實主義之路的？

超現實主義是一戰後在法國興起的藝術潮流，在兩次世界大戰期間得到廣泛傳播。超現實主義深受弗洛伊德潛意識理論的影響，把突破符合邏輯與實際的現實觀念作為目標。為了達到一種超現實的境界，超現實主義者把本能、潛意識和夢的經驗糅合在一起。他們強調偶然的結合、無意識的發現和夢境的真實再現，主要運用寫實、象徵和抽象等藝術手法。超現實主義繪畫家有馬

格里特、達利等人。他們通過將事物位置移動，使其失去原來的功能和意義，並且不合常理的加以排列和呈現，製造出一種奇特的效果。

達利（一九〇四～一九八九）是西班牙畫家，曾對印象主義、立體主義、形而上畫派產生過濃厚的興趣，也受到過米羅畫風的影響，最終形成了自己的超現實主義風格。

達利的繪畫表現出一種非理性，而非理性又是通過瘋狂變態和妄想等形式表現出來的。達利作品中的形象違反了自然的感情，不但沒有吸引住觀眾的矚目，反而引起了極端的厭惡和憤怒。他的繪畫作品是一種混亂的組合，極端的誇張，有時顯得極為庸俗。他把事物進行分解，然後進行隨意組裝，移動位置，顯示出一種夢境的效果。作品《海濱幻影——人面與果盤》將其特點全面地展示了出來。

達利的繪畫也包含了一些現實政治含義，它們在最著名的作品之一《西班牙內戰的預感》中得到了反映：巨大的骨製的腿、長著利爪的手以及滴血的女人乳房、歪曲的鬼臉和被肢解的人頭構成了整幅作品，比較恐怖。

達利還創作宗教畫，先後有《十字架上》、《最後晚餐》和《聖母》問世，被天主教會譽為「二十世紀最傑出、宏偉的宗教畫」。

39奧普藝術取得了哪些成就？

奧普藝術是西方二十世紀五〇年代興起的美術思潮，又稱光效應藝術、視覺藝術，它的宗旨是以靜態的色彩圖案使畫面產生光的效果。

奧普藝術有自己獨特的世界、環境以及形式，通過各種方法取得不同的色彩效果。幾何學結構在奧普藝術中很重要，這使得奧普藝術與抽象主義之間有了一定的聯繫。

奧普藝術家們用嚴謹的科學設計啟動觀眾的視覺神經，通過眼睛的作用組合成視覺藝術形象，達到與傳統繪畫同樣的藝術體驗。

奧普藝術是抽象的硬邊藝術的繼續和發展，它運用巨大的畫面和鮮明的色彩對比促成視覺的疲勞，運用科學原理產生光幻效果。

歐洲奧普藝術的開創者是瓦薩雷利，美國的奧普藝術先驅是阿伯斯。最具代表性的是阿紐斯凱維茲，他對抽象的硬邊畫家產生了重要影響。

基里瓜的石碑

40 古代印第安人的建築藝術取得了哪些突出成就？

古代印第安人創造了三大文明：馬雅文明和阿茲特克文明、印加文明。他們的建築帶有宗教色彩。

馬雅人將公共場所與居住區明確分開。在階梯形金字塔頂端有一方形小廟，廟頂還有用石頭做成的羽飾，從周圍的樹叢中顯現出來。建築是典型的拱柱結構，十分穩定。建築物有完好的腰線，宅房外觀流暢自然，長官官邸採用箭頭式的門洞，配以飾帶顯示出箱形外觀。

阿茲特克人的建築是為了舉行放血儀式而建的，建築的構造模式都有特定目的，如聚集人群、獻祭等。建築都以紅色的火灰岩砌築而成，如特諾奇帝特蘭的神廟和拉特洛可神廟。四合院成為普遍的建築模式，用石塊砌成，室頂平坦，喜歡用蛇頭或怪獸頭來裝飾整個建築物的四周。

印加人的建築採用乾砌的方式，用巨大的磚石作為建築材料。國王避難用的馬楚皮克楚要塞上建築物比較齊全，岩石與住宅牆壁融為一體，表現人物之間、生死之間、天地之間的互相滲透。印加人的住宅與阿茲特克人的風格明顯不同，住宅多為內院式，建築也無任何雕飾，臨街還

馬雅城天文觀測台

有許多的龕，用來存放雜物。

美洲印第安人的金字塔也有獨特的風格，許多都以九級為基數，但在臺階處理上各有不同。它還講究陰暗對比的效果，追求一種神秘意味。

41克里特文明與邁錫尼文明在建築藝術上各有何特點？

克里特島在地理位置上的便利，使它受到來自美索不達米亞和埃及的影響，吸收外來的藝術精華，形成了自己獨特的建築藝術風格。

克諾索斯王宮的建築用土坯和亂石砌成，以露出的木骨架作為撐柱，牆面用泥石灰抹平，在木骨架露出的部分塗上紅色，使人感覺輕鬆。後期建築的石塊較正，保留了木架作為裝飾。廣泛使用上粗下細的柱子，在支撐天花板的同時起裝飾作用。在大殿中採用沿軸線的縱深布局方

克諾索斯王宮

式，排水、供水、照明系統設計別具一格，通過光井採光，避免陽光灼熱和寒風侵襲。國王通過獨特的陵墓以及裝飾物來維持死後的權威。

邁錫尼文明的建築主要是衛城裡的宮殿、貴族府邸和陵墓。雄偉寬闊的獅子門位於正門的正中央，象徵著王權的強大和不可動搖。王宮的地面和牆上都塗成了彩色，顯得富麗堂皇。貴族府邸以圓柱點綴庭院，別有風味。邁錫尼規模最大的圓頂墓——「阿特柔斯寶庫」，是唯一能與王宮、城牆相媲美的建築。

42 早期基督教的建築藝術是怎樣的？

十字架

早期基督教的建築藝術是在羅馬巴西利卡的基礎上發展起來的，並且成為此後九年間西方國家教堂通用的類型。君士坦丁大帝宣布基督教為國教後，掀起了宗教建築的浪潮，他讓羅馬大主教建造一座巴西利卡式的教堂。從此，基督教建築藝術開始繁榮起來，這是在西元四世紀初。

在這以前，基督教已在羅馬各處傳播，但處於非法地位，信徒們只能在私宅秘密集會，這就是民居教堂，也是最早的教堂雛形。以敘利亞大馬士革的杜拉歐羅普斯為典型代表。在建築構造上，由一個長長的縱向聖所、一間洗禮室併四間小屋構成，用來進行禮拜、布道和葬儀等宗教活動。信徒死後，葬在地下墓窟中。

東羅馬的聖彼得教堂和聖保羅教堂是用來作聖典儀式和殉教者墓葬的，建有著名教徒的紀念墓。為了崇拜這些殉教者，在中殿前設一似兩側翼的橫向部，為以後的建築定下了基本的發展方向。

十字形教堂是東羅馬教堂的典型特徵，在中廳築一個供牧師講道用的半圓形高臺，並用欄杆圍繞起來，加寬側廊以容下更多的聽眾。

西羅馬的巴西利卡式大廳被保留了下來，主要變化是中廳的柱廊全部採用古典風格。

羅馬教堂採用表面磚砌的混凝土牆，而其他地區教堂的牆體用磚作材料，以柱子支撐木屋頂。教堂一般建在城郊，教堂外邊是聖徒的墓地。

受宗教的直接影響，巴西利卡式教堂都沒有窗戶，信徒們不追求自然之光，而追求精神之光。長長的柱廊和內部足夠的空間把信徒們的視線和虔誠的心理運動導向祭壇，使禮拜儀式進入理想的氛圍。這一時期的建築藝術充滿了神秘主義色彩，對中世紀的建築藝術產生了重大的影響。

43基督教建築藝術在拜占庭時期有何新的發展？

拜占庭建築的中心結構是主穹窿，以不同的形式與輔助的拱相結合，創造出豐富的內部空間組合。

早期的拜占庭建築沿用了羅馬巴西利卡式設計，教堂多為木樑平頂結構。如拉韋納聖階阿波利納雷教堂。

聖索菲亞大教堂內部

拉韋納聖維塔萊教堂是以磚石拱頂和穹窿為特徵建造的，以此為標誌開始形成拜占庭時期的基督教建築藝術。它有一個垂直軸，軸中心垂直直達圓頂，以中心部分的空間為基準，除去一側的長方形門廊和另一側的橢圓大廳外，構成一座八角形的建築。教堂內部有彩色大理石、鑲嵌畫和柱頭雕刻，裝飾效果極佳。圓頂和支撐結構造成一種靜謐的效果，符合教堂莊嚴肅穆的氣氛。

經過發展，開始用穹隅支撐穹窿，代表建築是聖索菲亞教堂。主穹窿南北方向由複雜的拱門、穹隅等結構支撐，東西方向兩邊是兩個與它等直徑的半穹窿，相互鄰接，橫跨中殿上部。內部主柱由紅色斑岩和蛇紋大理石製成，牆壁、拱門、拱頂表面都鋪滿了鑲嵌畫。光線與鑲嵌畫結合，造成奇妙的視覺效果。教堂外部、拱頂、半穹窿等一系列結構波浪式地一層層推向高處，直達主穹窿。這樣的建築體系產生一種紀念碑式的效果，以新穎和樸素為基本特色。

晚期的教堂建築設計沿用了希臘的「十字式」，由四個互成直角的支架拱頂支撐主穹窿，拱頂相交處的角上又是四個穹窿。以威尼斯的聖馬可教堂為代表。

拜占庭建築藝術把政治、宗教功能與建築功能結合在一起，充分體現了權威觀念和等級觀念。神父與俗人的嚴格區分表現了濃重的宗教味，說明建築藝術已開始向中世紀慢慢過渡。

聖索菲亞大教堂

44羅馬式建築的特點是什麼?

羅馬式建築起源於加洛林時期，在吸收羅馬建築、拜占庭建築和早期基督教建築風格的基礎上形成了自己獨特的風格。它主要把基督教力量轉化為視覺力量，體現出一種宏偉壯觀的規模和精神。羅馬式建築主要包括教堂和修道院。

羅馬式教堂追求一種凝重均衡的效果，它作為神權和封建等級結構的反映，體現出一種強大的力量。它主要以厚重堅實的牆壁、高大巍峨的塔樓、半圓形拱穹結構的廣泛應用為特徵。在這裡，它把教堂和堡壘的功能結合在了一起。

羅馬式教堂在巴西利卡式教堂基本結構的基礎上，擴展了其半圓形的後殿，供僧侶們工作和活動，又開設了祈禱處和供聖徒活動的迴廊。中殿寬闊的拱頂加強了建築的穩固，同時也造成一種紀念碑式效果。教堂的窗戶一般都開得很小，形成教堂內部昏暗朦朧的美學效果和神秘的宗教氣氛。

羅馬式教堂建築的優點在於採用半圓的形式，即圓頂及其擴展部分，以及從古羅馬人繼承來的筒形頂。筒拱是主要的結構形式，體現在教堂的各個方面，如平面、光滑的圓柱斷面等。

羅馬式教堂建築的代表作品有法國普瓦捷的聖母大教堂、圖盧茲的聖塞尼教堂等。

羅馬式建築在西元十一世紀晚期和十二世紀初期達到了盛期，這是朝聖熱和宗教聖戰導致的結果。這期間出現了許多教堂、修道院，促進了羅馬建築藝術的發展與革新。

在羅馬式建築的發展與革新中，克呂尼修道院的建造起了重要作用，它直接推動了羅馬式建築的發展。

克呂尼修道院在院長森默爾的努力下，於一〇八八年開始興建第三教堂，其規模的宏偉和壯觀超過了西方所有的基督教教堂建築。教堂的外部與西側門都沒有裝飾。巨大的中殿由十一間組成，每一間圍繞扶壁都有一組圓柱，圓柱與行進中的修士平行伸至高大的祭壇。中殿的五條側廊為設立更多的祭壇提供了廣闊的開放空間，扶壁拱架也被用來支撐高大的中殿。教堂內擴大了半圓廳和兩座十字耳堂，為修士的聖歌頌唱產生共鳴的藝術效果提供了寬闊的空間背景。這座教堂運用的尖頂拱門、圓拱結構和扶壁架等建築形式，為哥德式建築藝術的形成奠定了基礎。它作為羅馬式教堂建築的典型代表，集中體現了這一時期高度發展的建築形式和建築風格，也是體現高度發展的羅馬藝術風格的偉大建築。在聖彼得大教堂建成之前，它一直是歐洲最宏偉、最壯麗的教堂建築。

羅馬式建築藝術的發展與革新繼續體現在諾曼人的建築中。如倫敦城堡中的聖約翰教堂的側廊的拱頂就是早期的交叉圓拱結構。

45 什麼是哥德式建築？

哥德式建築是羅馬式建築藝術的發展和繼續，同時又自成體系，二者在國際上是具有一致性的。

哥德式建築以大教堂為主，教堂中廣泛應用羅馬式建築中的扶壁、尖拱結構等，又發明出交叉肋拱、交叉拱、高扶壁、飛扶壁結構，提供了支撐拱穹重量的新方法，減輕了拱穹對牆壁的側壓力，使牆壁厚度大大減少，這是建築史上一大進步。與羅馬式教堂相比，哥德式教堂的造型顯得輕盈靈巧，高聳挺拔，有一種躍躍欲飛的運動感。運用花格窗和彩色玻璃鑲嵌畫代替牆壁，使建築變成一個透明體，讓教堂裡的人獲得神奇的審美感受。

巴黎聖母院

哥德式建築在法國強調建築的高度。早期是聖德尼大教堂，教堂外部直升的線條、高聳的塔樓和環繞四周的小尖塔，給人高大的感覺，巴黎聖母院再現了其主要特徵，哥德式風格追求的幾何程式和比例得到了完美的表現。盛期的傑作是沙特爾大教堂，在高扶壁上增加了連壁，使整個建築顯得更加挺拔。在亞眠大教堂中，高度追求達到了極限。在哥德式建築後期，開始轉向追求對細節的裝飾。

與法國建築不同，英國的哥德式教堂在早期強調裝飾。拱穹結構除交叉肋拱、橫向肋拱外，又出現了輔加肋拱，增添了美學效果，具有代表性的是林肯大教堂的主體部分，包括中殿和唱詩班席。後來用精細的石製窗花格代替了早期的尖角窗，起到了很好的裝飾效果。後期的英國建築進入垂直式時期，建築內部有一系列從地面一直延伸到拱穹頂的直線結構。肋拱結構更加複雜化，在威斯敏斯特大教堂達到高潮。

德國哥德式建築以大廳式教堂為典型建築，其代表是聖伊麗莎白大教堂的大廳式唱詩席。意大利人根據其民族特點，把建築作為掌握空間的方法，發展了中心式組合建築，一般表現為低矮的平屋頂、狹小的窗戶和寬闊的牆壁。如佛羅倫斯大教堂。

哥德式教堂建築把光線通過彩繪玻璃引入教堂內部，使外部光線成為調節內部光線的主要光源，讓教堂成為一個內部世界與外部世界融為一體的建築整體。

與此同時世俗建築也得到發展，出現了城鄉建築的繁榮。

佛羅倫斯多莫教堂

46佛羅倫斯大教堂和巴齊禮拜堂在建築藝術史上的地位如何？

佛羅倫斯大教堂的穹頂和巴齊禮拜堂都是由布魯內萊斯基設計的。布魯內萊斯基（一三七七～一四四六）是義大利建築師，因運用古典風格求創新而獲得成功。佛羅倫斯大教堂和巴齊禮拜堂是其代表作。

在佛羅倫斯大教堂招標中，布魯內萊斯基獲勝成為工程的主持者。在構思上，他肯定了哥德式建築藝術的兩大特點——外部高尖的頂和內部以尖拱和彩繪玻璃為主的裝飾，並賦予新的內容，設計成柱式和拱，把拱頂下面的空間與人世現實緊密聯繫起來。他堅決與哥德風格決裂，設計雙層內殼的拱頂結構，來減輕在基礎結構上的重量，使建築從平面到拱頂逐漸減輕。大教堂規模之大為中世紀以來所未見，內外兩層構築，外觀雄偉優雅，被譽為「新建築的奇蹟」。

佛羅倫斯聖羅倫佐教堂

一四二九年，他應邀為巴齊家族設計巴齊禮拜堂。這一建築較好地體現了羅馬古典風格建築對內部空間構成的重視。他完全擺脫了哥德式建築那種陰鬱的氛圍，而用彩色石料構成的框架圖案把牆壁分為多個間隔，幾何圖形烘托出來的冷靜、清爽的感覺，讓人感覺很舒適。上方長方形的空間被橫向桶形圓拱覆蓋著，中間圓頂結構比較低，表現出一種新的空間觀念。巴齊禮拜堂讓人感覺到自己是這個建築空間的中心，宇宙的中心就在腳下，把一切都集中於人的周圍，表現了宇宙中的人可通過有限形式去認知自身的存在，以及自身存在創造無限性這樣一種理念。

佛羅倫斯大教堂和巴齊禮拜堂集中體現了布魯內萊斯基的建築風格，他以人為中心的建築思想開創了文藝復興的新風格。評論家說，他的建築設計形象「瀰漫著一股春天的甦醒氣息」。這兩座建築所體現的風格吸引了後來的建築師，為文藝復興時期建築藝術的繁榮奠定了基礎。

47布拉曼特的建築風格是什麼?

布拉曼特（一四四四～一五一四）是義大利的建築師，也是義大利建築藝術的先驅之一。

布拉曼特早期學畫，在布魯內萊斯基、阿爾貝蒂等人創立的新興建築學派影響下，棄畫後轉向建築藝術。他在用人文主義思想和古典藝術的表現手法改造傳統建築的同時，創立了自己的風格。

他的建築史是從改建聖瑪利亞．沙提羅教堂開始的。他採用了在淺壁龕內配透視法繪畫及浮

雕的藝術手法，造成了深遠的空間感，為修造祭壇半圓室提供了空間。建造了一座八角形體的聖器廳，成為北部集中式教堂布局的典範。

其後二〇年間，他接受了達·芬奇關於建築的整體美、城市建築及其與周圍環境的協調與和諧、關於城市規劃布局等思想，這在帕維阿大教堂的設計中得到了體現。聖瑪利亞·格拉奇教堂是這一時期的代表作，圓頂藝術在這座建築中得到進一步發展。

十五世紀末十六世紀初，隨著世界經濟貿易中心從地中海移向大西洋沿岸，古羅馬重現昔日繁榮，文藝復興中心也隨之移到了羅馬，人文主義者、藝術家齊聚羅馬，其中也包括布拉曼特。

在羅馬，布拉曼特改變了建築風格，和美秀麗被宏偉、有力所代替，這與羅馬城的光榮與偉大有直接關係。在這裡，他設計建造了聖彼埃特羅教堂內的特比埃羅小禮拜堂，運用同心圓和圓心放射線的構圖技法，把整個建築設計得比例協調、層次分明、虛實有度。鼓樓上還構築穹頂，整個建築渾然一體、和諧統一，帶有濃郁的紀念性建築風格。這座建築被認為是「新建築流派的第一件綱領性作品」。

此後，布拉曼特又擔任了梵蒂岡宮廷的改建擴建任務，建造著名的培爾維德庭園。根據教皇的要求，他把庭園建築依地勢分為三院，建築和設施分別圍繞中軸線配置，布局整齊統一，有極強的空間感，為後世所沿用。

在改建聖彼得大教堂工程中，他的方案投標獲勝。他在反封建、反教會專制思想的影響下，採用了希臘「十字形」集中式紀念性建築形制，又進一步發展了布魯內萊斯基關於圓頂建築的構思，整個方案都是為了重現古羅馬昔日的偉大輝煌。

布拉曼特，作為一名建築師，為義大利民族建築藝術的形成做出了傑出的貢獻，並推動了文藝復興建築藝術潮流的發展。

48米開朗基羅的聖彼得大教堂的藝術價值何在？

米開朗基羅是文藝復興時期義大利建築藝術的先驅之一。

聖彼得大教堂被譽為是文藝復興時期「最偉大的紀念碑」。它的建築過程不僅是文藝復興時期羅馬最優秀建築師連續創造的過程，也是人文精神同教會勢力較量的過程。

聖彼得大教堂是文藝復興盛期最浩大的建築工程，先由布拉曼特主持，拉斐爾等在布拉曼特去世後繼承了這個工程，到米開朗基羅接手時已建成大廳牆基。

米開朗基羅在聖彼得大教堂工程中最大的貢獻是設計了覆蓋大廳中央部分的大圓頂。米開朗基羅後來被委託主持這一工程，而且憑藉自己的聲望和才藝從教皇手中爭來了工程主持的決定權。他拋棄了教皇的拉丁十字方案，恢復了布拉曼特的平面設計，在此基礎上，他又加大了支撐穹頂的四個墩子，簡化了四角的布局，在正立面設計了九開間的柱廊。他所設計的圓頂規模更為

宏大，繼承達・芬奇的思想，把建築本身的內部空間和周圍環境統一了起來。在他主持工程期間，完成了鼓座的建造。他逝世後，他的後繼者完成了穹頂的建造。

米開朗基羅的願望是創造出一個比古羅馬任何建築物都宏大雄偉的建築，這在聖彼得大教堂中得到了實現。穹頂的直徑幾乎與萬神廟相等，內部頂點的高度是萬神廟的三倍，穹頂外部採光塔上十字架尖端高達一百三十七點八公尺，是羅馬全城的最高點。教堂的穹頂是正球面的，輪廓飽滿，整體性比較強。

聖彼得大教堂在建築藝術上表達了米開朗基羅的思想，即在繼承的基礎上超越古典，在歸依宗教的前提下又不完全受宗教的束縛。藝術家必須有個性和創造力。

聖彼得大教堂的建造過程多災多難，長達半個多世紀，體現了藝術家的偉大，它是建築師們血汗的結晶。它不僅是文藝復興建築藝術的代表作，也為後來的建築師們指明了道路。

聖彼得大教堂

49 帕拉提奧是如何追求建築藝術的和諧與統一的？

帕拉提奧（一五〇八～一五八〇）是義大利的建築師，也是十六世紀威尼斯建築風格的代表人物。

帕拉提奧對建築藝術進行了深入的理論研究，曾數次訪問羅馬，測繪羅馬建築，寫成《古羅馬遺址》一書。後來，又寫成一部《建築四出》，其中包括對材料、古典柱式和裝飾的研究，住宅設計圖和古典建築復原圖，橋樑設計和古代城市規劃，古羅馬神殿的復原圖。在總結的過程中，他吸收了一些建築設計師的風格，運用於他所設計的建築中。

帕拉提奧設計的建築以宅邸和別墅為主，他的作品體現的是世俗生活的樂土，表現出他所追求的是一種和諧美。在他的作品中充滿了和諧，如人與自然的和諧、古典與當代的融合、建築物自身比例的和諧等。

帕特蘭會議規定天主教堂必須是拉丁「十字式」，因此他把古典時期的廟宇建築風格吸收過來，形成新的教堂建築風格。在聖喬治．馬喬雷教堂和救世主教堂都採用縱長十字型，正面是古典廟宇的門廊，有圓柱和人字形山牆，兩邊有側廊，再加上平面裝飾，產生了奇特的視覺效果和美感。

帕拉提奧改建了一座哥德式建築，他在這座建築的底層採用了陶立克柱式，上層又用了愛奧

尼亞柱式。再加上其他的設計，把古羅馬公共建築的傳統融入到這座建築中，成為他融古於今的代表作。

在別墅建築中，以羅頓達別墅為其代表性建築作品。他把別墅建在一座小山上，與周圍鄉村野景相映成趣，體現了建築與周圍環境的和諧統一。四周都有臺階和圓柱門廊，門廊的對面是愛奧尼亞式圓柱，繼承了古典時期廟宇山牆的風格，建造了人字形山牆，兩側和中間還飾有雕像。中間的圓心大廳與方形建築物之間剩餘部分為四周的臺階提供了空間。整個建築方案簡樸又合情理，建築空間寬敞而又沒有沉悶的感覺。

帕拉提奧的特點是講求建築設計的理性原則，注重對稱和平衡，追求整個建築的和諧統一。帕拉提奧的建築藝術為巴洛克建築的形成奠定了基礎，也為後來的天主教堂確定了一個固定模式，還開拓了十八世紀景觀運動的先河。他的理論和實踐形成了建築史上頗有影響的帕拉提奧主義派別。

50什麼是巴洛克建築藝術?

巴洛克建築藝術起源於米開朗基羅的建築風格。米開朗基羅的助手維尼奧拉和波爾塔主持建造的羅馬耶穌教堂被認為是從樣式主義轉向巴洛克的代表作。這座教堂的內部和門面後來成了巴洛克的模式。內部突出了主廳和中央圓頂，增強了中央大門的作用。

巴洛克建築藝術拋棄了對稱與平衡，開始追求華麗，如維也納的貝爾維德雷宮和德累斯頓的茲維格別墅，拋棄了方形和圓形的靜態形式，代之以漩渦和動態，包括以橢圓形為基礎的S形、曲線形、波浪形立面和平面，如聖卡羅教堂。建築師們還採取極端戲劇化的形式，並由此而生出許多幻想來。貝尼尼和波諾米尼是巴洛克風格的奠基人，並且創立了建築藝術典型的創作手法，但在實踐中推廣這種創作手法的是卡勒和封丹納。

貝尼尼和波諾米尼是巴洛克建築盛期的兩位最傑出的大師。貝尼尼長期負責聖彼得大教堂的內部裝修，設計了聖彼得法座和教堂門前雙臂環拱形的廣場和柱廊，使它成為西方最美的廣場建築之一。波諾米尼喜歡用曲線和幾何形體，從整體設計和具體的安排上都表現出獨特的風格，他的代表作是四泉的聖卡洛教堂和聖伊沃教堂，它們被譽為巴洛克建築的典範。

巴洛克教堂中最為複雜的是德國的維也真赫雷根教堂，它在畫廊和泥塑上採用了巴洛克風格，色彩濃重強烈，沒有側廊和圓頂，祭壇坐落在很大的縱向橢圓的中央，形成一個中廳，整個教堂是開敞的且相互滲透的空間。

在世俗建築上，巴洛克建築也取得了很大的成就，如羅馬的拉溫奈廣場等。

51 羅浮宮博物館和凡爾賽宮何以成為人類建築藝術的瑰寶？

羅浮宮博物館是法國國立博物館和藝術陳列館，坐落在巴黎塞納河右岸。原址具有七百多年的歷史，從一二〇四年到一八五七年，歷經好幾代王朝全部工程才告結束。羅浮宮博物館是一個融合了各種建築風格、氣勢雄偉的宮殿建築群。

在路易十四專制時期，藝術成為了體現國家實力和聲望的工具，為了體現王權的強大，開始建造這兩座宮廷的紀念碑式建築。

十七世紀六〇年代，義大利建築師貝爾尼尼視察剛建成的四合院式的羅浮宮博物館之後，提出了建一座雄偉的義大利型巴洛克風格的宮殿來代替原來的方案，但法國建築師說服了宮廷，沒有採納他的方案，由克洛壇·貝洛主持設計這項工程。貝洛吸收了貝爾尼尼的某些風格，又根據自己的構思設計了渾實的底層，用一系列窗戶緩和了原本單調的結構，其兩端和中間部分的突出及由圓柱的突出所構成的縱深空間，對光線的明

凡爾賽宮

暗起調節作用。羅浮宮博物館在構圖上吸收了古典主義建築風格，運用了簡單的幾何圖形，屋頂採用了義大利的平屋頂。可以說它是法國建築藝術和義大利建築風格鬥爭的結果。

凡爾賽宮是法國古典主義宮殿及園林的代表作，位於巴黎西南二十二公里處。在一六六二年經過路易十四的擴建，成了歐洲最大的宮殿和園林。

凡爾賽宮是路易十四作為君主專制最高權威的象徵，凝結了法國當時最傑出的藝術和技術力量。它主要是由建築師勒沃和芒薩爾先後設計建造的。

凡爾賽宮是一座巨大的建築群，裡邊的大廳、沙龍、交際遊廊、園林、公園、大街以及呈輻射狀的道路，共同構成了一個整體，它的中軸線連接了巴黎的羅浮宮博物館和位於它中心的大理石宮廷。整個建築設計方案都符合邏輯性和對稱性，高度統一的屋頂呈水平狀排列，體現出一種新的空間意識。凡爾賽宮是巴洛克建築的典範，它集合了整個法國的宮廷藝術，體現了一種新的建築風格，為以後的城市規劃提供了經驗。

羅浮宮博物館和凡爾賽宮既體現了法蘭西王朝的強大與繁榮，又體現了法國的建築藝術，從而成為人類建築藝術的瑰寶。

52 英國水晶宮的問世有何藝術價值和社會意義？

水晶宮的問世有著深刻的社會背景。十九世紀上半葉，建築藝術不斷發展，出現了新的建築原則和建築材料，在建築的面積、高度和內部空間方面，對建築設計師們提出了新的威脅和挑戰。水晶宮就是這一時期應戰的結果。

水晶宮是為一八五一年在英國舉行的工業博覽會而建造的，它是倫敦海德公園內一座玻璃和銅鐵構件的巨型展覽廳。由園林設計師約瑟夫．帕克斯頓設計建造。

水晶宮是一幢宏偉的預製構件建築，它全長一千八百五十一英尺的牆壁全部用鐵杆組成的網狀結構來支撐。高六十六英尺，寬四百零八英尺，建築面積達八十萬平方英尺，內部空間為三千三百萬立方英尺，被稱為帕克斯頓的「巨大溫室」。水晶宮全部構件都經過精確計算後預製，大大縮短了建築所用的時間，不到一年的時間，一座令人驚異的壯麗建築就出現在世人的面前。這座建築大量使用新材料和新技術，既保持了整個建築的風格與特點，又掩飾了局部的某些不足，顯得比較完美。

水晶宮的誕生，使人們的意識觀念發生了變化，認識到了科技的作用，體會到了人類的智慧。它是科學和藝術結合的產物，體現了工業革命後建築結構的變化和人的審美觀念的進步。

53高迪的建築設計有何藝術特色？

高迪（一八五二～一九二六）是西班牙的建築師。他在眾多建築理論家和設計師的影響下，走上了建築之路。加上他自己也有振興當地建築藝術的欲望和創造一種全新建築藝術的動力，所以取得了輝煌的成就。但在他的建築風格的形成上，加泰隆分治主義運動起到了極其重要的作用。

高迪建築風格的最早形成是在維森斯宅邸的設計上。在結構原理上，他採用哥德式風格，但在設計上很大程度是地中海的，色彩上類同於希臘和摩爾。他模仿泥罐，圍繞一個泥罐規劃，採用了帶狀磚、釉瓦和裝飾鐵工等材料，首次運用了傳統的加泰隆或魯西隆穹窿，他的風格的關鍵特徵是運用一層層磚懸挑做成的穹拱。

高迪和其同事貴朗斯釋・伯倫古埃合作完成了居埃爾宮和居埃爾公園。居埃爾宮是圍繞一個音樂室、一個風琴樓廂和小禮堂建造的。在居埃爾公園中，他根據自己對不同結構物的理解創造出許多異常的景觀，如用不同形狀的石塊砌成的拱廊。

高迪還進行了對宗教教堂的設計建造。他於一九〇六年接受了設計薩哥拉拉・伐米拉贖罪大教堂的任務。他設計的塔尖十分怪誕，上面鑲滿了玻璃、陶片和瓷磚，並用寫實手法在上面雕刻了人、動植物以及雲彩。他設計的塞維羅教堂的地下聖堂採用了承重張力索網結構，沒有扶壁。

在米拉公寓中，高迪拋棄了維奧雷·勒杜克的建築原則，巨大的石塊經過費力的加工，讓人感覺到岩面被時間腐蝕了。他的組合結構和方式也不太明白，重型的立體面層內部採用了鋼結構，把原始材料轉化為一系列強有力的形象。

他所設計的建築物在結構和幾何學上是非常完美的，體現了他的創造才華。他以不規則為基本特徵，設計建造了許多符合實用功能及自然形狀和色彩的建築物。

54 萊特的建築風格是什麼？

萊特（一八六七～一九五九）是美國芝加哥的建築設計師。

萊特接受了其老師的「形式服從於功能」的原則，同時，也提出了自己的理論，即一座建築及其環境是個有機統一的整體。他還創立了空間伸縮性原則，認為內部空間應體現自由的動感。

他的「有機建築」原則體現在他為埃德加·考夫曼設計建造的瀑布別墅中。他把這座建築的一切都設計得同環境融為一體。如階梯形的鋼筋混凝土局部從磚石核心向四處延伸，如同彼此重疊的飛機翱翔在流水之上。

他設計的芝加哥羅比住宅，被認為是他的「草原式住宅」中的傑出代表。在這座建築中，他運用了精美的磚砌牆體、石頭壓頂、鋁鍍窗戶以及當時最為先進的電氣照明和採暖系統。他強調屋頂的戲劇性組合和室內空間的相互流動，打破了傳統用方匣子堆成房屋的觀念。他還發明創造了壁角窗。

在摩天大樓的建造上，他也提出了自己的理論。他認為摩天大樓應建在城市周邊的開闊區域，讓人呼吸到新鮮的空氣，享受充足的陽光。他在奧克拉荷馬州的巴特勒斯維爾小鎮建造了一座十八層大樓，體現了他的這種建築理論，也體現了他對建築的構思是以自然環境為基礎的。

他在建築生涯的晚期，應邀為紐約設計了古根海姆博物館。在這座建築中，他把建築物的懸臂構造成一個螺旋形結構，使它的內部空間呈現出一種持續的流動，通道緩緩上升，讓參觀博物館內作品的人不知不覺地上到頂層，具有很高的實用價值和藝術價值。

萊特非常注重與建築物相聯繫的生活方式、宗教信仰、周圍環境以及材料來源等。他於二十世紀三〇年代，在亞利桑那州的菲尼克斯建造了一座叫「西塔里埃森」的建築，以當地的巨大的圓石頭為骨料，再加上木屋樑和帆布篷，整個建築結構呈四十五度斜線，與亞利桑那沙漠融在了一起。

萊特的一生對建築藝術不斷進行革新，在探索建築與原材料、環境等的和諧統一方面，為後代建築師留下了寶貴的經驗，起到了極其重要的作用。

55門德爾松取得了哪些建築成就？

門德爾松（一八八七～一九五一）是德國的建築設計師，是表現主義建築藝術的代表。表現主義是二十世紀初流行的一種藝術思想和潮流，它帶有極大的主觀性，感情比較強烈，使所用的藝術手段達到表現的極致。表現主義在德國主宰一切藝術形式，在建築領域，它的具體表現是建築體形比較誇張、奇特。

他的第一項設計是波茨坦市的愛因斯坦天文臺，設計於第一次世界大戰之後，這是他的成名之作。整個建築造型新穎，呈現出流線型，上面開了許多形狀不規則的窗洞，牆圍上造了一些突起，展現了一種神秘的氛圍，表達了他對時代及愛因斯坦相對論的感受。

天文臺建成之後，門德爾松應邀前往荷蘭訪問。在荷蘭他接受了結構派，開始轉向對材料固有的結構表現力的重視，這表現在他在盧肯瓦爾德建造的帽子工廠。他以德．克勒克的風格為模式，瀝青坡頂屋面的染料車間及生產工棚與光滑的平屋頂電站形成強烈對比。在列寧格勒紡織廠的設計上，也體現了他的這種對比原則。

在《柏林日報》社辦公樓建築和在海法律建築設計競賽中，他的建築採用了較為世俗性的、習俗的多層和直線處理，表現了他的建築藝術手法的多樣性。

在隨後幾個城市百貨商店的建造上，他採用簡單的幾何結構去表現建築物的輪廓，在建築的構圖和材料方面體現出時代感和商業性風味。

在納粹統治時期，他輾轉各國，為許多國家留下了他的建築風格。在英國，他與金瑪耶夫合作設計了伯克斯丘的德拉華館，其中設計了一個全部用玻璃製成的半圓形樓梯，是建築史上的一大創新。這之後，他建造的幾乎都是供下層人所用的公共建築，如耶路撒冷的醫院和在美國設計的猶太教堂等。門德爾松為世界建築藝術的交流與進步做出了貢獻。

56 什麼是國際風格派？

國際風格派是一種現代派建築風格，首先於二十世紀三〇年代在歐美各國發展起來，後來遍及到了整個工業世界。國際風格派建築一般形狀都是長方形，運用伸臂式結構，創造出寬敞的空間，採取玻璃和鋼很少外露的鋼筋混凝土結構。它反對復古和裝飾，代表人物有德國的米斯·凡德羅、美國的菲利浦·約翰遜、法國的勒·柯布西埃和荷蘭的阿爾托等。

米斯繼承了格羅皮烏斯的風格，並曾與其合作過，他們倆都以玻璃間壁結構的運用而著稱於建築領域。米斯認為建築應在結構和方法上不斷革新，適應時代的特徵和要求。一九二九年，他設計建造了巴賽隆納世界博覽會德國館。這個建築最大的特點是牆的位置比較靈活，成為現代建築常用流通空間的典型。它的外形設計比較簡單，對不同構件和材料都進行了過渡性處理，有一種明快的美感。他以後的建築都取消了內部牆和柱，用一個很大的無阻擋空間來容納多種不同的活動，在結構上採用鋼框架和玻璃牆，體現了鋼和玻璃在現代建築中所起的重要作用。

國際風格派的主將是法國的柯布西埃，他的建築作品具有理性主義和浪漫主義雙重的特點，同時，也有自己的建築理論。在住宅建築上，他提出自己的「新建築的五個特點」，代表作為薩伏伊別墅和巴黎瑞士學生宿舍。前者的外部形體是簡單的幾何體，內部空間比較複雜，缺乏裝飾，體現了他的「住房是居住的機器」的思想。後者則具備了現代建築的多種建築形式和手法。馬賽公寓解決了集體住宅的設計問題。朗香教堂的設計體現了一種神秘傾向，從外部空間到內部空間都採用了非常規則的設計。這一期間，他的建築風格已從理性主義轉到了浪漫主義，如在馬賽公寓和昌迪加爾法院外表的建造運用混凝土之後表現出來的「粗野」。他的建築藝術隨著時代的前進在不斷變化著，推動了建築和城市建設的現代化步伐。

荷蘭的阿爾托的建築把浪漫色彩和工藝學結合在一起，顯得極實用又富有感情。一九五〇～一九五二年建成的賽于奈察洛市政中心，屋頂由紅磚、木材和銅裝飾，又聚集在一個地基較高的綠色庭院四周，構成了一幅美麗的圖畫。

在美國，菲利浦．約翰遜設計了一座玻璃房屋，體現了他對透明性的追求。

國際風格派的建築設計師們在不同的地域內推動建築藝術的發展，把時代、科技的特點和成果反映在建築上，留下了一大批現代化的建築，為國際風格派建築藝術的傳播和繼續提供了保障。

57什麼是包豪斯建築風格？

包豪斯是指德國的建築與實用美術學校，意譯為建築社。一九一九年，格羅皮烏斯在德國魏瑪，為了培養建築人才而設立。

包豪斯的宗旨是倡導發展實用工藝美術，強調技術在現代人的生活和審美經驗中的重要性，主張各門藝術之間交流融合，追求創造現代的綜合建築藝術。它要求發揮新材料和新結構的技術性能和美學性能，造型上簡單，構圖上靈活。格羅皮烏斯把這些要求都融會在他的建築設計中，形成了包豪斯建築風格。格羅皮烏斯設計建造了耶那市劇場、包豪斯校舍、德紹市就業辦事處等建築。

包豪斯校舍於一九二五年秋動工興建，一九二六年底完工，由格羅皮烏斯親自設計建造。校舍建築總面積近萬平方公尺，包括教學樓、生活用房和學生宿舍三部分，還有附屬的一所職業學校，整個平面如三葉風車，打破了傳統的對稱

包豪斯校舍

布局。它完全排斥了復古思想，從建築的實用功能出發設計建造。採用靈活的不規則的構圖方法，充分運用對比效果，從新材料和新的框架結構出發，採用了簡潔的平屋頂、大片玻璃窗和抹灰牆面，細緻設計了諸如條窗、雨罩、眺台和窗格的比例造型，使建築顯現出清新、明潔和樸素的現代風格。格羅皮烏斯強調建築本身的體形美和材料本身的色彩與質感取得的裝飾效果，以及各座建築之間高低、體量、方向和虛實的對比，空間形象生動多樣，顯示了各個局部之間的有機聯繫，室內設計與建築外形的和諧統一。他以非常經濟的方法解決了建築的實用功能問題，節省了建造費用。

包豪斯建築風格完全體現於包豪斯校舍的設計與建造上，它以開放的盒式建築作為基本的空間單位，並組合成相互關聯的立方建築群體。使用懸壁結構，使建築物向外突出，運用了現代科技成果——混凝土、鋼架結構和玻璃牆，追求建築的水平形象和透明性。利用建築本身要素達到裝飾的效果，將構圖設計、功能、材料和結構結合在一起。

包豪斯校舍的建造，是現代建築成熟的標誌，在現代建築史上具有里程碑意義。後來，包豪斯建築風格隨著這所學校移到美國，也逐漸傳播開來。

58 什麼是芭蕾？

芭蕾是法語ballef的音譯，最初源於古拉丁語ballo，表示跳舞，或當眾表演舞蹈，並不具有劇場演出的含義。

芭蕾作為一門舞臺藝術，最初孕育於義大利盛大的宴飲娛樂活動，舞蹈運動出現在宮廷，掀起了藝術表演的狂潮。嚴格意義上的芭蕾於十七世紀形成於法國宮廷。宮廷芭蕾是在一個統一的主題下，具有鬆散結構的舞蹈歌唱、音樂、朗誦和戲劇的綜合性表演，由專業的舞蹈教師設計，國王和貴族擔任演員，觀眾圍繞在大廳周圍觀看，演員都戴著皮製的面具擔任不同的角色，故又稱為假面芭蕾。

《天鵝湖》中的雙人舞

舞蹈史上把《皇后喜劇芭蕾》作為第一部芭蕾，它產生於一五八一年，由法國亨利三世宮廷在巴黎近郊的楓丹白露演出。演出由皇太后凱瑟琳主持，以希臘女巫塞爾斯為主題，糅合了舊約聖經故事和希臘、羅馬神話。音樂、詩、歌曲都由專職官吏寫作，舞臺經過精心製作，由經過嚴格訓練的音樂家和舞蹈家演出，還設置了噴泉和流水機，演出的轟動超過了以往的一切宮廷娛樂活動。由此，法國被認為是芭蕾藝術的發展中心。

十七世紀中期開始設立舞蹈學院，後來又把芭蕾演出引入了劇場，引起了舞蹈技術和審美觀念的變化。演員站立的姿勢越來越外開，確定了腳的五種基本位置，成為發展芭蕾舞技術的基礎。

十八世紀的芭蕾大師諾韋爾提出「情節芭蕾」的主張，強調舞蹈不只是形體的技巧，而應屬於戲劇表現和思想交流的工具，掀起了芭蕾的革新運動。經過一系列改革，使芭蕾與歌劇分離，形成了一門獨立的劇場藝術。

十九世紀以後，技術有了變化，女演員要穿特製的腳尖舞鞋用腳趾尖端跳舞，被稱為「腳尖舞」。

二十世紀創作的芭蕾作品，大都突破了規範和程式的嚴格限制，出現了現代芭蕾。

在芭蕾舞的發展過程中，出現了許多著名人物和著名作品。布拉西斯發展了芭蕾訓練中控制人體動作平衡和均衡的法則，以及幾何圖解等重要原理。尼爾斯基則被認為是芭蕾史上最偉大的男演員，他以超群的升高、騰躍和旋轉技巧而聞名，能在空中完成兩腿前後交叉十二次之多。芭蕾史上重要作品有《睡美人》、《天鵝湖》、《吉賽爾》、《胡桃鉗》等。

59烏蘭諾娃在芭蕾史上的地位和價值何在？

烏蘭諾娃是蘇聯女芭蕾演員，她出生於一九一〇年。在她的母親和瓦加諾娃的教導下，從小開始學習芭蕾，畢業後在基洛夫歌劇舞劇院芭蕾舞團和莫斯科大劇院芭蕾舞團任主要演員。她曾到世界各國演出，享有很高的國際聲譽。她所飾演的《黑天鵝和白天鵝》給觀眾留下了極深的印象。

烏蘭諾娃的舞蹈藝術特色是：富於抒情詩意，刻畫人物細膩，善於表現複雜的人物性格。在她的表演中，舞蹈技藝、戲劇表演、造型姿態三者水乳交融，又都服從於形象塑造的要求。她反對為技術而技術，不提倡單純雕琢動作，而努力追求表現人物內心的激情，把難度很大的動作表現得自然、流暢，日常生活的動作也表現得典雅且富有音樂感。

烏蘭諾娃

烏蘭諾娃的舞蹈藝術，從一般的抒情性逐漸發展成為真正深刻的悲劇性，晚期表演的角色內心世界更為豐富和複雜。她的代表劇目有：《巴哈切薩拉伊的淚泉》、《羅密歐與朱麗葉》、《灰姑娘》、《天鵝湖》、《吉賽爾》等，在舞劇《吉賽爾》中發瘋的舞蹈表演，被公認為她悲劇藝術的頂峰。

一九五一年，烏蘭諾娃獲得「蘇聯人民演員」的稱號。

60《天鵝湖》在古典芭蕾舞劇中有何重大意義？

舞劇《天鵝湖》與《睡美人》、《胡桃鉗》一起，在古典芭蕾歷史上，具有里程碑意義。

《天鵝湖》為四幕芭蕾。作曲：柴可夫斯基；編劇：別吉切夫、格利采爾；編導：佩蒂帕、伊萬諾夫。於一八九五年一月十五日首演於聖彼得堡瑪利亞劇院，由基洛夫芭蕾舞團中的萊尼亞尼、格爾德特、布林加科夫等主演。劇情描寫了王子齊格弗里德與被魔法變成天鵝的公主奧潔塔的愛情故事。王子勇敢地與魔王搏鬥，忠貞的愛情終於戰勝了魔法，奧潔塔重新獲得了自由。

《天鵝湖》的舞劇音樂是柴可夫斯基於一八七六年寫

《天鵝湖》劇照

的，曾由捷克人雷辛蓋爾編導，在莫斯科大劇院上演，但編導沒有領會音樂的革新意圖和俄羅斯民族風格，導致演出失敗。比利時人漢森重新編導後，曾兩度在莫斯科大劇院上演，也未獲得成功。一八九四年二月十七日在紀念柴可夫斯基逝世一周年的晚會上，由伊萬諾夫編導的第二幕，在聖彼得堡瑪利亞劇院上演獲得成功。伊萬諾夫正確處理了公主奧潔塔和眾天鵝的形象，她們是人又是天鵝，但主要強調她們作為人，作為俄羅斯少女的一面，由此找到了相應的造型形式「漂浮的阿拉貝斯克舞姿」。這次演出的成功引起了人們重新恢復全劇演出的興趣，遂委託柴可夫斯基的弟弟莫傑斯特對音樂和劇本進行重新整理，由佩蒂帕和伊萬諾夫編導，於一八九五年上演。這個演出本中主要由伊萬諾夫設計的群舞場面，一直沿用至今，成為後世演出的基礎。

這次演出是交響芭蕾的最早範例，對巴蘭欽、福金等人在舞蹈交響化方面的探索影響甚大。

61 什麼是現代舞？

現代舞是二十世紀在西方興起的一種與古典芭蕾相對立的舞蹈派別。現代舞追求自由，崇尚創新，改變了古典芭蕾及其神靈仙女一統天下的局面。它真實表達現代人的個人思想感情，將舞蹈藝術與人的現實生活聯繫在一起，以旺盛的生命力踏遍了全世界。

早期現代舞是浪漫主義的產物。浪漫主義反對古典，崇尚創新，強調藝術家的主觀感情。在

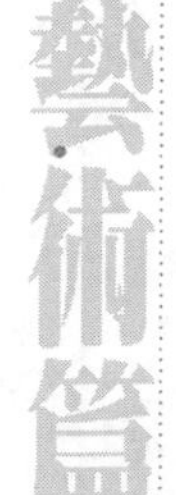

舞蹈領域內，現代舞的創始人鄧肯首先起來反對古典芭蕾，她的自由舞蹈為人們所接受，很快影響到了歐洲。自由舞在後來被稱作現代舞。

鄧肯回應浪漫主義「回到自然」的口號，拋掉了芭蕾舞鞋，脫去緊裹著身體的芭蕾舞衣，赤足光腿，用自己的藝術實踐創造出一種自由舞蹈的形式，為現代的新型舞蹈探索出一條新的道路。鄧肯被稱為「世界現代舞之母」。

鄧肯（圖中）

美國現代舞的真正奠基人是丹妮絲和肖恩夫婦。丹妮絲廣泛運用東方舞蹈形式，並以此來傳達人類宗教精神資訊，形成具有東方特色的現代舞，她被譽為「美國舞蹈的第一夫人」。肖恩則被稱為「美國舞蹈之父」，他創建了聞名世界的「男人舞團」，編排了一系列充滿陽剛之氣的男子舞蹈。丹妮絲與肖恩合辦了一所舞蹈學校，成為學生接受新舞蹈的搖籃。其中的格雷厄姆、漢弗萊、韋德曼等都成為美國現代舞的傑出代表。

漢弗萊根據人體動作的基本原理創立了她自己的技術理論和方法，即在「跌倒和復起」、「平衡與不平衡」之間構成的動作規律。格雷厄姆強調「內省」心理，揭示人類內心的陰暗面，她以呼吸為中心進行研究，發展了「收緊和放鬆」的動作原理，認為舞蹈家可以用呼吸推動身體旋轉、跳躍、跌倒等技術，也可用以表示痛苦、恐怖、狂喜以至劇烈到痙攣的感情。韋德曼關心人類的原始衝動和未來的命運。

現代舞強調創造性，舞蹈家們紛紛離開自己原有的團體，獨立地去探索現代舞的新途徑。坎特安是新先鋒的代表，他認為人類生活常被習慣所束縛，如果在編舞中使用偶得成分，就有可能發現人類最本能而又最吸引人的動作方式，他反對「舞蹈動作必須有含義」這一思想。尼古拉斯則與他相反，提倡非人化舞蹈。

現代芭蕾作為現代舞的流派之一，介乎於現代舞和古典芭蕾之間，在觀念上是現代舞，在技巧上採用芭蕾方式。漢斯把現代舞與芭蕾兩種藝術結合，形成了現代芭蕾，一九三二年的《綠桌》獲得很大成功。

現代舞是現代社會科學進步、民主思想和自由氛圍的豐碩成果，它反對傳統觀念在藝術上的統治，總是保持著活躍易變的特性，不斷地變化、發展。

62 鄧肯在舞蹈史上的地位如何？

鄧肯（一八七七～一九二七）是美國女舞蹈家，現代舞的先驅。

她不屑於去跳商業化舞蹈，反對古典芭蕾的刻板，而是努力把自己的舞蹈建立在自然的節奏和動作之上。她的理想舞蹈表現方式是身著長衫、赤腳、動作酷似樹木搖曳或海浪翻騰。

鄧肯認為舞蹈藝術應來源於自然，舞蹈的任務就是在自然中尋找最美的形體，能發現並表現這些形體內在精神的動作。她認為芭蕾規範違反萬有引力定律和個人的自然意志。

鄧肯把表現藝術中最有道德、最健全、最美的事物作為舞蹈家的天職，所以，她的早期舞蹈以抒情題材作品居多，表現出一種歡樂的氣氛。在這期間，她數次訪問俄國，震動了俄國藝術界。一九一三年之後，她的創作開始轉向悲壯的、英雄的題材，如貝多芬、柴可夫斯基等的音樂。

鄧肯畢生從事舞蹈事業，她的實踐與理論對後來的舞蹈發展有很大影響。

鄧肯（圖左）

63格雷厄姆取得了哪些成就？

格雷厄姆（一八九三～一九九一）是美國女舞蹈家，美國現代舞的創始人之一。

格雷厄姆高中畢業後學習舞蹈，後進入丹妮絲肖恩學校深造。一九二三年她進了格林威治村歌舞劇團，度過了一年的演員生活，之後前往紐約任教，開始進行現代舞的創作。兩年後，舉辦了個人舞蹈演出會。這一時期的主要作品是《戈壁三少女》。她的早期作品一直未得到人們的歡迎，直到一九一五年，代表作《邊疆》的問世，標誌著她在創作上的成熟。

格雷厄姆在創作實踐中逐漸探索和形成了一整套系統化的現代舞技巧和訓練方法。「格雷厄姆技巧」的中心是呼吸。她研究了人體在呼和吸之間的變化，從這種研究出發，發展了舞蹈上的「收緊和放鬆」原理。她認為動作主要是軀幹的收縮和伸展，四肢向外伸張，創造和發展了在地面上的起伏的技巧。她認為舞蹈家可以用呼吸來推動身體旋轉、跳躍、跌倒等。

格雷厄姆認為舞蹈應揭示「內在的人」。她早期創作的《火穴》，借一個古老的傳說，表現「死亡和毀滅是妒忌之火焚燒後留下的灰燼」。她在表演《悲悼》時，人的形象是痛苦地蜷縮成一團的，焦慮、痛苦造成身體的抽動以及扭曲，體現了她的「心靈的圖解」。

格雷厄姆的作品題材、體裁都很廣泛，在舞臺美術上，她大膽使用了雕塑布景。

格雷厄姆於一九七六年出版了她的作品全集，著名的有《阿巴拉契亞山的春天》、《黑夜的旅程》、《克萊門斯特拉》、《旅途神話》等。

作為現代舞的創始人之一，她對現代舞的創作和表演產生了重大影響。

64古代兩河流域音樂成就如何？

從雕刻的圖像和文獻資料來看，歌唱藝術在當時人民的生活中具有重要的作用。著名的史詩《吉爾伽美什》代表了美索不達米亞歌唱藝術的最高成就。《吉爾伽美什》是古代兩河流域神話傳說的總集，當初以民歌形式在民間廣泛流傳，由民間歌手操琴吟唱，歌詞是記載在泥板上的，旋律和曲調已無從考證。史詩共有三千多行，用楔形文字記載在十二塊泥板上，情節分為四部分，由於在長期流傳過程中，史詩被不斷地加工和修改，吉爾伽美什的形象前後表現得有點矛盾，但從歌詞「吉爾伽美什才是英雄中的英雄」中可以看出，只有為民建立功勛的人才是真正的英雄。

在美索不達米亞的音樂文明中，器樂文明也取得了令人矚目的成就。在西元前三〇〇〇年左右的烏魯克時期，兩河流域就流行現在所知最古老的豎琴。豎琴呈不對稱的拋物線狀，從最初的三根弦，一直發展到了後來的二十二根弦。三角豎琴在宮廷和民間也廣泛流行。蘇美爾人還使用長笛、雙簧管類的雙管吹奏樂器、框式皮革鼓、嗶唧器等樂器。在阿卡德王國時期，在豎琴和里拉琴的基礎上，創造出了琉特琴。

社會分工和職業專業化產生了職業樂師和半職業樂師，他們服務宮廷和主持祭祀。祭司通過音樂與神交談，音樂學校對祭司開始進行專業訓練。

音樂理論已開始萌芽，當時的人把數學運用於樂器的製作和音律的運算，把音樂從不自覺引向規律和邏輯。

65古埃及的音樂有哪些成就？

音樂在古埃及人的生活中具有很重要的作用，埃及人認為音樂具有魔法作用，可以消除疲勞，抒發哀思愁憤之情，所以在一般活動中都奏樂伴奏。

古埃及最早的音樂形式是同文學藝術相結合的民間歌謠。勞動歌謠、愛情歌謠、家教歌謠是民間歌謠的主要形式。

勞動歌謠主要是生活在社會最底層的奴隸和農民創作的，他們有創作的靈感，主要是為了洩憤，現有的歌謠有《莊稼人的歌謠》、《打穀人的歌謠》以及《搬穀人的歌謠》三首。

愛情是個永恆的話題，愛情歌謠在當時也佔了很大比重，反映了人們渴望得到愛情、自由和幸福的美好願望，在創作上已達到一定的水準。

家教歌謠來源於古埃及人對神靈的強烈崇拜，主要歌頌地神、太陽神、水神和奧西里斯等神靈，代表作有家教性詩歌總集《亡靈書》。

在西元前四〇〇〇年，埃及有了指揮術，不僅指揮樂曲的速度、節拍，還用腕、手指、面部表情、頭部動作等表達出旋律的進行和感情的變化。古埃及的樂器有弓形豎琴、豎笛、里拉琴、雙簧管、詩琴、西斯特等。西元前十六世紀左右，還組織了合唱團。軍樂也得到了充分發展，其中有打擊樂和小號，由女奴隸擔任專業音樂家。西元前二世紀，出現了水壓風琴。

66古希臘音樂有哪些成就？

古希臘音樂是歐洲最古老的音樂文化，產生和發展於西元前三十二世紀至西元五世紀的漫長歷史時期，反映了奴隸制從產生到崩潰這一過程的社會生活，在思想內容和藝術形式上綜合了當時東西方的文化成果，對歐洲各國音樂的發展有深遠影響。

古希臘的民間以敘事歌曲的形式流傳著大量神話傳說，整理之後形成了著名的史詩《伊里亞德》和《奧德賽》，裡面涉及了當時的音樂狀況。

西元前五九〇年起，在德爾斐有了音樂比賽這一形式。起初，主要是帶器樂伴奏的歌唱比賽，後來又加進了基薩檢和阿夫洛斯的獨奏比賽。西元前八至前七世紀在列斯博斯島形成了音樂詩歌學派，他們主張把個人感情融入到詩歌中，代表人物有阿爾凱奧斯等。器樂獨奏和標題音樂也誕生了。西元前七到前六世紀音樂詩歌藝術在斯巴達獲得了發展。

西元前五到前四世紀的希臘悲劇表明人們對音樂開始自覺地追求。希臘悲劇是集戲劇、音樂、舞蹈和詩歌於一體的綜合藝術形式。悲劇通常取材於神話傳說和《荷馬史詩》，表現人和無法抗拒的「命運」之間的衝突，曲折地反映了當時的社會矛盾。著名的悲劇作家有埃斯庫羅斯、索福克勒斯和歐里庇得斯。古希臘悲劇是當時表演藝術的最高代表，在音樂理論上也代表了這個時代音樂成就的最高峰。

古希臘音樂理論也得到了豐富和發展，他們把各種美德的形成都歸功於音樂，提出了許多概念。如「音樂」、「旋律」、「節奏」以及「音階」、「調式」等，具有普遍意義。

西元前四世紀至紀元初，音樂再次獲得新的發展，建造有專門的音樂廳，建立龐大的樂隊。樂器也進一步改進，啞劇舞蹈流行，娛樂性的飲酒歌比較興盛。

67古羅馬的音樂有哪些成就？

古羅馬的音樂是在古希臘音樂的影響下發展的，同時也形成了自己獨特的風格，這在用提比亞伴奏的凱旋歌、婚禮歌、葬禮歌、飲酒歌中有所體現，在古老的軍歌和舞蹈中也有反映。

古羅馬音樂文化最早的淵源是西元前五世紀伊特拉斯坎人的音樂。但古羅馬的音樂文化更多地吸收了其他民族的成果。

古羅馬在對外擴張中，為了鼓舞士氣、炫耀軍威，在軍中配置了樂師、歌手和軍樂隊。宮廷和別墅裡也養了許多歌手，以便娛樂。富豪們也在家裡組織奴隸樂隊。音樂原有的意義已被取消了，成為專門炫耀權勢或純粹娛樂的工具。在民間，一般是露天演出，其中帶假面的即興滑稽戲和獨舞啞劇獲得了發展。基督教誕生以後，宗教音樂也迅速出現。

古羅馬統治者對具有民主傾向的文藝進行殘酷鎮壓，一定程度上阻礙了本民族音樂的發展。

68 文藝復興運動時期著名的音樂流派有哪些？

文藝復興時期的音樂在中世紀音樂的基礎上，在內容和形式上都發生了革命，湧現出一大批成就卓著的音樂大師和流派，主要有尼德蘭樂派、羅馬樂派和威尼斯樂派等。

十五世紀的尼德蘭是歐洲最發達的國家之一，它吸引了一批傑出的作曲家，吸收了歐洲先進的音樂文化，將其融入本民族的音樂文化，形成了獨具特色的尼德蘭樂派。

十五世紀前半葉，以杜飛和沃克亥姆為代表的音樂家，在英國作曲家鄧斯泰布林影響下，創造了一種清澈、明朗的音樂語言，其中以世俗音樂最有特色，出現了主屬關係的和聲體系。十五世紀下半葉，尼德蘭樂派達到了真正繁榮，作品主要有彌撒曲、經文歌和具有民族風格的世俗歌曲，複調音樂獲得了高度發展。若斯坎·德·普雷把傳統的對位法用來表現情感，發展了主題模仿手法，其作品的旋律寧靜優美，和聲極富表情。偉大的音樂大師奧蘭多·迪·拉索把複調音樂的創作推向了高峰，其作品幾乎全是聲樂，融會了各國的音樂風格。

羅馬樂派主要從事宗教創作，以帕萊斯特里納為奠基者。他尋求複調與和聲的平衡，簡化複雜的複調織體，運用輪廓清晰的和弦式寫法，形成寧靜、明朗、清澈、和諧的新的複調風格，開創了無伴奏合唱的先例。

威尼斯樂派形成於十六世紀上半葉，以維拉爾特為創始人，他在聲樂中運用了「分組合唱」的原則。

文藝復興時期的音樂呈現出風格多樣化的特徵，各個流派都有自己獨特的風格，撩動了音樂的復興，促進了歐洲音樂的發展，成為近代資產階級音樂文化的開端。

《馬克白》劇照

69歌劇是如何誕生的？

歌劇於一六〇〇年左右在義大利誕生。

索福克勒斯和歐里庇得斯的悲劇是歌劇最早的雛形。但音樂在這裡不佔主導地位，只是用來伴奏臺詞，所以不是真正的歌劇。真正的歌劇應該是一種兼有戲劇和音樂風格的藝術形式，是極具戲劇性的歌唱音樂。

文藝復興運動興起以後，在音樂領域也掀起了革新浪潮，追求激情和個性，音樂家們認為傳統的複調音樂把所有聲部都放在同等重要的位置，渲染出的是莊重的教堂風格，不再適應時代的要求，在這種背景下，現代意義上的和聲學終於登上了音樂舞臺。

十六世紀以前，人們對和聲學的認識是一片空白，沒有和弦的概念，認為一旦重疊的音不可能脫離旋律而獨立使用，音只有放入旋律且融進聲部才有意義。但是，隨著器樂音樂的發展，人們的觀念也有了進一步發展，人們把上部聲部以外的聲部都看成是伴奏，而不是同等重要的位置，到伴奏中去尋找規律，導致和聲學的產生。從此，複調時代一去不復返，人類音樂文化迎來了主調時代。這是歌劇產生的必要條件。

條件成熟以後，歌劇就要登上舞臺了，完成這一任務的是佛羅倫斯文藝集團。他們在文藝復興思想影響下，探索音樂發展的新道路，目的是把詩歌和音樂緊密相連，所有的藝術都融會貫通，產生一種具有強烈感染力的藝術形式。他們把古希臘神話故事編成一種近似說話的歌唱，力求恢復古代簡樸的風格，並在宮廷中上演，稱之為歌劇，從最初的娛樂活動發展到進入劇院演出，歌劇正式誕生了。

現在所知的第一部歌劇是由佩里作曲、里努契尼作詞的《達佛涅》，它於一五九五年在柯爾西宮邸中上演。現在仍保留有樂譜的是一六〇〇年上演的《尤麗迪西》，由里努契尼作詞、佩里作曲。

歌劇的產生，打破了原有音樂的平衡，使音樂中心發生了轉移，所以一六〇〇年被作為巴洛克音樂時期的開始，也是近代音樂的開端。

70 蒙泰韋爾迪在音樂史上的地位如何？

蒙泰韋爾迪（一五六七～一六四一）是義大利作曲家，是歌劇藝術威尼斯樂派的代表人物。蒙泰韋爾迪對早期歌劇起了重要作用。

一六〇七年，芒阿圖宮廷上演了時任宮廷樂師的蒙泰韋爾迪的第一部歌劇《奧菲歐》。寫這部歌劇時，

蒙泰韋爾迪

他的妻子重病在床，他把即將失去妻子的悲痛反映到歌劇《阿麗安娜》中，取得了出奇的效果。《阿麗安娜》是現存五十一部同一題材中最早的一部歌劇。一六二四年他創作了牧歌《唐克萊特和克洛林特之戰》，這部作品體現了他的「激情風格」，通過弦樂上的震音和撥弦奏法，表現了激動、憤怒和拼搏的精神。他的《于里斯還鄉記》和《波佩雅封後記》帶有濃郁的戲劇性，從而終結了他的歌劇生涯。

蒙泰韋爾迪注重歌劇戲劇化，這在他最後兩部作品中得到反映，他認為歌劇應表現一種激情，把十七世紀歌劇推向高峰。蒙泰韋爾迪改進了宣敘調，使之具有旋律，而不是歌劇初期近似口語化的樣子，使音樂從歌詞中解脫了出來。他還提高了器樂在歌劇中的地位，他在第一部歌劇中加入了歌劇序曲，並且獨唱都由樂器來伴奏，全部樂器達四十件。他認為旋律能使人產生聯想。他還建立了音樂悲劇，使古希臘悲劇在精神上邁進了一大步。

蒙泰韋爾迪開創了威尼斯樂派，並促使聖卡西亞諾歌劇院開幕，把歌劇引向了公眾。

71巴哈的貢獻是什麼？

巴哈（一六八五～一七五〇）是德國作曲家和管風琴家。

巴哈的音樂作品是對當時民眾思想的直接反映，他把音樂作為「讚頌上帝的和諧聲音」，表達人們頌揚上帝的思想。

巴哈對鍵盤樂器進行了深刻的研究，並對鍵盤樂器以及演奏技法進行了改進，推廣了拇指和小指的用法，使鍵盤樂器在指法運用上跨了一個大臺階，他把十二平均律曲由理論變成了現實。他精湛的演奏技藝，很快傳遍了整個德國。

巴哈

巴哈在作曲領域涉及了清唱劇、康塔塔、組曲、賦格曲、協奏曲等音樂體裁，其中在賦格曲上的成就比較卓越。他被稱為賦格曲的詩人，把賦格曲的藝術發展到了頂點，其作品完全符合賦格曲的寫作原則和創作規律，被認為是賦格藝術的最高典範。

巴哈把鋼琴地位提到了一個新的高度，用兩手各奏一個聲部，與小提琴的那一聲部配合默契，創設了一種嚴肅的多聲部風格。

巴哈把世俗音樂滲透到宗教音樂中，把新興市民階級力圖掙脫宗教束縛、追求個性解放的精神體現在作品中，顯示出氣魄的宏大和奔放不羈的性格。他創造了一種新型的康塔塔藝術，綜合了聲樂與器樂，從風格和內容上完全突破了舊的康塔塔的限制。

巴哈在繼承本民族民間音樂的基礎上，創造性地吸收了外國的音樂成就，是歐洲音樂的集大

成者。他的音樂創作標誌著德意志民族音樂的開端，對後世音樂的發展影響深遠，是以後音樂發展的啟迪者。

72孟德爾的成就如何？

孟德爾（一六八五～一七五九）是英籍德國作曲家。孟德爾的作品數量大、品種多，其中最重要的是歌劇、神劇和器樂曲。

孟德爾的歌劇遵循了十七世紀義大利歌劇的模式，一般取材於歷史傳說、神話故事。他一生創作了五十部歌劇，其中有三十六部在英國上演。孟德爾的歌劇雖然是為了取悅宮廷，但人物刻畫比較深刻，音樂手段也比較豐富多變。比較重要的歌劇作品有《尤利烏斯·凱薩在埃及》、《塔麥拉諾》和《奧蘭多》等。隨著英國民族意識的抬頭，義大利歌劇為人們所拋棄，一七二八年倫敦上演的英國民謠歌劇《乞丐歌劇》，使專演義大利歌劇的皇家歌劇院遭受沉重打擊。從此，孟德爾的興趣逐漸轉向了神劇和清唱劇。

孟德爾

孟德爾的神劇創作達到了很高的水準，他的清唱劇不是一般的教堂音樂，而是氣勢宏偉、富於戲劇性而又不失抒情色彩的大型音樂作品，他把合唱作為戲劇的中心，寫作手法多樣。孟德爾的清唱劇反映了資產階級和市民的願望，鞏固了他在英國音樂界的地位，使他的聲名經久不衰。孟德爾他一生寫了二十三部清唱劇，有十九部在英國演出。著名的有《以色列人在埃及》、《彌賽亞》等。

孟德爾在器樂方面的創作也十分豐富。在他為哈普西科德所作的作品中，融合了德國的複調與和聲、義大利的主調風格、法國的節奏和裝飾音以及英國的樸素氣質，他有好多專為露天演奏作的曲，如《水上音樂》、《焰火》等。

73海頓對交響樂和弦樂四重奏的形成起了什麼作用？

海頓（一七三二～一八〇九）是奧地利作曲家。

海頓在前人的基礎上，確立了交響曲的規範，奠定了他在音樂史上的地位。他被稱為「交響曲之父」，他在弦樂四重奏上的貢獻也非常突出，被認為是弦樂四重奏的奠基人。

海頓在前輩作曲家的基礎之上，通過自己長期的探索和大量的音樂創作，把交響樂定型化、規範化，並把鮮明的民族特色與完美勻稱的藝術形式結合作為交響樂創作的基本原則。他的交響

樂來自於民間音樂，把濃郁的鄉村世態風俗和活潑幽默的大眾藝術緊密結合，確定了近代管弦樂的編制和配器原則，結構形式變化靈活。他開創了交響曲新的主調音樂風格，使複調手法在功能和聲的基礎上發展。他從一七五九年創作第一部交響曲《D大調第一號》開始，一共創作了不少於一〇四首的交響曲，是位多產作家。

海頓對十八世紀四重奏的樂器組合進行過探討，最後把弦樂四重奏作為固定的組合，進行歌唱性旋律的演奏。他一共創作了八十四首弦樂四重奏，內容大多是對歡樂、熱情的抒發，他的最後幾部作品中，弦樂四重奏已經交響化了。

海頓

74莫札特在音樂史上有何成就？

莫札特（一七五六～一七九一）是義大利作曲家，維也納古典樂派的代表人物。

莫札特初期隨父親進行旅行演出，在旅途中接觸了歐洲當時最先進的音樂文化，又在一批著名作曲家的指導下進行創作，因此他成為那個時代在創作風格上最為廣泛的一位作曲家。西元一七七四年以後，他曾接觸到當時歐洲重要的曼海姆樂派，聽到第一流管弦樂隊的演奏，從此在創作上日益成熟。莫札特的一生雖然短暫，但卻全部獻給了藝術，共有六百多部作品問世，涉及各種音樂體裁，其中最有成就的是歌劇、交響曲和協奏曲。

莫札特的主要創作領域是歌劇，共創作了二十餘部歌劇，其中《費加羅的婚禮》、《唐璜》和《魔笛》最具代表性。《費加羅的婚禮》沿用了義大利歌劇的滑稽、誇張手法，進行了心理刻畫，在劇中發揮了重唱的技巧和表現力。在《唐璜》中，莫札特把悲劇和喜劇合為一體，最早使用了主導動機。《魔笛》是他的最後一部歌劇，充滿了德國民族風格的旋律，這部作品是他在德奧歌唱劇和神話劇的基礎上，發展德國民族童話歌劇的代表作，他因此成為德國浪漫主義歌劇的先驅。

莫札特

莫札特在器樂創作上的成就也不容忽視，尤其是交響曲和協奏曲。他一共寫了約五十部交響曲，具有各種不同音樂風格。他的最後三部交響曲——降E大調、g小調和C大調交響曲是他最優秀的交響樂作品，是貝多芬之前的全部交響曲創作的最高成就。他主要是重視各樂章之間以及樂章中主題之間的對比性。莫札特是近代協奏曲的典範作曲家，一生寫了五十餘部各種獨奏樂器與樂隊的協奏曲，在巴洛克協奏曲的基礎上，確立了十八世紀古典主義協奏曲的結構原則：三個樂章對比並置的套曲結構；雙呈示部；獨奏樂器有技巧性的華彩段等。他的協奏曲中，鋼琴協奏曲佔有突出地位，共有二十七部。

莫札特短暫的一生為世界留下了珍貴的音樂遺產。

75貝多芬的音樂創作取得的成就如何？

貝多芬（一七七〇～一八二七）是德國作曲家，維也納古典樂派及向浪漫主義樂派過渡時期的代表。

貝多芬出身於音樂家庭，少年時師從於聶費。一七八二年，貝多芬被選派到維也納繼續深造音樂，開始了他輝煌而痛苦的音樂生活。

在他的創作初期，他的作品深受海頓、莫札特的影響，具有濃郁的古典格調，在思想上也表現出悲劇性格，如《c小調悲愴奏鳴曲》等。一八〇〇年以後，他開始走上獨立創作之路，表現

莫札特《魔笛》在美國紐約歌劇院演出

在《C大調第一交響曲》等作品的創作過程中。這一時期，他在思想和創作上逐漸走向成熟。

一八〇一至一八一四年是他的創作最具獨創性的盛期。一八〇四年的《英雄交響曲》標誌著他在創作上的成熟。這首交響曲從內容到形式都富於革新精神，熱情奔放，篇幅巨大，和聲與節奏都非常自由，奠定了他「通過鬥爭，得到勝利」的基礎創作思維邏輯，也說明了他英雄性、群眾性風格的確立。在此之後，他還創作了大量交響曲，第四、第五、第六、第七、第八交響曲都是這一時期創作的，它們至今仍被認為是音樂寶庫中的巔峰性作品。

貝多芬

一八一五年以後，貝多芬的經濟和健康狀況日益下降，使他的創作進入了危機時期，他很少創作，只去收編各國民歌，他的作品中抒情性代替了英雄性，如《e小調奏鳴曲》等。在這一時期，他的著名作品有《第九交響曲》和《莊嚴彌撒曲》等。其中《第九交響曲》是對創作的總結，也是他人生的總結。

貝多芬晚年的創作由於面臨許多矛盾而在形式上更加自由和複雜，在曲式結構方面即興的傾向和多種結構混合運用的傾向十分明顯，主題本身包含著不同形象的矛盾和衝突，預示著古典奏鳴曲式的原則已退出舞臺，新的時期即將來臨。

貝多芬把歐洲古典樂派推向新的高峰，並且開闢了浪漫主義樂派個性解放的新局面。

76舒伯特的音樂創作有何特徵？

舒伯特（一七九七～一八二八）是奧地利作曲家。

舒伯特是一位多產的作曲家，作品約有一千五百多部，遍及音樂的大部分體裁和形式。在他的作品中，歌曲、交響樂、室內樂和鋼琴小品最能代表他的創作思想和藝術風格。

在舒伯特的歌曲中，鋼琴成為創造特定意境的重要手段。歌曲大部分採用分節歌的形式，也有的歌採用通譜歌的形式。歌曲反映了作者對生活的真實感受，如《美麗的磨坊女》和《冬之旅》。

舒伯特一生共創作了十部交響曲，著重抒發了主人翁個人的內心體驗，從各個角度揭示主題的形象，顯示了浪漫主義風格。比較重要的為C小調《第四交響曲》、降B大調《第五交響曲》等。

舒伯特的室內樂作品具有寬廣的氣息和深刻的戲劇性，也體現了歌曲的感情特徵。他是最早開拓鋼琴小品

舒伯特

的作曲家之一，作品極富於抒情性和歌唱性，包含有民間舞曲的因素，和聲富於變化。他影響了後世的一大批浪漫主義音樂家，促使他們也走上了鋼琴詩歌的創作道路。

舒伯特作為早期浪漫主義作曲家之一，發展了浪漫主義音樂文化，給我們留下了大量音樂珍品。

77韋伯的《魔彈射手》是怎樣的一部歌劇？

韋伯（一七八六～一八二六）是德國作曲家、鋼琴演奏家、指揮家和音樂評論家。韋伯是浪漫主義音樂的先輩，他的音樂涉及寬廣的領域，有歌劇、交響曲、鋼琴奏鳴曲、歌曲和協奏曲等。但歌劇最能代表他的成就，因為他是德國浪漫主義歌劇的奠基人，其中《魔彈射手》被譽為「真正的民族歌劇」。

《魔彈射手》取材於古老的民間傳說，劇中主人翁馬克斯為了追求愛情和幸福，被惡人夫斯帕爾騙到狼谷去煉製魔彈。在第二天的射擊比賽中，由於隱士的相助，魔彈並未按魔鬼意願射向馬克斯的情人阿迦特，而陰險的卡斯帕爾卻得到了應有的懲罰。它主要表達了光明戰勝黑暗、善良戰勝邪惡這一主題思想，具有一定的進步意義。

這部歌劇是採用德國歌唱劇的形式創作完成的，與法國和義大利歌劇追求華麗的風格明顯不

同，作者在歌劇結構上，把現實的純樸生活和充滿奇幻色彩的浪漫對比起來，追求一種新的浪漫主義氣氛。歌劇序曲使用了主導動機，序曲本身是一首結構完整的器樂曲，概括了全劇的主題，反映出劇中主要的音樂形象，為以後序曲概括劇情的寫法提供了經驗，也對以後浪漫歌劇的創作產生了影響。

韋伯

78 舒曼在鋼琴作品上的成就如何？

舒曼（一八一〇～一八五六）是德國作曲家、音樂評論家。舒曼在鋼琴音樂、交響音樂、協奏曲、室內樂和戲劇音樂方面都有成就，但他希望自己能成為一名鋼琴演奏家，後來由於手受傷而放棄了彈奏，轉向作曲。整個十九世紀三〇年代，是他鋼琴音樂創作的全盛時期，他最主要的鋼琴音樂作品都是這一時期創作的，作品體現了富於幻想性的浪漫主義氣質。

舒曼的鋼琴曲中經常涉及他所提到的「大衛同盟」，這一精神一直貫穿於他的鋼琴作品創作中。鋼琴組曲《狂歡節》描繪了大衛同盟的成員，其中的弗洛雷斯坦和奧伊澤比烏斯代表了他本人的雙重性格，既豪放不羈又靜穆超脫。套曲的後尾，出現了大衛同盟進軍的進行曲，終於打敗了庸俗的音樂家。在《大衛同盟舞曲》中，兩人也輪流出現，表現舒曼本人的性格。《交響練習曲》和《克萊斯勒利安娜》是最能代表他浪漫主義精神的作品，在一定程度上表達了他對庸俗空洞的德國音樂創作現狀產生的精神苦悶和不滿。他還創作了許多大型曲，如奏鳴曲《Op22g小調》等。

舒曼

79什麼是「蕭邦風格」？

蕭邦（一八一〇～一八四九）是波蘭作曲家、鋼琴家，是浪漫主義時代最具獨創性的音樂家之一。

蕭邦一開始就把鋼琴當作創作對象，是唯一把自己的創作集中於鋼琴上的作曲家，因此也造就了他在音樂上的獨樹一幟，形成了獨特的「蕭邦風格」。

蕭邦創造了一些具有個性的、全新的寫作手法。裝飾音在他的作品旋律中佔有非常重要的地位，他使裝飾音具有即興性和變化性，是音樂史上的一大進步。他的伴奏戲有新穎的和聲進行，又有妥當的結體安排，達到了融洽、柔和、優美的效果。他在保持民間傳統風格的基礎上，提高了體裁的藝術水平。他的作品繼承了歐洲音樂創作成果，又形成新的突破，創造了許多新的體裁。

蕭邦比較著名的作品有《革命練習曲》、奏鳴曲《降b小調鋼琴奏鳴曲》，其中的第三樂章《葬禮進行曲》是蕭邦音樂中最膾炙人口的篇章之一，另外還有《幻想波奈茲舞曲》等。

蕭邦

80李斯特為什麼被稱為「鋼琴大王」？

李斯特（一八一一～一八八六）是匈牙利作曲家、鋼琴家、音樂評論家，他的鋼琴演奏藝術和鋼琴音樂創作在音樂史上佔有重要地位，被稱之為「鋼琴大王」。

李斯特在鋼琴演奏方面，第一次使鋼琴發出了類似管弦樂的音響，大大增強了鋼琴的表現力。他把鋼琴當作樂隊來任用，形成一種熱情、詩意、輝煌、奔放的風格，開創了鋼琴獨奏會和背譜演奏的先例。

李斯特的鋼琴作品《巡禮的年代》總結了他遊歷歐洲各國，旅行演奏過程中的真實感受。他的鋼琴作品和他的演奏風格是一致的，思想深刻並富於強烈戲劇性的有《b小調鋼琴奏鳴曲》，這部作品採用單樂章的形式，變化靈活，整體上層次分明，是浪漫主義鋼琴作品的典範。最富於民族特色的是十九首《匈牙利狂想曲》，舞蹈與歌唱相結合，反映了匈牙利的民族精神。

李斯特

81約翰·史特勞斯為什麼被稱為「圓舞曲之父？」

約翰·史特勞斯（一八〇四～一八四九）是奧地利作曲家。維也納圓舞曲具有大眾化的特徵，因而得到了發展。它最重要的代表是約翰·史特勞斯。

約翰·史特勞斯於一八二四年和蘭納成立了維也納花園舞廳樂隊，開始了創作維也納圓舞曲的生涯。他一生共創作一百五十多首圓舞曲，體現了從民間連德勒舞曲向維也納圓舞曲轉變的一個鮮明特徵。

約翰・史特勞斯發展了奧地利民間舞蹈和舒伯特的圓舞曲、連德勒舞曲和古典樂派大師的風俗性小品的優良傳統，吸收了德國南部民間音樂的素材。大部分作品具有鏗鏘的節奏和鮮明的管弦樂色彩，充滿了火樣的熱情和旺盛的生命力，深受大眾歡迎。其子在此基礎上形成了典型的維也納圓舞曲。因此，他被稱為「圓舞曲之父」。

82 柴可夫斯基的悲劇三部曲是什麼？

柴可夫斯基（一八四〇～一八九三）是俄國的作曲家。他是一位元涉及音樂體裁廣泛的作曲大師。其中交響曲在他的作品中佔突出地位，悲劇三部曲是第四、第五、第六交響曲。

第四交響曲是一部純粹的心理戲劇，把人同命運的關係作為核心，從人與厄運的悲劇性激烈衝突開始，經過鬥爭，最後通過與人的交往獲得了對生活的信心。

第五交響曲在主題上與第四交響曲類似，也有一個代表「厄運」形象的序奏主題貫穿全曲，最後在凱旋式的尾聲中結束。在這部交響曲中，他更加肯定了意志力的勝利，肯定了戰勝痛苦的勇敢精神。

第六交響曲是柴可夫斯基悲劇性交響曲創作的高峰。它表現的是一個失望的悲劇性形象，全劇在經過激烈的戲劇性衝突和對美好生活憧憬之後，達到的是悲劇結局。末樂章用悲哀的條板代替了熱烈的終曲，來體現絕望的悲劇性形象。全曲把主人翁對生活的絕望、內心的痛苦等都在管弦樂隊的狂嘯中表現得淋漓盡致。

柴可夫斯基

83帕爾農神廟為什麼被譽為「雅典的王冠」？

帕爾農神廟是希臘藝術的典範作品，它在建築和雕塑藝術上均達到極高水準，被譽為「雅典的王冠」。

帕爾農神廟的雕塑，除了早已被毀的菲索亞斯用黃金所作的雅典娜神像之外，主要有三個部分，即東西山牆上的兩組雕像、周圍柱廊內的裝飾壁帶連續浮雕和外牆迴簷上的方格浮雕。

東面山牆上的一組雕塑表現雅典娜誕生的故事，神話中的雅典娜是從眾神之首宙斯頭腦中產生的，這一組雕塑均稍大於真人。西面山牆的雕塑表現雅典娜和海神波塞冬爭做雅典保護神的故事。在外牆迴簷上是一圈間隔成方格的高浮雕，原應有九十二塊，現大部已毀，因受方格的局限，缺少連貫的氣勢。柱廊內側的裝飾壁帶為較淺的浮雕，高約一公尺，全長約一百六十公尺，現存較為完整的約一百餘公尺，內容表現的是每四年舉行一次的向雅典娜獻祭的節日遊行。

帕爾農神廟的雕塑是希臘藝術的高峰，它表現了古希臘人在全盛時期昂揚煥發的精神，體現了他們對美的嚮往，因此在古代人們就把帕爾農神廟譽為「雅典的王冠」。

帕爾農神廟

84多納太羅的《希律王宴會》是一件怎樣的作品？

多納太羅（一三八六～一四六六）是義大利文藝復興時代的雕塑家。他被稱為是十五世紀前半期義大利最偉大的雕塑家。他是雕塑新紀元的代表人物。

《希律王宴會》是創作於一四二七年的一件青銅浮雕。在這塊浮雕中，莎樂美站在右方跳舞，她把施洗約翰被割下的頭顱交給了劊子手。左方的劊子手把頭顱獻到了希律王面前。許多被驚嚇的人群在浮雕中分成了左右兩組。

在這件作品中，多納太羅運用了「線性透視」的技法，表現了對透視空間的強調和追求，這種技法對西方美術寫實技法的發展具有推動作用。他用這種技法，對背景也進行了處理，透過幾個拱形窗可看到有侍從在天井中活動，這種用製造空間深度取代傳統的平面裝飾效果的背景處理方法，是這一時期雕塑藝術的一大特色。

85米開朗基羅的《大衛像》為何被視為雕塑的經典作品？

米開朗基羅是十六世紀上半葉義大利偉大的藝術家。他把雕塑作為首要工作，獲得了舉世矚目的成就。其雕塑作品《大衛像》被視為是雕塑的經典作品。

《大衛像》是於一五〇一年開始創作的，本來是作為大教堂的裝飾雕像，但由於大衛形象所表現的捍衛祖國、力抗強權的鬥爭精神極能鼓舞人民士氣，遂經過討論樹立於市政廳門前，成為文藝復興美術中最具政治意義的巨作。

《大衛像》以裸體形式表現了戰鬥中的大衛形象，他所塑造的大衛是處於臨戰時的一種生動形象，英雄體態壯偉，有排山倒海之強力和堅如鋼鐵之意志。米開朗基羅把人的自然之美與精神之美都通過大衛體現了出來，通過大衛發達健美的肌肉表現了人的生命力，使裸體達到了非同尋常的效果。大衛飽滿的肌肉顯示出情緒的緊張，使雕塑有了靜中有動的藝術效果。米開朗基羅通過眼睛的判斷更多地顯示了人體性格方面的特色，使作品達到了完美的境界。

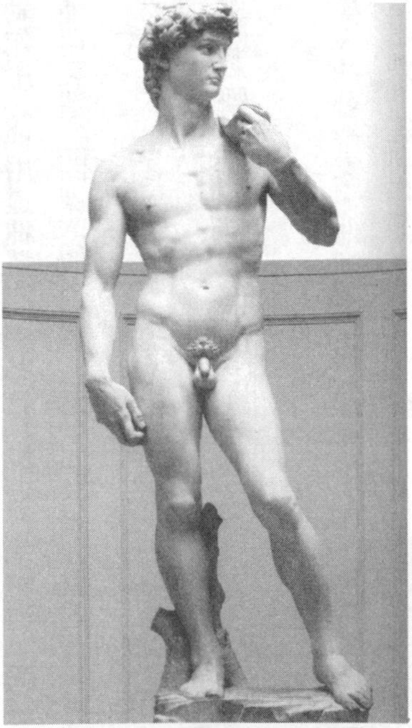

大衛

86羅丹的群像雕塑《加萊義民》是怎樣的一件作品？

羅丹（一八四〇～一九一七）是法國十九世紀現實主義雕塑家。一八八四年，加萊城計劃為英法百年戰爭中營救加萊城人民而自願獻身的英雄做一紀念碑，羅丹接受了這一任務，並於一八八六年完成了這座雕塑。

羅丹在創作這件作品的過程中拋棄了傳統的綜合象徵手法，而專注於事件的真實性和歷史的具體性，著重表現人物的性格特徵和複雜的心理狀態。

在這件群雕中，羅丹賦予作品中的人物以獨特的可以體察到的性格和精神狀態，揭示了六個人豐富的內心世界，六人在營救道路中仍沉浸在個人孤獨的精神世界裡。羅丹突破了傳統的局限，獨創性地把人物內心分析的原則運用到紀念性的群雕藝術中，這是他在現實主義雕刻上的巨大勝利。這座紀念碑雕像與傳統的紀念碑有明顯不同，沒有底座，而讓六位英雄直接站立在了地面上。

羅丹

87貝尼尼的雕塑是如何與其建築組成美妙整體的？

吉安・洛倫茨・貝尼尼（一五九八～一六八〇）是義大利巴洛克藝術最早最完美的代表。他在建築和雕塑方面都做出了特殊的貢獻，尤其是在雕塑方面成就顯著。

貝尼尼的雕塑強調情緒表現，喜好強烈的姿勢，有一種外向的動勢，使雕塑發展出一種新的空間關係。他把雕塑和裝飾性的背景相結合，配以特有的光線，和建築融為一體，適應了宗教宣傳的需要，達到了天主教會所需要的熱烈與豪華、喧囂和迷人的效果。其代表作有《阿波羅和達佛涅》、《聖德列薩祭壇》等。

貝尼尼作品《聖德列薩祭壇》

貝尼尼在城市雕塑方面的成就更加突出，他使雕塑與建築組成美妙的整體。如在聖彼得大教堂裡，雕塑作品和長廊的整體風貌珠聯璧合，相得益彰，互相映襯，顯得富麗堂皇。他還為羅馬製作了許多噴泉雕塑，代表作為納沃那廣場的四河噴泉。

貝尼尼雕塑藝術的頂峰之作是為聖德列薩禮拜堂所做的祭壇雕塑，他把雕塑與建築融會在一起，把小教堂裝飾成一個虛幻的世界。整個作品充滿著一種戲劇氣氛和神秘主義色彩。為了突出地渲染戲劇效果，雕塑家把祭壇當作舞臺，特意在背景上裝飾上鍍金的金屬條，當燈光從上面照下來時，雕塑便會產生更加豐富多彩的效果。他的這組雕塑和祭壇渾然一體，互相映襯，達到了震撼人心的作用。

88杜尚在雕塑方面有何創新？

馬塞爾·杜尚（一八八七～一九六八）是法國達達派的主要代表。

一九一三年，杜尚的《前進中的斷臂》在沙龍上展出，是一個斷了柄的雪鏟。他又將一輛自行車的車輪連同叉架一起倒立在一隻高腳圓木凳上，並用螺絲擰緊，製作了《自行車車輪》，又用一個普通的瓶架子製成《瓶架》。他用此舉動來批判傳統的美學和藝術觀念，認為現成物品都是藝術品，它通過標題、主題來動搖概念和眼睛所見的名稱和物體之間的固定關係。從而拆毀了傳統藝術語言的示意系統，成為二十世紀雕塑藝術的一項重要革新。

一九一七年，他從工人生產的便器中選擇了一件，標上「泉」的名稱，送紐約獨立藝術家協

會展覽後又用鉛筆為《蒙娜麗莎》彩色印刷品塗上鬍鬚。通過他的作品表現了他的憤世嫉俗和向傳統藝術挑戰的態度。杜尚的作品反映出一種「反藝術」的傾向。

89畢卡索的雕塑有何特色？

畢卡索把一切都作為創作元素，通過雕塑取得他所追求的藝術效果。

一九〇一年起，畢卡索開始在繪畫的同時進行雕塑藝術創作，他的《坐著的女人》是青銅小像作品，用豐富的面部表情揭示了她複雜的心理狀態。

一九〇六～一九〇七年，他先後觀看研究了西元前五世紀至前四世紀的伊比利亞雕塑和非洲黑人雕塑，開始探求立體主義創作，把人體的體與面用全新的方法描繪出來，這一形式被認為是二十世紀美術史上一次具有根本意義的革命。

一九〇九年，他用分析立體主義手法為女友費爾南多．奧利維亞塑造了肖像雕塑《女人頭像》，這件作品體現了他所追求的體塊與形象塑造的吻合，他所塑造的臉部面貌與傳統雕塑中的形象大相逕庭。這裡性格的塑造顯然已不佔重要位置，但是意味著他的立體主義目標在雕塑上的成功。

一九一四年，他完成了雕塑作品《苦澀酒杯》，在這部作品中，他把繪畫與雕塑結合，構成了一件「集合雕塑」。他在一九三〇年創作的《線的構成》中，用線的外形劃定空間，否定了傳統雕塑的堅實感和重量感。

90賈科梅帝的《凌晨四時的宮殿》有何特色？

賈科梅帝（一九〇一～一九六六）是瑞士雕塑家，受到立體主義和荷馬史詩時期雕塑的影響，逐漸形成了自己的雕塑風格。他的作品以「絕對的自由」和「存在的恐懼」為主題，用實體表現虛幻的潛意識世界，充滿了幻想色彩。他後期的雕塑作品真實地反映了二戰後人們心理上的恐懼和孤獨感。

《凌晨四時的宮殿》創作於一九三二至一九三三年間，在一個透明的鐵絲籠裡，有一些奇怪的形體。在三塊高高豎起的矩形板前面，站著一個穿著長裙代表著雕塑家母親的婦女，她好像在注視一塊升起的板，雕塑家本人則變成了一個升起的勺形物附在板上面，一根脊椎骨代表那位婦女懸在右邊的一個矩形櫃子裡。宮殿的中間平吊著一根很窄的玻璃板，一隻振翼而飛的骨架鳥在宮殿頂矩形窗戶的當中，勺形物下端還系有一隻小球。這件作品充滿了幻想，反映了賈科梅帝對舊日的懷念和聯想，也體現了他「絕對的自由」和「存在的恐懼」的主題。

91 穆爾的雕塑有什麼特點？

穆爾是英國的雕塑家，他的雕塑風格受原始藝術和英國中世紀藝術的影響，並吸收了許多雕塑名家的優秀成果，形成了自己的風格。

穆爾在技術上追求材料的真實性，他的作品基本上都是石頭的或木頭的，在材料上直接雕刻，這種風格直到一九四五年，才被青銅作品所取代。

為了挖掘雕塑形式充分表現的潛在可能性，穆爾採用了在雕塑形體上穿孔的技術，如一九三一年的《結構》與一九三四年的《虛與實》等作品中就採用了孔洞。一九七〇年的青銅《斜臥像》在形式更加抽象，作者更強調空間構成的要素和作品的量感和表面的張力，他的作品具有某種引喻性。

穆爾還彙集不相連的形體來組成一件作品，以各個立體之間的特殊關係為表現重點，豐富了雕塑的表現形式，並將單體的雕塑發展為組合的雕塑。如一九五九年的《分成兩部分的斜臥形體》等作品。

92考爾德的雕塑成就如何？

亞歷山大．考爾德是美國的雕刻家，也是當代活動雕塑的創始人，他在靜態雕塑方面也做出了突出貢獻。

考爾德的活動雕塑創作開始於一九二六年。他用鐵絲創造了一些馬戲團中的人物、道具和動物，開始了最初的雕塑創造。他努力使一些物體具有動感，借助於風力，使雕塑的內容具有生命氣息，這類作品有《舞蹈的魚雷形體》、《鑼》、《小蜘蛛》等。此外，他還借助風力把雕塑推向了室外，如一九四二年創作的《紅花瓣》就是他的第一部室外作品。

考爾德的靜體雕塑作品，是一九三六年阿爾普命名的，是一種用金屬片等材料製成的固定不動的大型抽象作品。

起初考爾德的小型靜體雕塑具有夢幻的效果，但隨後他的觀念發生了轉變，認為應減少幻覺形式，只有使圖像顯得更加明晰，才能表達出形象的真正本質。因此，他的雕塑作品也從小型發展到了大型，造型也用優美的裝飾性動植物形式替代了夢幻形式，如《黑寡婦》。他的雕塑作品《火烈鳥》吸收了美國的龐大和歐洲的精緻風格，鳥形構圖具有一種內在的動感，在它的下邊具有一種動態的空間，顯示了他的靜體雕塑的特點，即形體之間形成活潑的動態空間。

國家圖書館出版品預行編目資料

西方文化地圖（上）／黃小燕著； -- 一版. -- 臺北市：大地, 2005〔民94〕
冊；　公分-- （History；09）

ISBN 986-7480-26-0（上冊：平裝）
1. 文化史 - 問題集

713.022　　　　94009153

西方文化地圖（上）

History 09

作　　者：黃小燕
發 行 人：吳錫清
主　　編：陳玟玟
封面設計：呈祥設計印刷工作室
出 版 者：大地出版社
台北市內湖區內湖路二段103巷104號
劃撥帳號：〇〇一九二五二～九
戶　　名：大地出版社
電　　話：（〇二）二六二七七七四九
傳　　真：（〇二）二六二七〇八九五
印 刷 者：普林特斯資訊有限公司
一版一刷：二〇〇五年六月

定　　價：250元

E-mail：vastplai@ms45.hinet.net
Printed in Taiwan